부모와 교사를 위한 독서 수업 지침서

책벌레 공부벌레

예영커뮤니케이션

도모생애교육신서 ⑰

책벌레 공부벌레

초판 1쇄 찍은 날 · 2007년 7월 5일 | 초판 1쇄 펴낸 날 · 2007년 7월 10일

지은이 · 배철우 | 펴낸이 · 김승태

출판 프로듀서 · 김승태 | 표지 일러스트 · 권승린 | 표지, 본문디자인 · 장원영
편집 · 이덕희, 방현주 | 디자인 · 이훈혜, 이은희, 정혜정
영업 · 변미영, 장완철 | 물류 · 조용환, 엄인휘

등록번호 · 제2-1349호(1992. 3. 31.) | 펴낸 곳 · 예영커뮤니케이션
주소 · (110-616) 서울 광화문우체국 사서함 1661호 | 홈페이지 www.jeyoung.com
출판사업부 · T. (02)766-8931 F. (02)766-8934 e-mail: jeyoungedit@chol.com
출판유통사업부 · T. (02)766-7912 F. (02)766-8934 e-mail: jeyoung@chol.com
제작 예영 B&P · T. (02)2249-2506~7

copyright ⓒ 2007, 배철우

ISBN 978-89-8350-718-1 (03370)

값 10,000원

- 잘못 만들어진 책은 교환해 드립니다.
- 본 저작물은 저작권법에 의하여 한국 내에서 보호를 받는 저작물이므로 무단 전제와 무단 복제를 금합니다.

부모와 교사를 위한 독서 수업 지침서

책벌레 공부벌레

독서 수업에 꼭 필요한 것들

독서는 아이들의 학교 공부뿐만 아니라 가치관과 정서를 발달시키는 데 큰 도움이 되는 활동입니다. 독서가 중요하다는 것을 많은 사람들이 알고 있지만 아이들의 독서 지도를 실제로 어떻게 해야 할 지 자신 있게 말할 수 있는 사람들은 그리 많지 않습니다. 그래서 독서 교육과 관련된 특강이나 세미나가 있으면 여기 저기 참석해서 도움을 얻으려고 노력하시는 분들을 주위에서 많이 볼 수 있습니다.

독서 교육은 좋은 책과 함께 학생과 부모, 교사가 함께 노력할 때 제대로 방향을 찾을 수 있습니다. 부모가 독서의 중요성을 모르거나 잘못된 편견을 갖고 있으면 학생의 소중한 교육 기회를 놓칠 수 있습니다. 또한 교사의 잘못된 수업 방식으로 인해서 아이들이 독서에 대한 흥미를 잃을 수도 있습니다. 그리고 잘못된 책을 선정하게 되면 오히려 독서 지도를 하지 않는 것이 나을 수 있는 결과가 되기도 합니다.

배철우 선생님의 『책벌레 공부벌레』는 부모가 직접 자녀들의 독서 지도를 하거나 교사가 독서 수업을 할 때 반드시 알아 두어야 할 내용들을 담고 있습니다. 오랜 기간 다양한 수준의 학생들을 대상으로 독서 지도를 해 오신 풍부한 경험을 토대로 만들어진 것이어서 독서 수업을 준비하시는 분들에게 좋은 지침서 역할을 할 것이라고 생각합니다. 이 책에서 소개되는 구체적인 독서 지도 방법들은 이미 부모와 교사를 대상으로 한 프로그램에서 참석한 이들로부터 좋은 반응을 얻은 바 있습니다. 프로그램에 참가했던 부모나 교사들의 활동 결과물을 부록에 싣고 있는데 이것들도 활용하시면 좋은 자료가 될 것입니다.

이 책을 통해서 가정과 학교, 그리고 사회 곳곳에서 행복한 인재들을 가꾸어 가는 독서 교육이 활성화되고, 나아가 우리나라의 교육 발전에 하나의 디딤돌이 될 수 있기를 기원합니다.

가톨릭대학교 교육대학원 독서교육학과 교수 정 옥 년

균형잡힌 사람을 길러내는 길잡이

'다른 것은 다 아껴도 책을 사는 돈은 아끼지 말라.'는 말이 있습니다. 책 한 권 값으로 저자의 사상, 지식, 철학, 예술 세계와 같은 정보를 얻을 수 있기 때문입니다. 저 자신도 고등학교 2학년 때 읽은 '도산 안창호 전기'에서 '꿈에라도 거짓말 하지 말라'는 말씀이 마음에 새겨져 삶의 이정표가 되었습니다.

그런가 하면 잘못된 책을 읽으면 영혼이 파괴되고 악한 길에 빠질 수 있는 위험이 있습니다. 그러기에 독서 지도가 중요합니다.

하루에도 헤아릴 수 없이 많은 책이 출판되는 정보 사회 속에서 어떤 책이 양서인가를 가릴 수 있는 안목을 키울 수 있다는 것은 그 만큼 남보다 앞설 수 있는 요건이 되는 것입니다. 그러기에 독서 훈련이 필요합니다.

배철우 선생의 『책벌레 공부벌레』는 현장에서 오랜 기간 다양한 층을 대상으로 신나는 독서, 토론, 논술 수업을 진행해 오면서 터득한 지혜를 담고 있는 책입니다.

배 선생이 '거룩한 빛 광성교회'에서 '자녀에게 실제 적용할 수 있는 부모 독서지도 프로그램'을 강의할 때 참여한 분들이 이구동성으로 많은 유익을 얻었다고 말한 것을 기억하고 있습니다.

요즈음은 인터넷을 통하여 많은 정보를 빨리 얻을 수 있기 때문에 학생들의 독서량이 점점 줄어들고 있는 추세입니다. 그러나 인터넷은 속이 깊고 넓은 사람을 만들어 내기 어려운 구조를 가지고 있습니다.

그 반면에 책을 읽으면 균형 잡힌 사고를 하는 인격자가 될 수 있습니다. 이 책이 그런 사람을 길러내는 길잡이가 될 수 있으리라 생각하면서 기꺼이 추천합니다.

거룩한 빛 광성교회 정 성 진 목사

"왜 독서를 해야 하는가?"

"독서가 실질적으로 어떤 능력을 키워 주는가?"

"독서 교육은 왜 필요한가?"

"어떤 방법으로 독서 수업을 해야 하는가?"

"어떻게 하면 재미있게 아이들과 실제적으로 독서 수업을 할 수 있을까?"

저 역시도 독서 교육 현장에서 많은 갈증과 목마름으로 이와 같은 질문과 해결 방법을 찾아 헤매었던 경험이 있습니다. 이 과정에서 개론적인 독서 관련 서적은 많지만 "실제적으로 어떻게 하면 좋은 책을 선정해서 수업 교안을 짜고, 그것을 어떻게 아이들에게 적용시키면 좋을까?"와 같은 실제 수업에 쉽게 접근할 수 있는 방법을 제시해 주는 책을 구하기가 쉽지 않았습니다. 그래서 독서 교육과 관련한 여러 기관을 기웃거리기도 하고, 선후배의 조언 등을 들으러 발품을 팔기도 하여 나름대로 독서에 대해 조금씩 깨달아갈 수 있었고, 지금도 부족한 부분을 채우기 위해 안간힘을 다하고 있습니다.

그러면서도 독서 교사나 부모들이 독서 교육에 대해 접근하기 쉽고, 얻어진 내용을 아이들에게 적용할 수 있는 지침서 성격의 책을 만들고 싶은 희망은 있었지만 제가 직접 현장에서 체험하고 지도한 이러한 내용을 책으로 써내기에는 부족하고 부끄러운 면이 많아서 주저하고 망설이고 있던 가운데 제가 섬기는 '거룩한 빛 광성교회'에서 자녀에게 실제 적용할 수 있는 부모 독서 지도 프로그램' 강의를 맡게 되었고, 많은 학부모들이 참여하셔서 이 책에 나와 있는 내용대로 강의와 지도를 받

7

은 후, 그 분들이 실제 교안을 만들고 자신의 아이들에게 직접 지도까지 하였다는 사실을 확인한 후에야 자신감을 얻게 되었습니다. 하나님은 저를 위해 자신감을 키워줄 자리를 만들어 주셨구나 하는 마음에 감사의 눈물을 흘리지 않을 수 없었습니다. 그래서 기도하는 마음으로 이 책을 썼음을 고백합니다.

이 책은 크게 1부, 2부, 3부로 이루어져 있습니다. 1부에서는 독서의 역할과 중요성에 대해 읽기 능력, 사고 능력, 쓰기 능력으로 나누어 설명하고 있으며, 2부에서는 실제적으로 어떻게 독서 수업을 아이들에게 적용할 수 있는지에 대한 방법적인 부분을 다루고 있습니다. 그리고 3부에서는 초보 독서 교사나 부모들이 수업 현장에서 익혀야 할 실전 노하우를 제가 경험하고 느꼈던 사항을 토대로 다루어 보았습니다. 이와 함께 이 책에 게재된 내용으로 제 강의를 경청하여 주신 여러 독서 교사 및 부모님들의 협조 아래 그 분들이 직접 고생하며 이루어낸 작품들을 함께 게재하였습니다.

한편 1부에서 다룬 기초 학습 능력 중에서 '셈하기 능력'을 저는 보다 넓은 의미로 '사고 능력'으로 해석하였음을 밝혀둡니다. 고대 철학자 플라톤이 자신이 세운 학교 '아카데미아' 정문 앞에 철학을 하기 위해서는 수학(기하학)을 해야 한다고 했듯이 수학도 사고 능력의 부분이며 무관할 수 없기 때문입니다.

아울러 토론과 논술에 있어서는 독서와 관련한 부분만으로 한정하여 다루었음을 밝힙니다. 가령 토론의 경우 독서 토론과 관련한 부분만 다루었는데, 찬반 양론 토론, 시사 토론 등의 기타 부분은 다른 지면을 통해 다루도록 하겠습니다. 논술도 이 책에서는 독서 논술로 한정하였지만 대입 논술 시험과 관련한 통합 논술 등의 내용에 대해서도 앞으로 연구하고 확충하여 다룰 계획입니다.

이 책이 나올 수 있도록 해 주신 하나님께 먼저 감사와 영광을 올리며, 저에게는 독서 교육의 모델이며 스승이신 가톨릭대학교 교육대학원 독서교육학과 김봉군 교수님과 정옥년 교수님, 문예원의 오길주 교수님, 제가 섬기는 거룩한 빛 광성교회의 정성진 담임목사님 그리고 실질적으로 이 책이 나올 수 있도록 모든 제작 과정에 아낌없는 지원과 격려를 해 주신 예영커뮤니케이션 김승태 대표님께 감사의 말씀을 드립니다.

이 책이 우리나라의 독서 교육 발전에 도움이 될 수 있기를 기도합니다.

2007년 7월
배 철 우

차 례

제 1부 : 읽기 능력, 사고 능력, 쓰기 능력을 키워주는 독서

제 1장 읽기 능력 ● 21

1. 들어가는 말
   1) 기초 학습 능력

   2) 읽기 능력은 엔진과 같아요

   3) 공부 잘하는 학생들의 5가지 특징

   4) 읽기 능력의 3단계

   5) 배경 지식의 중요성

   6) 읽기와 인지심리학

   7) 나쁜 독서습관 고치기

2. 읽기 능력을 키워 줄 수 있는 전략들
   1) 독서에 대한 편견을 버리세요

   2) 책을 읽어 주세요

   3) 문식성 환경(literacy environment)을 만들어 주세요

   4) 어휘력을 키워 주세요

제 2장 사고 능력 ● 62

제 2부 : 독서, 토론, 논술의 실제적 활용

제 1장 도서 선정의 원리 및 3단계 독서 지도 ● 119

제1부

읽기 능력, 사고 능력, 쓰기 능력을 키워 주는 독서

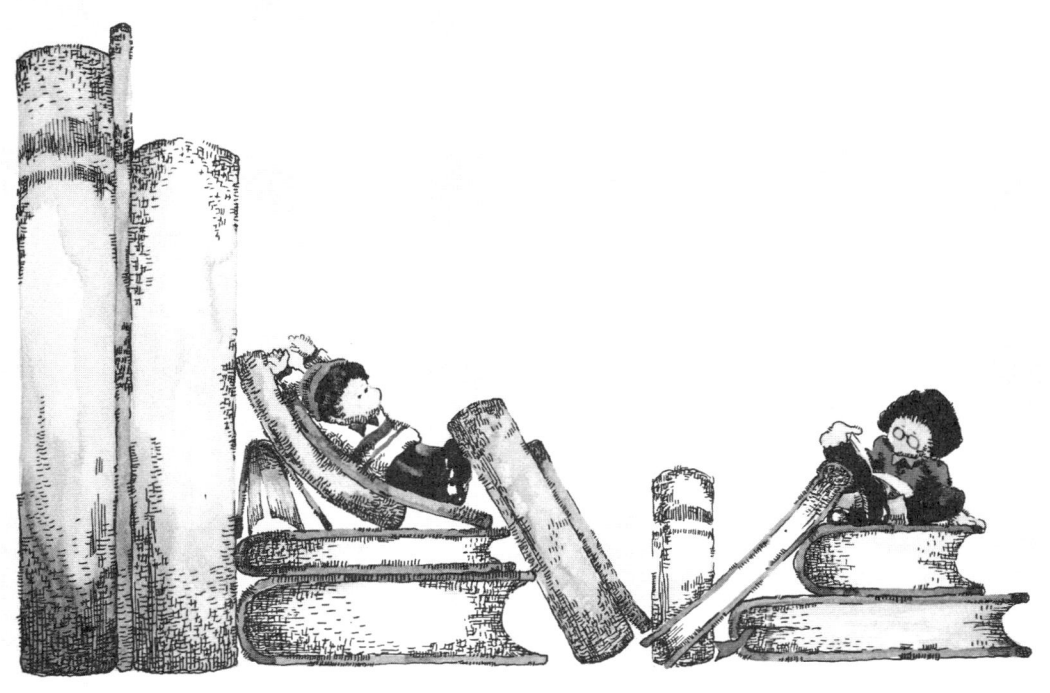

읽기 능력

1. 들어가는 말

1) 기초 학습 능력

인지심리학이나 언어심리학의 연구 결과에 의하면 공부를 잘하는 아이와 못하는 아이의 가장 큰 요인으로 기초 학습 능력의 관련성을 찾고 있습니다. 즉 개인의 기초 학습 능력의 차이에 따라 공부를 잘하기도 하고 못하기도 한다는 말입니다. 기초 학습 능력이 충분히 길러진 사람은 조금만 공부해도 이해가 가능하므로 자신감과 진취적인 추진력을 갖게 됩니다. 반대로 기초 학습 능력이 부족한 사람은 무슨 말인지 모르고, 이해하기가 어려우니 당연히 공부가 어려워지고, 즐겁기는커녕 지겹게 공부를 할 수밖에 없습니다.

그럼 기초 학습 능력이란 무엇인가요? 그것은 바로 읽기 능력, 쓰기 능력, 셈하기 능력(사고 능력)을 말합니다. 그중에서도 가장 중요한 기초 학습 능력은 바로 읽기 능력입니다. 읽기 능력은 언어를 의미화 시키는 것뿐만 아니라 그림이나 도표, 표정, 느낌마저도 읽기 능력과 연관되어 있기 때문이며, 특히 읽기 능력이 뒷받침되지 못하면 다른 능력들은 성장할 수 없기 때문입니다. 따라서 이번 장에서는 읽기 능력에 대해 살펴보고자 합니다.

2) 읽기 능력은 엔진과 같아요

아이들에게 엔진을 달아주세요. 여기서 말하는 엔진은 아이들에게 "읽기 능력"을 달아 주라는 말입니다. 자동차가 아무리 멋있고 치장을 잘했다 하더라도 엔진이 없으면 달릴 수 없겠지요. 엔진 없는 차에 네비게이션과 같은 비싼 자동차 용품을 달아 놓는 것은 아무 소용없는 낭비일 뿐입니다. 또 자동차는 여러 종류가 있습니다. 크기에 따라 소형차, 중형차, 대형차로 나누고, 출력에 따라 800CC서부터 3000CC가 넘는 자동차로 나눌 수도 있습니다. 즉 자동차라고 해도 성능의 차이는 있기 마련입니다. 이 같은 원리를 바로 우리 아이들에게도 적용할 수 있습니다.

먼저 아이들이 학습을 한다고 할 때, 가장 기본적으로 사용하는 것이 바로 "읽기 능력"입니다. 읽기 능력은 바로 자동차의 엔진과 같은 것으로 학습할 때 반드시 필요한 도구입니다. 다시 말해서 읽기 능력이 떨어지거나 향상되어 있지 못하다면 당연히 아이는 '학습 부진아'로 전락하게 됩니다.

이 같은 읽기 능력의 기본은 모든 아이들이 태어날 때부터 가지고 태어나지만 아이들이 자라면서 그 능력의 차이는 자동차와 마찬가지로 아이들마다 크게 달라집니다. 그렇다면 그 읽기 능력의 차이는 어떻게 벌어지게 될까요? 결론적으로 말씀드리면 "독서 활동"에 달려 있다고 할 수 있습니다. 엔진이야 공장에서 미리 만들어져 나오는 공산품이지만 인간이 갖는 읽기 능력은 갈고 닦지 않으면 성장할 수 없는 것입니다.

최근 10세 이전 어린이의 읽기 능력이 10년 후 학습 능력을 좌우한다는 연구 결과가 나왔습니다. 2006년 12월 5일 캐나다《토론토 스타》보도에 따르면 이날 발표된 연방 통계청 보고서에서 "초등학교 저학년 시절 읽기 능력은 어린이의 사회 · 경제적 배경, 성별, 사용 언어에 상관없이 10년 후 학업 성취도와 긴밀하게 연관돼 있다"고 밝혔습니다.

이 보고서는 1994년부터 8~9세 어린이 1천 300명을 대상으로 뉴스 기사, 소설 등 다양한 문서 해독 능력을 조사하고 이후 학업 성취도를 추적 조사했는데, 그 결과 당시 동료 학생보다 읽기 능력이 뛰어났던 학생이 10년 후에 언어 능력 시험에서 월등하게 높은 점수를 얻은 것을 발견했습니다. 연구를 이끈 캐나다 통계청의 트레이시 부쉬닉은 "우리는 어린이의 발전 과정을 이해하기 위해 조사를 진행했다"며 "흥미롭고 희망적인 사실은 어린이의 읽기 능력이 부모의 사회경제적 배경이나 학력, 모국어 등과 독립적이란 것"이라고 말했습니다.

이 같은 사실에서 두 가지 원리를 찾아낼 수 있습니다. 첫 번째는 읽기 능력을 키우면 학습 능력이 향상된다는 것과, 두 번째는 어떤 환경 속에서도 좋은 독서 환경을 제공하면 충분히 읽기 능력을 키워갈 수 있다는 점입니다.

읽기 능력이 낮은 아이는 쉬운 책을 읽는 그 자체도 버거워할 것이며, 당연히 교과목과 관련한 지식 전달 위주의 책들은 더더욱 힘들어하게 됩니다. 반면 읽기 능력이 높은 아이들은 교과목뿐만 아니라 관련된 참고 도서나 자료도 소화하게 되고, 더욱이 철학이나 사상서와 같은 어려운 책들도 쉽게 자신의 것으로 만들어갑니다.

서울대 공대에 입학한 한 대학생의 어머니가 한 말이 떠오릅니다. 자신은 아이를 위하여 월평균 10만 원 이상을 책값에 투자했으며, 늘 책을 가까이 두도록 배려한 덕에 아이는 독서 재미에 빠져 집에 있는 책도 모자라서 도서 대여점에서 빌려 읽을 정도로 '책벌레'가 되었다는 것입니다. 이 말은 그냥 지나칠 수 없는 부분일 것입니다. 즉 그 아이가 책벌레가 되었다는 말은 읽기 능력이 크게 향상되었음을 말해 줍니다.

또 다른 서울대학교 수석 합격생의 말을 들어보겠습니다. 이 학생의 말을 살펴보면 책 읽기와 읽기 능력의 중요성을 알 수 있습니다.

"책을 좋아하셨던 어머니의 영향으로 어린 시절부터 책 속에 파묻혀 살았다. 어딜 가도 책이 제일 먼저 눈에 들어왔다. 책을 읽을 때는 푹 빠져서 읽었는데, 깔깔거리며 웃기도 하고, 때로는 주인공과 하나가 되어 슬픔에 젖어 펑펑 울기도 했다. 좋은 책 한 권을 다 읽고 난 후의 뿌듯함, 그것은 그 무엇과도 비할 수 없이 큰 기쁨이었다. 초등학교 시절에는 학교 성적이 중간 정도였다. 그런데 중학교, 고등학교에 가면서 전교 1등을 맡아 놓고 하게 되었다. 그때 나는 학교에서 보는 시험보다 전국적으로 보는 시험을 더 잘 보았다. 범위도 없고, 예상 문제도 없는 시험을 볼 때는 희열을 느끼기까지 했다. 공부 시간에 선생님의 질문에 아무도 대답을 못할 때, 문득 섬광처럼 떠오르는 생각을 말하면 선생님이 칭찬을 해 주셨다. 그때 내 대답은 어느 책에선가 읽은 내용 같았다."

읽기 능력은 일생 동안 조금씩 길러지는 능력이 아니라 12세쯤에 완성되는 능력으로 연구자들은 밝히고 있습니다. 즉 읽기 능력은 언어 조작기인 유치원에서 언어 지능 확립기인 초등학교 때 길러진다는 것이며, 이렇게 만들어진 읽기 능력을 갖고 중고등학교, 대학교 공부를 하게 된다는 사실입니다. 이 시기에 읽기 능력을 충분히 기른 어린이는 상급 학교로 갈수록 학습이 수월해지고 반대로 읽기 능력을 기르지 못한 아이는 학습에 흥미를 잃게 되어 결국 낙오하게 됩니다.

어떤 학부모님은 이런 말씀을 하더군요. "쓸데없이 책을 왜 읽습니까? 그 시간에 그냥 교과서나 보면 되지."라구요. 읽기 능력은 책을 꾸준히 읽는 습관에서 비롯됩니다. 왜 대학에서 학기 초 강의 커리큘럼을 학생들에게 줄 때 그 강의와 관련된 수많은 참고도서 목록을 줄까요? 『다니엘 학습법』을 쓴 김동환 목사는 자신이 서울대학교에 다닐 때 교수님이 참고하라고 하는 모든 책은 다 읽었다는 이야기가 매우 의미심장하지요. 결국 그 목사님은 서울대를 수석으로 졸업하였다고 합니다.

제가 직접 독서 지도를 하고 있는 상호는 독서 수업을 통해 학습 능력이 오른 사례입니다. 반 석차가 10등 내외였던 상호가 독서 수업을 통해 읽기, 말하기, 듣기, 쓰기 및 사고 능력을 키워나가면서 3학년 2학기 반 석차가 2등까지 오르게 된 경우입니다. 이처럼 기초 학습 능력의 탄탄한 성장은 결국 학습 능력으로 이어져 지식이나 정보의 기억과 저장이 활성화된다는 좋은 사례입니다.

먼저 아이에게 무조건 학습만을 강요할 것이 아니라 바로 자동차의 엔진과 같은 읽기 능력을 만들어 주세요. 성능 좋은 엔진을 단 아이들의 모습이 상상될 것입니다. 입가에 웃음을 띠며 즐거운 마음으로 탄탄대로를 달려 나가는 모습을 말입니다.

3) 공부 잘하는 학생들의 5가지 특징

지난 2002년 한국교육개발원(KEDI)이 내놓은 보고서에서 우리나라 고등학교 1, 2학년 중에서 자타가 공인하는 공부 잘하는 학생들의 특징을 다음과 같이 집계하였습니다.

❶ 어려서부터 독서를 좋아했다.
❷ 공부는 스스로 자기 주도적으로 한다.
❸ 학원보다는 도서관이나 집에서 혼자 조용히 공부하는 것이 좋다.
❹ 공부하는 것이 매우 즐겁다.
❺ 문학 작품 읽기와 신문 읽기를 즐긴다.

이 같은 특징을 자세히 살펴보면 공부 잘하는 학생들의 공통적인 요인은 바로 읽기 능력에 있다는 것입니다. 책 읽기, 문학 작품 읽기, 신문 읽기이며, 공부도 당연히 읽기 능력과 연관되어 있기 때문입니다.

또 다른 읽기 능력의 중요성을 설명해 주는 연구가 있습니다. 1980년대 미국 버클리대학 심리학연구소가 실시한 "세계적으로 성공한 600명에 대한 연구"의 결과 밝혀진 다섯 가지 특징은 '강한 집중력', '살아 있는 감성', '창의적 사고', '정직한 성품', '풍부한 독서력' 이었습니다. 풍부한 독서력과 함께 나머지 네 가지 조건 역시 읽기와 함께 자연스럽게 변화 발전하는 특징들이어서 읽기가 얼마나 중요한지를 잘 알 수 있습니다.

그럼 읽기 능력의 중요성을 느낄 수 있는 실례를 들어보겠습니다. 2006학년도 민족사관고등학교에 합격한 유원석 군은 논술 시험에서 '욕망'에 대한 견해를 자신의 독서 경험과 연관해 설명하라는 언어 문제를 받고 최근 읽었던 도스토예프스키의 『죄와 벌』과 연관시켜 답안을 작성했다고 합니다. 유군은 "후배들에게 세계 명작들을 통째로 읽을 것을 권합니다."고 말했습니다. 또한 합격자 김소연 양은 역사 · 과학 · 소설 등 분야를 가리지 않고 일주일에 3~5권의 책을 읽는다는 '독서광'으로, "일단 두루 아는 게 많아야 논술에서 주제와 연결시킬 수 있는 꺼리가 많아진다."며 "면접에서도 일목요연하고 차분하게 대답할 수 있었던 것은 독서의 힘"이라고 밝혔습니다. 홍석하 군도 평소 신문을 꼼꼼히 읽고 시사 감각을 유지했던 게 큰 도움이 됐다고 합니다.

이처럼 하나같이 폭넓은 독서를 하고 있고, 그것을 하라고 권고하고 있습니다. 왜 폭넓은 독서의 경험, 즉 읽기 능력이 필요할까요? 앞서 학생들이 설명하고 있듯이 독서는 모든 학습의 기초가 되며, 넓게 책을 읽어내면 폭넓은 지식뿐만 아니라 사고력의 확장과 자신의 생각을 키워갈 수 있게 되며, 결국 자신감도 생기게 되기 때문입니다. 교육 현장에서 가장 많이 목격할 수 있는 부분이 독서를 좋아하는 아이들이 골고루 잘 성장해 나간다는 것입니다. 이것은 이미 많은 연구와 실험을 통해 입증되고 있는 부분이기도 합니다.

그럼에도 불구하고 간혹 아이들의 중간 고사 성적이나 시험 결과에만 우선순위를 두는 학부모님들도 계십니다. 수학 공식이나 영어 단어 몇 개 달달 더 외워서 몇 문제 더 맞추는 것이 가능하다 할지라도 멀리 보면 그러한 교육에서 얻는 것보다는 잃어버린 것이 더 많습니다. 교육은 장기간에 걸친 노력이요, 대계(大計)입니다. 가장 기본적인 독서를 하지 않고 학습 내용의 부분적인 것만을 쫓아가는 것은 먼 숲을 내다보지 못하는 실수가 자칫 아이들의 미래를 불투명하게 만들 수도 있다는 것을 잊지 말아야 할 것입니다.

4) 읽기 능력의 3단계

읽기 능력도 단계를 거쳐 성장합니다. 첫 번째 단계가 독서 준비도 단계, 두 번째 단계가 읽기 능력 형성 단계, 세 번째 단계가 감상 능력 형성 단계입니다.

❶ 독서 준비도 단계

책을 좋아하지 않는 아이, 책에 대해 부정적인 아이, 조용히 앉아서 책을 읽지 못하는 아이, 남이 책을 읽을 때 방해하는 아이 등등 이런 아이들은 독서 준비도가 낮은 아이들입니다. 이 같은 원인은 환경적 준비도와 관련이 많습니다. 부모님이 책에 대한 부정적인 생각이나, 책을 읽을 수 없는 환경 등이 바로 이것입니다. 좋은 환경을 만들어 주는 것이 필요하며 독서 준비도가 높아지면 아이는 독해 능력 형성 단계로 나아갑니다. 흔히 독서 준비도 단계를 독서 습관 형성기라 할 수 있습니다.

❷ 읽기 능력 형성 단계

독서 준비도가 갖추어진 사람은 자연스럽게 책을 꺼내어 읽습니다. 책을 읽을 때 이 단계에서는 책에 들어 있는 내용을 있는 그대로 이해하는 활동에 들어가 단어나 문장의 뜻을 충실히 이해하려 합니다. 이때 읽기 능력은 훈련을 통해 향상이 가능합니다. 교사나 학부모의 관심과 배려가 아이의 읽기 능력을 성장시킬 수 있습니다. 읽기 능력 형성이 이루어지면 다음 단계인 감상 능력 형성 단계로 진행됩니다.

❸ 감상 능력 형성 단계

읽기 능력 형성 단계에서는 독자가 책에 있는 내용을 있는 그대로 이해하고 받아들이려 노력하지만 감상 능력 형성 단계에 들어오면 좀 더 능동적이고 활동적으로 변화됩니다. 즉 책의 내용을 있는 그대로 받아들이기 보다는 스스로 생각하면서 능동적으로 해석하고 싶어 하며, 자기 나름의 의미를 창조하려고 합니다. 이러한 읽기의 과정이 감상의 단계입니다. 이 때의 독서를 능동적, 심층적, 창조적 독서라고도 합니다.

5) 배경 지식(스키마)의 중요성

읽기는 글과 독자의 만남입니다. 독자는 자신의 배경 지식을 능동적으로 동원하면서 글을 이해하고 해석하게 됩니다. 따라서 글에 써 있는 내용보다 훨씬 더 넓게 그리고 깊게 그 내용을 만들어 낸다는 점에서 읽기 과정은 '의미를 구성하는 과정'이 됩니다. 다시 말해서 글을 읽을 때 배경 지식을 통해 의미를 구성하게 되고 더 나아가서 책에 쓰인 내용과는 다른 새로운 내용을 만들어 내게 되는데 이런 점에서 읽기는 지식의 창조 과정이라고 할 수 있습니다.

가령 어떤 아이가 조선 시대와 관련한 책을 읽고 동시대와 관련한 어느 정도의 배경 지식을 갖게 되었을 때 임진왜란이나 이순신 장군에 대한 글을 읽을 때 앞서 갖고 있던 배경 지식과 더불어 글을 이해하게 되고, 또한 그 지식을 쉽게 자신의 것으로 만들어 갈 수 있다는 것입니다. 더욱이 깊이 있는 지적 욕구가 발동하게 되어 보다 능동적인 독자로 이행할 수 있습니다. 이와 같은 아이의 경우 임진왜란의 역사적 배경, 일본 역사, 우리나라를 지키려고 한 여러 장군들의 활약에 대해 호기심을 갖고 글을 읽게 될 것입니다. 이처럼 배경 지식은 읽기 능력에 없어서는 안 될 매우 중요한 요소입니다.

최근 모 TV 방송국에서 다섯 명의 딸을 모두 명문 대학에 진학시켜서 화제가 된 어머니의 이야기를 담은 프로그램을 방영하였는데 이 어머니는 아이들이 모르는 것이 있으면 백과사전을 찾아보도록 하였다고 합니다. 그 이유는 백과사전을 찾다보면 자신이 모르는 것 이외에도 더 많은 것을 자신의 배경 지식으로 얻을 수 있기 때문이라는 것이지요. 이러한 활동은 배경 지식을 넓히는데 더할 나위 없이 좋은 방법의 하나입니다.

6) 읽기와 인지심리학

인지심리학은 사람이 어떤 대상을 인지하는 데 있어서의 제반 인식 행위를 관찰하고, 이에 반복되는 행위나 인과 관계를 연구하는 학문입니다. 공부를 한다는 것, 책을 읽고 그것을 인지하는 것 등도 인지심리학의 범위에 들어갑니다.

독서도 분명 인지의 과정 혹은 행위입니다. 책을 읽음으로써 그 책이 주는 주제나 내용, 지식 등을 사람은 인지하게 됩니다. 사람이 어떻게 책을 읽는 행위를 통해서 그 책 속에 들어있는 내용을 인지하고, 그것을 기억 창고에 저장하고, 때때로 그 기억된 인지 내용을 꺼내 쓸 수 있는지에 대한 궁금증을 해결하는 것이 바로 인지심리학자들의 몫입니다.

사실 인지심리학도 과거와 현재간의 많은 변화와 차이가 있습니다. 초기 인지심리학자들은 무조건 읽으면 독자는 반응하게 된다는 행동주의 이론에 바탕을 두어 접근을 시도하였습니다. 흔히 과거 우리 교육의 문제였던 주입식 교육이 그러한 사례라 할 것입니다. 하지만 컴퓨터의 발달로 인지심리학자들은 사람의 인지 과정을 컴퓨터의 인지 과정으로 풀어서 설명이 가능해지게 되었고, 그로 인해 연구와 실험이 가속도가 붙게 되었습니다.

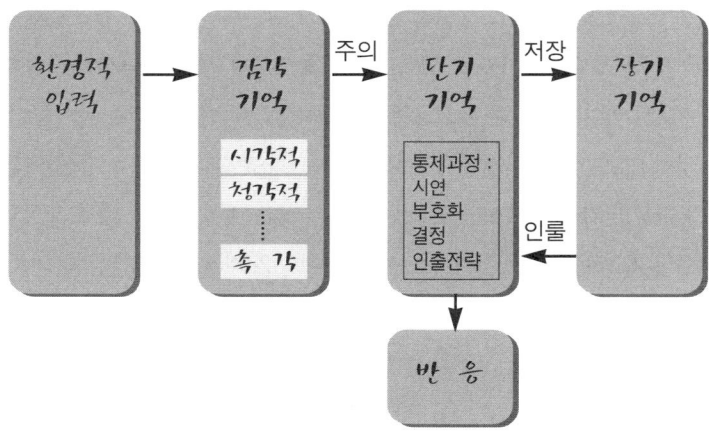

위 그림에서 보면 인지가 시작되기 위해서는 정보나 자료가 입력되어야 하는데 그 입력 단계가 읽기 능력과 관계가 있습니다. 읽기 능력을 통해서 얻어진 정보나 자료가 인지 과정으로 연결되게 되는 것입니다. 한 가지 재미있는 점은 사람마다 인지 과정을 거쳐 자신의 기억으로 저장하는 인지의 양이 각각 다르다는 점입니다. 그림에서 보듯 인간의 기억 창고는 두 가지가 있는데 첫째가 단기 기억이고, 둘째가 장기 기억입니다. 단기 기억은 말 그대로 인지한 내용이 단기간에 기억되고 쉽게 잊혀지는 기억을 말합니다. 가령 조금 전에 이야기했던 전화번호나 사람 이름이 시간이 얼마 지나지 않아 잊게 되는 기억을 말합니다. 따라서 단기 기억은 용량 면에서도 매우 제한적입니다. 반면 장기 기억은 한 번 기억된 인지 내용은 장기간 기억되며 용량 면에서도 무제한입니다. 따라서 단기 기억에 들어온 인지 내용을 빠른 시간 내에 장기 기억으로 이동시켜 저장시키는 사람이 인지 내용을 많이 저장할 수 있다는 말이 됩니다.

그럼 단기 기억에 있는 내용을 장기 기억으로 저장해 주는 그 므엇인가가 존재하는데 그것이 바로 능동 기억 혹은 작업 기억이라고 합니다. 즉 능동 기억의 역할을 잘 활용하면 얻어진 학습 내용이나 인지 내용을 신속하게 장기 기억으로 저장시켜 자신의 지식으로 만들어가게 됩니다. 흔히 공부를 잘하거나 우등생의 경우가 바로 이 능동 기억을 잘 활용하고 있는 것입니다. 이 능동 기억을 잘 활용하는 방법에 대해서 많은 인지심리학자들 뿐만 아니라 모든 이들의 관심이 되고 있습니다. 이에 대해서는 사고 능력과 관련하여 별도로 살펴보겠습니다.

이상에서도 알 수 있듯이 인지를 위한 가장 기본 단계가 읽기입니다. 읽기가 제대로 되지 않는다면 인지 과정이 제대로 이루어질 수 없습니다.

7) 나쁜 독서 습관 고치기

가. 책 읽기에 싫증을 내는 아이

이 같은 경우는 읽는다는 행위에 노출되는 횟수가 매우 적거나 읽기보다는 다른 것에 흥미를 갖고 있기 때문입니다. 이런 아이들은 재미있는 책을 선정해서 부모가 먼저 읽어 주거나 짧고, 재미있고, 쉬운 어휘들로 이루어진 전래 동화류의 책을 권해 줄 필요가 있습니다. 책 읽기에 싫증을 내면 당연히 학습 쿠진으로 연결되기 때문에 너무 성급하게 읽게 할 것이 아니라 책 읽기가 즐겁다는 사실을 알게 해 주고 자주 책을 접할 수 있는 기회와 장소를 제공해야 합니다. 또한 다른 흥밋거리들을 차단해 주면 좋은데 특히 자극적인 영상 머체는 횟수를 제한하거나 조건을 붙여서 이용할 수 있도록 해야 합니다. 그리고 시간을 정해서 지속적으로 책 읽기를 할 수 있도록 배려하며, 도서관이나 서점에 가서 다른 아이들이 독서삼매경에 빠진 모습을 자연스럽게 볼 수 있도록 해 주는 것도 좋은 방법입니다.

나. 자극적인 영상 매체에 빠져 버린 아이

심리학자들은 영상 매체, 특히 게임에 빠진 아이들은 화면에 몰두하거나 게임의 빠른 속도감에 길들여져서 무엇인가를 진지하게 생각하지 못하는 경향이 있다고 보고합니다. 또한 가상의 공간 속에 빠진 아이들은 현실과 가상을 구분하지 못하여 현실 부적응아가 되기 쉽다는 연구 결과도 있습니다.

따라서 앞서도 언급하였듯이 영상 매체에 가급적 접근하기 어렵게 해야 합니다. 또한 "거실을 서재로"라는 모 신문사의 슬로건처럼 문식성을 제고해야 합니다. 여기서 문식성이란 읽고 쓸 수 있는 환경을 조성하는 것을 말합니다. 자극적인 영상 매체를 차단하고 읽을 수 있도록 배려한다면 아이들은 점차 변화되어 가게 됩니다.

다. 낮은 즐거움에만 빠져 있는 아이

부모의 권유에 의해 즐거움도 모르면서 억지로 책을 읽는 아이들도 있습니다. 무슨 일이든 재미있고 즐거워야 흥미를 갖고 그 일을 지속해 갈 수 있는 것입니다. 마찬가지로 책 읽기도 재미있고 즐거운 행위라는 것을 인식시켜 주어야 합니다. 즐거움은 여러 가지 종류가 있습니다. 자신의 육체와 쾌락에만 빠지는 본능적이고 감각적인 즐거움이 있는 반면, 이보다 수준이 높은 미적 즐거움, 지적 즐거움, 나눔의 즐거움도 있다는 것을 지도해야 합니다. 저 같은 경우 아르키메데스의 예를 자주 사용합니다.

"왜 목욕을 하던 아르키메데스는 '유레카'(알아냈다)라고 소리 지르며 옷도 입지 않고 밖으로 뛰쳐나갔을까요?"

이런 질문을 통해 지적 즐거움도 존재한다는 것을 알 수 있게 하는 것이지요. 독서도 이런 지적 즐거움의 하나라는 것을 알려 주시기 바랍니다.

라. 책만 읽으려고 하는 아이

책을 읽지 않아 걱정인 아이들이 있는가 하면, 책을 너무 많이 읽어 걱정이 되는 아이들이 있습니다. 이런 아이들은 전체 어린이의 5% 정도 되는 것으로 추정됩니다. 이들에게 나타나는 증상은 운동 부족, 비현실적 생각, 비사회성 등을 들 수 있습니다. 이런 아이들의 경우 그들의 관심을 자연이나 사회, 현실 쪽으로 돌릴 필요가 있습니다. 하지 않는 것도 문제지만 너무 과해도 문제가 됩니다.

철학자 존 스튜어트 밀의 경우도 너무 책을 많이 읽다가 정서결핍증이라는 병을 앓았던 적이 있었습니다. 그때 그의 주치의가 내린 처방은 ∽행을 해 보라는 것이었습니다. 아이들이 책을 읽기도 하지만 반면 다른 것들에게도 눈을 돌려 보게 하는 현명함과 지혜로움이 필요합니다.

마. 얇은 책만 읽으려고 하는 아이

고학년이 저학년이 보는 그림책이나 얇은 창작 동화, 전래 동화만을 읽으려고 하는 경우가 있습니다. 물론 그림책이라고 해서 유아들만 보는 것은 아닙니다. 쉘 실버스타인의 『아낌없이 주는 나무』나 『어디로 갔을까 나의 한쪽은』과 같은 그림책은 매우 깊이 있는 사고가 필요한 그림책입니다. 물론 이런 책과 더불어 글이 많은 두꺼운 책을 읽어 낸다면 문제가 없지만 그렇지 못한 경우는 우선 어휘력에 문제가 있다고 보아야 합니다. 모르는 어휘가 많으면 당연히 두껍고 깊이가 있는 책들을 읽어 내는데 힘들어하겠지요. 따라서 이런 아이의 경우 책을 읽을 때 모르는 단어나 어휘들을 일부러라도 찾아서 하나하나 이해하고 자신의 것으로 만들어 갈 수 있도록 교사나 부모가 관심을 가져 주어야 합니다. 또한 읽으면서 맥락에 의한 어휘와 뜻을 이해하기와 같은 전략도 지도하여야 합니다.

바. 글쓰기를 두려워하는 아이

책은 잘 읽고 이해력도 빠른 것 같은데 글쓰기가 잘 안 되거나 혹은 글의 분량이 짧거나 논리성 없이 글을 쓰는 아이들도 있습니다. 특히 부모님들로부터 책은 좋아하는데 왜 쓰기가 안 되는지 이해가 안 된다고 하는 질문도 간혹 접하게 됩니다. 이것도 잘 생각해 보면 '가르치면 그 가르치는 내용은 다 안다' 와 같은 1970년대 행동주의의 논리와 다를 바 없다는 것을 아시게 됩니다. 책을 잘 읽는다고 해서 잘 쓴다는 것은 책을 잘 읽지 않고 글을 쓰는 아이들보다는 평균적으로 높다는 것이지 꼭 그래야 한다는 필연적 조건은 되지 않는 것입니다. 다시 말해서 보약을 먹는다고 해서 꼭 보약을 먹은 모든 사람이 다 건강하게 된다는 것은 아닌 것과 같은 이치이겠지요.

글쓰기를 두려워하는 아이들에 왜 그런지의 이유와 환경적 상황을 먼저 살펴볼 필요가 있습니다. 먼저 어떻게 써야 할지를 모르는 아이에게는 어떻게 써야 하는지의 방법을 지도할 필요가 있습니다. 제목 하나 던져 주고 무조건 쓰라고 하면 무엇을 어떻게 써야 할지 난감할 때가 많습니다. 이럴 경우 더욱 글쓰기를 두려워하게 되지요. 따라서 보다 구체적으로 쉽게 쓸 수 있도록 제시해 주고, 나아가 다른 아이들이 쓴 잘된 글들을 예시로서 자주 들어보게 하는 것도 좋은 방법입니다. 또한 많이 쓰라고 하기 보다는 글쓰기는 생각 쓰기이므로 짧고 간단하고 가볍게 글을 쓸 수 있도록 하면 점차 글쓰기의 두려움에서 벗어나 자신도 모르게 긴 글도 소화할 수 있음을 명심해야만 합니다.

사. 자신이 좋아하는 책만 읽으려고 하는 아이

"우리 아이는 너무 창작 동화만 읽으려고 해서 큰일이에요. 어떻게 하면 골고루 읽게 될까요?"

많은 학부모님들이 상담을 원하시는 질문 중의 하나입니다. 이럴 경우 무엇이라고 답변을 할까요? 저 같은 경우 지금 그대로 놔두라고 말씀드립니다. 왜냐하면 독서 교육에서 가장 시급한 것 과제는 우선 아이들이 책을 읽는 습관을 길러주는 데 있기 때문입니다. 책을 자주 꺼내들고 읽어 나가야 편독이든 다독이든 폭넓은 독서든 하게 된다는 말이지요. 그런데 위와 같은 질문을 하시는 분들의 자녀들은 이미 책을 읽는 습관은 형성되어 있다는 것을 의미하지요. 아이들은 자신이 좋아하는 분야의 책을 즐거운 마음으로 푹 빠져서 읽습니다. 이것을 독서삼매경이라고도 하지요. 그러면서 점차 관련 분야로 확대해서 읽어 나가기 시작합니다. 이것은 매우 자연스러운 과정이기 때문에 자신이 좋아하는 책을 그대로 읽게 놔두는 것이 좋습니다. 그런데 만일 위인전도 읽고, 과학, 역사 등의 분야도 읽으라고 억지로 읽게 하면 오히려 역효과를 낼 수 있습니다. 스스로 읽고 싶은 것을 읽어야 독서가 즐거운 행위가 되지 강제성을 띠게 되면 책읽기가 재미가 없어지고 즐겁지 않기 때문이지요. 스스로 다양한 분야로 변화될 때까지 지켜봐 주는 것도 부모의 지혜입니다.

"독서 습관은 아무 것도 섞이지 않은 유일한 즐거움이다. 모든 쾌락은 시들어도 이것은 지속된다."(A. 트롤로프)

독서를 좋아하는 아이가 저에게 직접 다음과 같은 말을 하였습니다.

"선생님, 저 요즘 텔레비전 안 봐요. 봐도 별로 재미없고, 시시해서요. 하지만 책은 너무나 재미있어요. 읽으면서 다음에 어떻게 될 것인가 상상하고 기대하는 즐거움이 크거든요."

여러분의 아이들도 이처럼 독서의 즐거움을 만끽하고 즐기면서 자신의 읽기 능력을 키워나갈 수 있게 되길 바랍니다.

아. 감정이입 없이 읽는 아이

책을 읽을 때 주인공이 된 기분으로 읽지 않으면 따분하고 지루한 방관자로 서의 독자가 됩니다. 이럴 경우 별다른 흥미와 감정 없이 책을 뚝딱 읽어냈을 뿐 책 속에 숨어 있는 따뜻함, 아름다움, 정의감, 배려함과 같은 감정들과 주제들을 잃어버리게 되는 잘못을 저지르고 맙니다. 또한 책읽기의 즐거움도 점차 사라지고 맙니다. 영화의 예를 들면 내가 주인공처럼 하늘을 날고, 거미줄을 손에서 뿜어내며 위기에 처한 사람을 구해낸다고 할 때 영화는 더욱 재미있어지겠지요. 책도 마찬가지입니다. 주인공과 같은 입장과 감정을 갖도록 해서 읽게 하는 습관을 만들어 주면 흥미도 높아지고 독서의 즐거움을 이해하게 됩니다. 이를 위해서는 책을 읽을 때 주인공의 대사를 소리 내어 읽게 해 보거나 역할을 맡아 돌아가며 읽게 하거나 주인공이 되어 다른 등장인물에게 편지 글을 써 보게 하거나, 역할극을 해 보는 것도 이런 습관을 키워 주는 좋은 방법이 되겠습니다.

자. 문장을 자기 마음대로 고쳐 읽는 아이

아이들에게 책을 소리 내어 읽게 해 보면 원래의 문장을 자기 편한 대로 바꾸어서 읽는 아이들을 볼 수 있습니다. 왜 이런 현상이 일어나는 것일까요? 우선은 아이가 성급하기 때문입니다. 의미를 읽어내야 하는데 빨리 읽으려고 하다 보니 자신이 문장을 편한 대로 고쳐서 읽게 되는 것입니다. 이럴 경우 조금 여유를 갖고 정독을 하게 하거나 편한 마음으로 읽게 해 주는 것이 중요합니다. 만일 문장을 자기 마음대로 고쳐 읽게 되면 저자가 하려고 했던 의미나 뜻이 전혀 다르게 이해될 수 있기 때문에 사실 조심하지 않으면 안 되는 부분이기도 합니다. 여러분의 아이들에게도 이런 증상이 있지는 않은지 살펴보시기 바랍니다. 시험을 볼 때 문제를 잘못 읽어서 틀린 경우도 이와 비슷한 증상임을 잊지 마시기 바랍니다.

차. 전문 치료를 받아야 하는 아이

흔히 집중을 못하고 다른 것에 더 관심이 많아서 산만하다고 일컬어지는 아이들이 있습니다. 이 산만함은 집중력이 부족해서일 수 있지만 정신적인 질병 때문에 드러나는 증상일 수 있다는 것을 명심해야만 합니다. 이 같은 질병에는 주의력 결핍 과다 행동 장애(注意力缺乏過多行動障碍, attertion deficit hyperactivity disorder)나 난독증, 자폐증 등을 들 수 있습니다.

먼저 주의력 결핍 과다 행동 장애는 충동적·무절제·과다 행등이 나타나면서 소근육 협응이 안 되고, 학습 장애를 보이면서, 정서적으로도 불안정한 질병으로, 미국에서는 학령 전기 아동의 3~5%, 학동기 아동의 2~20%가 이 질병을 앓고 있는 것으로 알려져 있으며, 한국에서는 한 반에 3~4명 정도가 있는 것으로 보고되어 있습니다. 이 질병은 남자 아동 특히 장남에게 더 많이 발생하는 경향이 있는데, 일반적으로 3세 이전에 이 질병이 시작되지만 주의력 및 집중력을 요구하는 정규 교육을 받기 전까지는 진단하기가 어렵다는 것이 문제입니다. 증세는 12~20세 되어야 나아지지만 부분적으로만 좋아지고, 환자의 15~20% 정도는 성인이 되어서도 증세를 유지하기 때문에 2차적 우울증, 비행 장애, 학습 장애, 언어 장애 등으로 이행하기 쉽습니다. 이 질병은 여러 요소가 복합적으로 작용하여 나타나는 것으로 알려져 있습니다. 특히 임신 중에 약·음식 첨가물,·식용 색소,·방부제,·단 것 등을 섭취했거나 유해 물질에 노출되었거나, 조산 등도 원인으로 알려져 있습니다. 이 질병의 증상을 보면 행동이 부산스러

학생이 우선 학생이 되기

우며, 감정의 변화가 심하고, 소근육 운동이 떨어지며, 집중력이 떨어지고 충동적입니다. 또한 물건을 잘 잃어버리고, 기억력이 저하된 상태에 있으며, 읽기, 쓰기, 셈하기 등 학습 능력이 떨어지며, 언어 능력도 떨어집니다.

증세는 태중에서 시작되는 경우도 많습니다. 이 장애를 가진 아동은 예민하고 쉽게 자극을 받으며 많이 울고 잠도 잘 안 자는 등 유아기 때부터 다르며, 학교에서는 정상아보다 활동의 절제가 부족하면서 참견도 잘합니다. 또한 쉽게 화를 내고, 충동적이고 감정도 불안정하면서 기분 변화가 심하며, 행동을 예측하기 어렵습니다. 이 장애 아동의 75% 정도는 지속적으로 공격성, 분노, 적대감, 반항 등 행동 문제를 일으킵니다. 만약 학교 적응 장애가 교사에 의해 부정적으로 문제 아동에게 전해지는 경우에는 교우와의 관계에서 좌절을 겪으면서 반사회적 행동, 자기 비하 행동 등을 보입니다. 치료 방법으로는 항우울제 투여 등 약물 치료, 놀이 치료, 정신 치료, 행동 치료, 미술 치료, 부모 상담, 학습 치료 등이 있습니다.

두 번째로 난독증이 있습니다. 난독증(難讀症, dyslexia)은 듣고 말하는 데에는 어려움이 없지만 문자를 판독하는 데에 이상이 있는 증세로서, 지능은 정상이지만 글자를 읽거나 쓰는데 어려움이 있는 증세를 말합니다. 이 증세를 가진 대다수 환자들은 낱말에서 말의 최소 단위인 음소를 구분하지 못합니다. 어느 언어권에서나 난독증 환자가 생길 수 있지만, 비교적 발음 체계가 복잡한 영어권에서 많이 발생하는 경향이 있고, 반대로 비슷한 단어가 적은 언어권 나라일수록 그 발병률이 낮습니다. 유명한 과학자인 아인슈타인과 명배우 톰 크루즈도 난독증이 있었던 것으로 알려져 있습니다.

발달상의 문제로 인한 선천성 난독증과 사고 후 뇌 손상으로 인한 후천성 난독증 등 두 가지 유형으로 나눌 수 있는데, 선천성 난독증을 가진 어린이는 정상적인 어린이들보다 말을 더디게 배우거나 발음상 문제가 나타나고, 숫자를 익히거나 단어를 맞추는데 어려움을 겪으며, 글자를 거꾸로 적기도 하며, 간혹 색깔과 형태를 혼동하기도 합니다. 후천성 난독증은 주변성 난독증과 중심성 난독증으로 구분하는데, 주변성 난독증의 종류와 증세는 다음과 같습니다.

① 무시 난독증 : 단어의 처음 반이나 마지막 반을 잘못 읽거나 놓치며, 시야의 한쪽 반을 무시하는 경향이 있다.
② 주의성 난독증 : 낱자는 잘 읽지만, 단어 안의 낱자를 명명하는 데에는 매우 서툴다.
③ 낱자 단위 읽기 난독증 : 단어 안의 각 낱자를 하나하나 읽어보고 나서야 단어를 인식할 수 있다.

중심성 난독증의 종류와 증세는 다음과 같습니다.

① 표층성 난독증 : 비단어는 정확하게 읽지만 단어는 잘 읽지 못하거나 규칙화시켜서 읽는다.
② 음운성 난독증 : 단어는 잘 읽지만 임의로 만들어 낸 비단어는 잘 읽지 못한다.
③ 심층성 난독증 : 읽으려는 단어 대신 의미적으로 관련된 단어를 읽는다.
④ 의미 없이 읽기 난독증 : 문자열의 의미는 알지 못하면서도 그 문자열을 소리 내어 읽을 수 있다.

난독증은 아직 완치할 수 있는 치료법이 없으며, 각 치료법마다 장점과 한계가 있습니다. 선천성의 경우 읽기의 기초를 쉽게 배우는 5~7세에 치료하는 것이 가장 효과가 크지만 환자의 부모들은 지진아로 오해하는 경우가 많기 때문에 치료 시기를 놓치기 쉽습니다.

세 번째로 자폐증이 있습니다. 자폐증(自閉症, autism)은 현실에서 멀어지고 자기의 내면 세계에 파묻혀 있는 정신질환으로서 자폐라고도 합니다. 1911년 스위스의 정신병학자 E. 블로일러(1857~1939)가 처음으로 제창한 용어로서, 블로일러 자신은 다시 이것을 한정하여 현실·외계도 단지 환자의 원망(願望)·콤플렉스 또는 환각·망상 등에 적합한 형태로만 존재하는 것으로 받아들이고, 이것에 역행하는 현실에 대해서는 마치 존재하지 않는 것처럼 행동하는 정신 상태를 가리키는 것이라고 말하고 있습니다. 자폐적인 환자는 원망이 모두 충족된 것 같이 받아들여지고, 자기가 빠져 있는 '자폐적 세계'가 더 현실적인 세계로 느껴지며, 현실의 세계는 꿈의 세계와 같이 보이고, 믿을 것이 못 되는 것처럼 느껴져서 전도된 세계를 만들어 내기도 합니다.

이상에서 전문 치료를 받아야 하는 증상이나 질병에 대해 살펴보았습니다. 부모님이나 교사는 다른 원인이나 행동으로만 치부하고 심하면 "우리 아이는 그럴 리가 없어"와 같이 자신의 아이들에 대한 맹신이 자칫 더 큰 병으로 발전하지 않도록 하여야 합니다. 따라서 부모나 교사는 아이들이 읽는 행동이나 모습을 잘 관찰하여야 합니다. 특히 독서 토론 논술 수업은 이런 아이들을 발견해 내는데 가장 최선의 방법입니다.

카. 질문 없이 읽는 아이

작가는 글을 쓸 때 독자에게 무언가 하고픈 메시지를 담게 마련입니다. 이것은 글을 쓰는 목적이라 할 수 있습니다. 따라서 읽는 독자는 작가가 무슨 의도로서 글을 썼는지를 파악하며 읽어야 합니다. 그러기 위해서는 읽으면서 여러 사고 활동이 필요한데 그 가운데 가장 중요한 활동이 "왜 주인공은 이런 행동을 했을까?" 하고 질문하는 것입니다. 자신이 쓴 것이 아니므로 책의 내용은 자신이 이해 못하거나 궁금한 것들이 많을 수밖에 없는 것이 당연합니다. 그럼에도 불구하고 작가가 쓴 글을 100 % 이해했다고 생각하며 읽어 가는 아이들을 볼 때 걱정이 앞섭니다. 따라서 아이들이 글을 읽을 때 궁금한 것에 밑줄을 치거나 질문을 만들어 보도록 배려하면 점차 아이들은 책을 읽으면서 능동적인 사고 활동을 하면서 책을 읽어 내게 되고 결국 작가가 드러내고자 했던 메시지를 충분히 이해하고 나아가 자신의 의견과 작가의 의견이 상반될 경우 비판할 수 있는 능력도 만들어질 수 있습니다.

타. 끝까지 읽지 않고 이것저것 읽는 아이

이 같은 아이들을 크게 두 가지로 나누어 볼 수 있습니다. 첫째 부류에 들어가는 아이들은 매우 긍정적인 성격을 갖습니다. 이유는 자신이 필요로 하는 부분을 잘 찾아서 그 부분을 골라서 읽어 가는 능력을 가진 아이들이기 때문입니다. 대학원에서 논문을 쓰기 위해 자신의 주장과 관련한 여러 책자나 논문들을 찾아서 읽어 내는 것과 별반 다름이 없으므로 공병호 박사가 지적했듯이 실용 독서를 잘 해낼 수 있는 능숙한 독자인 것입니다. 반면 두 번째 부류로 들어가는 아이들은 부정적인 성격을 갖습니다. 왜냐하면 이들은 읽는 책을 꾸준히 관심과 몰입을 통해 읽어 내는 것을 어려워하고, 자기 마음에 드는 책단을 읽으려고 하는 특성을 보이기 때문입니다. 이런 아이들은 한 권의 책도 자신의 것으로 만들지 못하고 계속해서 책을 읽기는 읽는데 머릿속에 들어오는 내용은 그다지 많지 않은 경우입니다. 이런 아이들에게는 끝까지 다 읽음으로써 오는 보람과 만족감을 만끽할 수 있도록 배려해야 하며 작가가 의도하는 목적이나 주제는 대부분 결말 부분에 있다는 것을 알도록 해 주어야 합니다. 한편 부모나 교사가 읽기가 부족한 아이에게 억지로 무리하게 읽도록 과제를 내거나 강요할 때에도 이런 증상을 보일 수 있습니다. 즐겁게 책을 읽을 수 있도록 배려해야 할 중요한 이유가 이 경우에도 해당됩니다.

2. 읽기 능력을 키워줄 수 있는 전략들

1) 독서에 대한 편견을 버리세요

읽기 능력을 키우는데 있어서 먼저 짚고 넘어가야 할 사실은 독서에 대한 여러 가지 잘못된 편견들이 있다는 사실입니다. 그러한 편견의 대표적인 사례로 첫째, 책을 읽는다는 것을 일종의 학습이나 공부의 개념으로 연결지으려는 것입니다. 흔히 공부한다고 하면 딱딱하고 재미없는 것으로 여기는 학부모님들이 많습니다. 더욱이 그러한 느낌과 인식을 아이들에게 무심코 전해 주고 있어 아이들도 공부를 괜히 지겹고 힘든 과정이라고 생각합니다. 그래서 일부의 아이들은 책을 읽는 것은 공부하는 것이며, 따라서 지겹고 하기 싫은 것이라는 편견을 갖기 때문에 독서를 하지 않는 경우가 있습니다.

둘째로는 첫째와는 반대의 경우로 독서를 학습과는 별개로 생각해 수학, 영어 등 교과목을 우선순위로 두고, 독서를 등한시하는 편견입니다. 교과 학습이 갖는 본질이 새로운 지식의 학습이라고 한다면 그것은 독서의 본질 중 하나일 뿐입니다. 어떻게 보면 독서가 교과 학습보다 상위 개념으로 생각하면 좋을 것입니다. 즉 독서는 교과 학습을 포함하는 활동으로 볼 수 있습니다. 그런데도 독서는 해도 그만 안 해도 그만이라는 식의 발상을 갖는 이들이 많다는 것이지요. 따라서 아이들에게 책을 읽히기 보다는 무조건 교과서나 교과 학습 위주의 활동만을 강요하는 분들이 있습니다. 즉 아이들이 책을 읽지 않게 부모님이 나서서 막는 일이 벌어지고 있습니다.

세 번째로 독서는 재미있고 즐거운 행위가 아니라는 편견을 갖고 있습니다. 사실 책 읽기는 즐거운 일입니다. 환상과 모험, 위인들과의 만남, 잔잔한 감동, 인격의 수양, 종교적 가르침 등 책 읽기를 통해 얻을 수 있는 것들입니다. 그럼에도 불구하고 '책 읽기는 재미없어'라는 아이들이 많아지고 있습니다. 이것의 원인은 책보다도 더 자극적이고 말초신경을 자극시키는 텔레비전, 만화, 컴퓨터 게임 등 여러 환경에 노출되어 있어서 결국 책 읽기를 게을리 하게 된다는데 있습니다. 책읽기가 이런 매체들보다 더욱 재미있다는 것을 심어 주어야 하고, 아이들에게 경험할 수 있도록 배려해야 합니다.

2) 책을 읽어 주세요

부모들로부터 가장 많이 상담을 받는 질문 중의 하나가 엄마나 아빠가 아이들에게 책을 읽어 주어야 하는지의 여부를 물어오십니다. 특히 혼자서도 잘 읽는데 굳이 읽어 줄 필요가 있겠냐고 생각하시는 부모들도 많습니다. 우선 결론적으로 말씀드리면 부모가 아이들에게 책을 읽어 주는 것은 당연한 활동입니다.

지난 2006년 11월 22일자 조선일보 기사 중 9세, 10세의 나이에 대학에 입학, 미국을 놀라게 한 천재 남매(쇼 야노, 15세; 사유리 야노, 10세)의 한국인 엄마 진경혜 씨의 교육 방법에 대해 자세히 다루고 있는데 그녀의 교육 방법이 결국은 독서와 연관되어 있음을 확인할 수 있습니다. 진경혜 씨의 자녀 교육은 먼저 TV를 벽장 속에 집어넣는 것부터 시작되었다고 합니다. 대신 남머가 6개월 되던 때부터 아이들을 무릎에 앉히고 그림책을 읽어 주기 시작했고, 부부가 각각 10권씩 매일 20권을 아이들에게 읽어 주었으며, 100권의 책을 사주기보다 1권의 책을 이야기를 바꿔가며 100번 읽어 주는 쪽을 택했다고 합니다. 이처럼 아이들에게 부모가 책을 읽어 주는 것은 매우 중요한 일의 하나입니다.

민족사관고등학교를 2년 만에 졸업하고 하버드대학에 입학한 박원희 양도 어릴 적 엄마가 읽어 준 책이 자신이 이렇게 성장하는데 큰 도움이 되었다고 합니다.

아이들은 학교에 가서 국어 교과서를 읽거나 혹은 선생님과 수업하면서 읽기 활동을 하지만 50쪽이 넘는 책 한 권을 읽거나 하지는 못합니다. 그만큼 수업 시간이 짧은 탓도 있지만 다른 활동도 해야 하기 때문입니다. 다시 말하면 학교 수업 시간 내에서 읽기 연습을 충분히 할 수 없다는 것입니다. 따라서 읽는 훈련을 가정에서 함께 이루어 가야 합니다. 그것을 위해서 부모님의 도움이 필요한데 바로 부모님이 아이들에게 책을 읽어 주는 것입니다.

먼저 아이들은 부모님이 책을 읽어 줄 때 얻을 수 있는 효과에 대해 생각해 볼 필요가 있습니다.

첫째, 부모님이 책을 읽어 주면 읽기 방법을 배울 수 있게 합니다. 어디서 끊어 읽어야 하는지를 알 수 있고, 억양과 액센트도 함께 배우게 됩니다.

둘째, 어휘력 발달을 가져옵니다. 부모님이 읽어 주는 책에서 아이는 분명 모르거나 생소한 단어나 문장을 접하게 됩니다. 그럴 경우 아이는 이해가 되지 않으므로 읽는 중에 그 어휘에 대해 질문을 하게 됩니다. 부모님은 그 어휘의 뜻을 바로 아이에게 말해 줌으로써 아이는 어휘뿐만 아니라 이해력도 높아지게 되는 것이지요. 혼자서 읽게 하면 이해 못하고 책을 덮는 경우가 많습니다.

셋째, 책 내용에 대해 보다 더 흥미를 갖게 됩니다. 부모님이 재미있게 책을 읽어 주면 아이들은 흥미를 느끼고 그 내용에 대해 몰입을 하게 됩니다. 그렇게 되면 책은 재미있는 대상으로 아이들은 인식하게 되고 책을 가까이 하게 됩니다. 또한 부모님처럼 읽어 보려는 독서에 대한 동기 부여도 됩니다.

넷째, 부모님과의 간격을 좁히는 계기가 됩니다. 아이들은 부모님이 읽어 주는 행동 자체가 자신을 사랑하고 있고 관심을 갖고 있다는 것으로 해석합니다. 따라서 아이들도 부모님과 자연스런 상담을 하게 됩니다. 특히 아빠가 책을 읽어 줄 경우 바쁘게 일하여서 자주 대하지 못하는 아빠가 자신과 함께 한다는 생각에 더욱 아이들은 즐거워하고 행복해 합니다. 또한 엄마와는 다른 느낌이나 감정을 아빠로부터 받게 됩니다. 아빠를 단지 돈 버는 기계로 전락시키지 마십시오. 아빠의 사랑도 아이들은 공유하기를 원하기 때문입니다.

이처럼 부모님이 책을 아이들에게 읽어 주어야하는 이유에 대해 살펴보았습니다. 솔직히 부모님들은 책을 읽어 주지 않아도 혼자서 의젓하게 읽어가는 아이들의 모습을 기대하실 겁니다. 그렇게 아이 스스로 읽기를 자유롭게 목적에 맞게 읽으며 읽은 내용을 자신의 것으로 만들어 가는 독자를 '능동적 독자' 혹은 '능숙한 독자'라고 독서교육학에서는 부르고 있습니다만 초보적이고 능숙하지 못한 독자를 능숙한 독자로 만들어 가는데 바로 부모님의 책 읽어 주기는 큰 기여를 합니다. 아이들이 처음 자전거를 배울 때 뒤에서 잘 탈 수 있도록 잡아 주는 것처럼 독서도 마찬가지 입니다. 아이들이 능숙한 독자가 될 수 있도록 도와주는 것이 책 읽어 주기입니다.

스스로 읽고 즐기는 단계에 접근하고 있는 경우라면 책 읽어 주기를 조금씩 줄여 가도 좋지만 일부러라도 아이들과 가까운 시간을 만들어 가는 것도 좋은 방법일 것입니다. 귀찮다고 생각하지 말고 아이들과 가까워지는 시간을 만들어 보세요. 여러분의 아이들은 하루가 다르게 성장할 것입니다.

3) 문식성 환경을 만들어 주세요

학습이나 읽기에 있어서 학생들이 지각하고 있는 심리적 환경은 매우 중요한

역할을 합니다. 학습이 이루어지는 공간은 가정, 학교, 그리고 사회입니다. 나이
가 어린 학생들에게는 특히 가정과 학교의 환경이 학습에 매우 중요하며 가정
은 개인이 최초로 접하게 되는 사회 환경으로 그 속에서 언어를 습득하고, 지식
을 받아들이는 인지틀이 형성되며, 심리적 판단들이 이루어집니다. 이런 환경
요인은 읽기 및 읽기 태도에도 매우 중요하게 작용합니다. 읽기에 중요하게 작
용하고 읽기를 조장하는 환경을 특히 문식성 환경(literacy environment)이라고
하는데 학생들에게는 가정과 학교가 주요한 문식성 환경이 될 수 있습니다. 그
중에서도 가정의 문식성 환경은 매우 중요합니다. 아이들은 가장 먼저 가정에
서 생활하고·습관을 형성하며, 부모를 통해 언어나 태도를 배우기 때문입니다.

얼마 전 모 텔레비전 방송국에서 컴퓨터 게임과 텔레비전에 거의 중독되다시
피한 아이들을 가진 한 가정에 거실을 책장으로 꾸미고 책으로 채운 다음 아이
들의 행동이 어떻게 변화하는가 하는 실험을 한 프로그램을 본 적이 있습니다.
실험 초기에 아이들은 산만한 행동을 보이다가 점차 아이들은 책을 꺼내 읽기
시작하고 나중에는 독서를 즐기는 아이들로 변화되는 것을 보고 아이들에게 노
출되는 환경이 참으로 중요하다는 것을 알게 되었습니다.

가정의 문식성이란 부모, 아이들, 그 외 다른 구성원들이 문식성을 사용하는
모든 방식을 말합니다(Morrow). 문식성 환경은 매일 매일의 생활에서 자연스
럽게 일어나는 읽기, 쓰기, 대화하기, 읽은 것에 대해 이야기하기, 부모의 읽기
행위, 읽을거리 등을 포함합니다. 이러한 문식성 환경은 학생들의 읽기 태도에
매우 큰 영향을 미칩니다. 즉 집에 소유하고 있는 책이 많은지 적은지, 가족과
함께 서점에 자주 가는지 그렇지 않은지, 부모님이 책 읽는 것을 권장하는지 안
하는지, 부모가 읽기를 강조하는지 안 하는지, 가족과 자주 읽은 책에 대해 이야
기를 나누는지 그렇지 않은지 등과 같은 가정의 문식성 환경이 학생들의 읽기
태도에 영향을 미칩니다.

여섯 자녀 모두를 미국의 하버드대와 예일대를 졸업시키고 한 가족이 무려 11개의 박사 학위를 취득한 전혜성 박사의 가정도 지하실을 도서관으로 만들고 어디서나 앉아서 읽을 수 있도록 하기 위해 책상을 곳곳에 배치하였다고 합니다. 가정의 문식성 환경이 얼마나 중요한지를 잘 보여 주는 예라 할 것입니다.

학습의 모든 것은 부모가 아이들에게 책을 읽어 주는 것으로부터 시작한다고 머로우(Morrow)는 지적하고 있습니다. 읽기 능력의 습득은 유치원 또는 초등학교에 입학하기 전에 가정에서부터 시작됩니다. 즉 가정에서는 부모, 기타 다른 구성원으로부터 읽기를 배우는데 읽기 능력의 습득에 필요한 어휘, 세상에 관한 지식, 부모의 읽기 습관과 태도, 읽기 능력의 습득에 커다란 영향을 주며, 특히 한 연구에 의하면 학생들의 읽기 성적은 가정에서 책을 얼마나 많이 읽느냐에 커다란 영향을 받는다고 합니다(Anderson). 대부분의 아이들은 가정에서 책을 읽는 방법을 배우며, 읽기 성적이 높은 아이들의 가정에는 책이 많고, 도서관을 방문하는 기회가 많으며, 도서관에서 부모, 형제들이 함께 책을 읽는다고 합니다. 요약하여 말하면, 부모는 아이들이 처음 만나는 교사일 뿐만 아니라 계속해서 읽기 태도 및 습관 형성에 커다란 영향을 미친다고 할 수 있습니다(한철우).

제가 맡고 있는 고양시 N초등학교에 다니는 6학년 한 모둠은 부모님의 직업이 대부분 학교 교사로 이루어져 있습니다. 흥미로운 것은 아이들 집마다 책이 많고 항상 읽고 쓸 수 있도록 배려가 되어 있는 편이어서 문식성 환경이 좋은 모둠이라 할 수 있습니다. 특히 이중 한 아이의 가정은 전 가족이 책을 읽고 토론, 대화하는 습관을 갖고 있습니다. 따라서 아이들과 수업을 하다 보면 우선 태도 면에서 매우 적극적이고 수업을 즐거워합니다. 토론 시에도 많은 생각을 하려고 노력하고, 근거 있는 답변들이 도출됩니다. 교사 입장에서도 대우 수업하기가 기다려지는 모둠이어서 가정의 문식성 환경이 참으로 중요하다는 것을 새삼 깨닫게 됩니다.

여러분은 혹시 연속극을 보기 위해 TV를 켜면서 아이들보고는 방에 들어가 책을 읽으라고 하지는 않는지, 한 달에 책 한 권이라도 사 주는지, 도서관이나 서점에 가 본 적은 있는지, 한번이라도 책을 읽어 주었는지 곰곰이 생각해 보실 필요가 있을 것입니다.

4) 어휘력을 키워 주세요

교사나 부모는 아이들이 독서를 잘하기를 원합니다. 독서를 잘 한다는 것은 이해력, 상상력을 높이고 학습 능력과 크게 연결되기 때문입니다. 그런데 중요한 사실은 독서 그 자체는 많은 어휘들로 이루어진 의미 있는 내용을 독자가 자신의 배경 지식과 더불어 의미를 창출해나가는 과정인데 배경 지식이 부족하거나 어휘력이 떨어지면 의미 창출이 어려워져서 결국 독자는 재미없어 하거나 흥미를 잃게 되어 독서 자체를 거부하게 되는 현상이 일어납니다. 하지만 반대로 어휘력이 좋고, 독서를 통해 의미를 만들어 가기를 좋아하는 독자들은 책 읽기 그 자체가 즐거움이요 놀이인 것입니다. 따라서 독서를 좋아하고 즐기는 독자로 만들어 가기 위해서는 무엇보다 어휘력을 높여 가면서 배경 지식을 확장시켜 가는 것이 중요합니다.

그럼 어떻게 어휘력을 높일 수 있을까요? 어휘력 개발 혹은 어휘 지도에 관한 많은 연구들과 실험들이 활발히 이루어지고 있고, 많은 학자들이 어휘 지도 전략들을 연구, 발표하고 있습니다. 교사와 함께 어휘 지도가 이루어지는 어휘 교수 전략, 학생 스스로 어휘를 키워가도록 하는 어휘 학습 전략, 낱말 퍼즐 게임과 같은 게임식 전략 등을 들 수 있는데 어휘 교수 전략에는 단어 하나하나를 별도로 끊어서 지도하는 것이 아니라 풍부한 경험과 사전 지식 등을 활용한 맥락을 통한 어휘 지도, 어원이나 형태소를 분석해서 어휘들을 알게 하는 방법, 그림이나 사진, 여러 시각적 보조물 등을 동원해서 어휘를 알게 하는 방법, 비슷한 단어끼리 묶어서 그 특징을 살펴보고 명칭을 붙여가는 방법, 추리 퀴즈처럼 단서와 질문들을 통해 주어진 단어의 정의를 알아 가게 하는 방법 등을 들 수 있으며, 어휘 학습 전략에는 키워드 방법, 단어 연상, 어휘 수집 등과 마인드맵과 같은 방법도 좋은 방법에 속합니다. 이와 함께 극화 하기, 스피드 단어 맞추기, 단어 피라미드 등 어휘력을 신장시킬 수 있는 방법이나 게임 등을 활용하면 딱딱한 학습이 아닌 즐기면서 익힐 수 있는 전략이 됩니다.

이러한 지도는 학교 선생님, 독서 교육 선생님, 부모님이 해 줄 수 있는 것이 있고, 본인 스스로 해 나갈 수도 있습니다. 가급적 가정에서 부모님과 아이들이 놀이로서 어휘력을 개발시킬 수 있는 게임이나 놀이로서 권장해 주는 것도 좋은 방법입니다. 이와 같은 여러 전략들과 더불어 행할 수 있는 고전적이지만 최선의 방법은 역시 폭넓은 독서 활동입니다. 독서를 통해 지속적으로 많은 어휘들을 만나고 의미를 만들어갈 때 차차로 어휘력은 개발되어 갑니다. 독서와 함께 여러 어휘력 개발 전략을 사용한다면 그 어휘력 개발은 놀랍게 신장되어 가게 됩니다.

독서백편의자현(讀書百遍意自見)이라는 말이 있습니다. 이 말의 뜻은 "책을 백 번 읽으면 그 뜻이 스스로 보인다."는 말로, 아무리 어려운 뜻과 의미도 읽고 읽으면 그 뜻을 알 수 있다는 말이기도 합니다. 어휘력은 단시일 내에 신장되기는 어렵습니다. 꾸준한 독서와 노력만이 그것을 가능하게 해 줍니다.

5) 효과적인 책 읽기

다음은 위인전, 동화, 동시 등 각 분야별 혹은 장르별 책읽기를 할 때와 발달 단계에 따라 어떻게 읽으면 효과적일지에 대한 내용입니다. 아이들의 읽기 능력을 키우는데 있어 많은 도움이 될 것입니다.

❶ 분야별 효과적인 책읽기

* 인물의 일생에 대해 읽을 때(위인전)에는 그 인물의 어린 시절 자란 모습, 시대적 배경, 어려움에 부딪혔을 때 어떤 태도를 가졌을까를 생각해 보고, 특히 인물의 성격을 나와 비교해 보기, 인물이 살았던 시대와 환경을 오늘과 비교해 보기, 나라면 어떻게 행동했을지, 왜 위인이라는 말을 듣게 되었는지를 질문하고 생각해 보며 읽어야 합니다.

* 시를 읽을 때(시, 동시, 동요)에는 무엇을 노래하고 있는지 시인의 의도 파악하기, 어떤 상황을 이야기하고 있는지 알아보기, 가장 감동받은 부분은 무엇인지 알아보기, 시어가 함축하고 있는 의미는 무엇인가와 같은 질문과 생각을 하며 읽어야 합니다.

* 교과 학습 서적을 읽을 때(과학 동화, 교과서, 참고서 등)에는 새롭게 알게 된 사실은 무엇이며, 의심나는 점은 무엇이고, 생활에는 어떤 관련이 있으며, 이해와 설명은 정확하고 객관적인지를 생각하며 읽어야 합니다.

* 동화나 소설을 읽을 때에는 인물과 사건, 배경에 대해 요약하기, 중심 인물과 주변 인물의 유형과, 작가가 주는 메시지와 교훈에 대해 생각해 보고, 내가 만일 주인공이라면 어떻게 했을까하는 감정 이입을 통한 비교, 그리고 비판적 시각으로 사건을 해석할 수 있도록 읽어야 합니다.

❷ 발달 단계별 효과적인 책 읽기

* 0~4세는 책에 대한 흥미와 재미를 키워 주는 시기입니다. 따라서 손으로 만

지고 놀 수 있는 장난감과 같은 책들과 함께 숫자 익히기, 사물 익히기 등의
그림책을 접할 수 있도록 배려하면 좋습니다.

* 4~6세는 독서의 기틀을 마련하여 언어에 대한 흥미를 유발시키는 시기입
  니다. 인성 동화, 언어 동화, 창작 동화, 과학 동화, 생활 동화 등을 그림이
  나 사진이 많이 들어간 내용을 선정하여 접할 수 있도록 합니다.

* 유치~1학년은 스스로 책을 보고 생각을 만들어가는 시기이므로 창작 그림
  동화, 옛이야기 동화, 생활 동화, 관찰 동화, 인성 동화, 언어 동화 등 쉽고
  흥미를 불러일으키는 내용을 선정하여 독서 습관을 키워 주도록 합니다.

* 1~2학년은 교과 학습의 기초 형성시기이므로 읽기 능력, 쓰기 능력, 셈하기
  능력(사고 능력)을 키울 수 있는 철학 동화, 동요와 동시, 상상력과 사회성
  을 기르는 창작 동화 등을 접할 수 있도록 합니다.

* 2~3학년은 독서 습관이 형성되며 주장과 상상이 자라나는 시기여서 아이
  들이 가장 관심과 호기심을 갖도록 폭넓게 책을 읽힐 수 있도록 해야 합니
  다. 역사와 인물 이야기 등도 포함시켜도 좋습니다.

* 3~4학년은 학교생활과 사회생활의 적응으로 생각의 폭이 넓어지는 시기이
  며, 교과 학습도 깊이가 더해 가기 때문에 가벼운 내용보다는 좀 더 생각을
  키워 갈 수 있도록 해야 합니다. 따라서 위인전, 수학이나 과학 등 교과와
  관련한 동화, 역사, 철학 동화, 문제 해결 과정의 도서 등을 선택하여 읽히
  면 좋습니다.

* 4~5학년은 독립된 인격체로 자기주장을 강하게 표시하는 시기이므로 비판 의식을 키울 수 있는 책들을 선정하여 주도록 합니다. 시사성이 담겨 있는 도서를 기존의 도서 내용에 포함시켜도 좋습니다.

* 5~6학년의 경우는 사춘기의 시기이자 가치관을 형성하는 시기이므로 가치관 정립 도서, 위인 · 역사 · 인성의 구체적 창작 도서, 철학 동화, 현실의 어려움을 잘 드러낸 내용을 담은 창작 동화, 신문 읽기 등도 병행되도록 합니다.

* 6~중등 학년은 사회 적응과 인간관계의 형성시기이므로 깊이 있는 고전, 명작들을 섭렵할 수 있도록 배려해야 합니다. 신문도 사설이나 칼럼 등의 주장이 들어간 내용들을 읽혀가도록 합니다.

6) 과정 단계에 따른 읽기 지도

읽기 지도는 크게 책 읽기 전 단계, 책 읽는 단계, 책 읽고 난 뒤 단계로 나눌 수 있습니다.

❶ 책 읽기 전 단계

우리가 가장 신경 써야 할 단계로 어려운 단어를 작품 내용상의 단서와 문맥, 동의어 등을 통해 가르치고 배경 지식을 활성화시켜야 합니다. 글의 의미 구성은 독자의 배경 지식, 읽는 목적, 읽는 상황에 따라 달라지는데 배경 지식은 모호한 단어의 해석, 문장 간의 추론, 예측, 정교화를 할 수 있게 합니다. 따라서 읽기의 준비 과정으로 배경 지식을 최대한 활용할 수 있도록 도와주어야 합니다.

책 읽기 전 단계에서 할 수 있는 활동으로는 첫째, 독서 기록 카드를 작성하는 것입니다. 아이들에게 독서 기록 카드를 작성하라고 하면 독후감이라고 생각하는 경우가 많은데 독서 기록 카드에는 책의 제목, 지은이. 출판사 등의 서지 사항과 주제나 주인공 등을 기록하는 것입니다. 읽기 전에는 간단하게 서지 사항을 기록하면 됩니다.

독서 기록 카드를 오랜 기간 작성하다 보면 일을 정리하는 습관이 생기고 정보의 수집 방법을 배울 수 있습니다. 아이들에게 주제를 찾아서 기록하라고 하면 처음에는 대부분 줄거리를 쓰는데, 주제를 찾으려는 노력을 하다 보면 내용의 핵심을 파악하는 능력이 생기게 됩니다. 또 많은 책들을 주제별로 분류해 볼 수도 있기 때문에 분류하는 능력이 발달하게 됩니다. 책을 읽고 간단하게 주제나 주인공을 적어 놓고 주제별로 분류하는 습관을 들이면 어떤 주제를 주고 자료를 찾을 때 신속하고 정확하면서 많이 찾을 수 있습니다.

둘째, 책을 읽기 전에 작가 소개를 읽어보는 것이 좋습니다. 작가 대부분이 자신의 경험을 바탕으로 글을 쓰기 때문에 성장 배경이나 주위 환경을 알아 두면 작가의 성향을 알 수 있고 책을 이해하는데 많은 도움이 됩니다. 목차를 보면 내용의 흐름을 추측해 볼 수 있으며, 읽기 전의 추측과 읽고 난 후의 결과를 비교하면서 예측할 수 있는 힘이 생깁니다. 자신이 글을 쓸 때 글의 순서를 정하는데도 도움이 됩니다.

셋째, 머리말과 목차를 반드시 읽어야 합니다. 머리말에는 지은이가 어떤 생각을 가지고 글을 쓰게 되었는지를 설명하고 있기 때문입니다. 또 목차를 보면 내용의 흐름을 추측해 볼 수 있으며, 읽기 전의 추측과 읽고 난 후의 결과를 비교하면서 예측할 수 있는 힘이 생기게 됩니다. 자신이 글을 쓸 때 글의 순서를 정하는데도 도움이 됩니다.

넷째, 책을 읽으려면 첫 표지부터 마지막 표지까지 봐야 합니다 책의 크기는 어느 정도이고 어떤 느낌의 그림이나 삽화인가도 살펴보고 글자의 크기 등 구석구석 잘 살펴봐야 합니다. 이러한 습관은 꼭 동물이나 식물을 관찰할 때만 필

책벌레가 노는 법

요한 것은 아니며, 이렇게 관찰하는 습관을 가지면 글쓰기의 기본이 되는 묘사
문을 잘 쓸 수 있게 됩니다.

❷ 책 읽는 단계

사전 질문에 대한 반응을 하며 독서에 주의를 집중합니다. 독서 내용을 장기
기억하기 위해 핵심어, 개요 등을 적기도 하고 시간 순서를 점검하며, 시간 사다
리 지도와 인물 연대기와 이야기 지도, 독서 퀴즈 만들기, 마인드맵 등을 통해
학생들이 정독을 할 수 있게 합니다.

❸ 책 읽고 난 뒤의 단계

읽은 책에 대한 소화 지도라고 할 수 있는데, 폭 넓고 다양한 활동으로 독서
내용을 완전히 소화하여 다음 독서로 이어지도록 이끌어야 하는 중요한 단계입
니다. 교사의 확산적 발문으로 토론을 통한 학생의 창의성을 향상시키거나 그
리기, 만들기를 통해 생각을 발전시킬 수 있습니다. 이에 대해서는 2부에서 자
세히 다루도록 하겠습니다.

7) 만화책은 간식이에요

"만화를 읽혀야 하나요?" "우리 아이는 너무 만화만 보려고 해요."

이와 같은 질문을 많이 받고 있습니다. 만화는 하나의 장르이며, 만화도 좋은
장점들을 갖고 있습니다. 가령 이해하기 어려운 과학이나 역사 등의 지식을 만
화를 통해 전달하면 아이들은 거부감 없이 쉽게 이해할 수 있으며, 즐거움이나
재미도 제공합니다. 현재의 어른들도 길창덕 선생님의 '꺼벙이' 나 윤승운 선생
님의 '요철 발명왕' 등의 만화 주인공을 아직도 기억하고 계실 겁니다. 이처럼
만화는 꿈을 키울 수 있고, 재미를 주는 좋은 장르임에는 분명합니다.

그렇지만 이러한 만화 역시 단점도 갖고 있습니다.

첫째로 만화는 작가가 독자가 글로 읽으면서 상상하며 그려 보아야 할 부분마저도 그림으로 표현해 놓았기 때문에 아이들은 독해라는 두뇌 활동을 십분 가동하지 못한다는 것입니다. 즉 읽기 능력을 향상하기 보다는 저하시킨다는 것입니다.

둘째로 만화는 그림으로 나타내었기 때문에 다양하고 방대한 어휘력의 습득 기회를 놓치게 됩니다. 가령, 주인공의 표정, 감정, 생각, 성격 등을 표현하기 위해서는 많은 어휘가 사용되는데 이 모든 것을 친절하게도(?) 그림으로 나타내어 그 많은 어휘를 습득할 기회를 빼앗게 되는 것입니다. 이처럼 아이들이 만화만을 읽게 되면 상상력이 저하되고, 어휘력도 감소됩니다. 따라서 아이들이 만화책만 읽으려 한다면 차츰 글로 된 책으로 유도하여야 합니다. 왜냐하면 만화는 주식이 아닌 간식이기 때문입니다.

그런데 최근 보고에 따르면 우리나라 만화 독서율이 점점 높아지고 있다고 합니다. 2002년 우리나라 『국민 독서 실태 보고서』(문화관광부)에 의하면 2001년과 비교하여 독서량은 감소하는데 만화 독서량은 40% 정도 상승하고 있다는 것입니다. 특히 학력이 낮을수록, 소득이 낮을수록 만화를 많이 보는 것으로 나타났습니다. 또 한 가지 재미있는 통계는 여자보다 남자가 만화를 많이 본다는 것입니다. 이러한 현상은 다른 나라의 경우도 비슷한데, 소득과 학력이 낮을수록 만화를 많이 본다는 것은 그냥 지나칠 일은 아닙니다. 결론적으로 어린이, 청소년 시절의 독서 습관은 매우 중요하며, 특히 만화보다는 글로 된 책을 아이들에게 자주 접할 수 있는 환경을 만들어 주는 것이 필요합니다.

8) 신문을 읽게 하세요

2007년 정시 논술에서 서울대학교에서는 '지식 정보화 시대에 우리 사회의 기업, 가족, 정부는 어떤 속도로 변화해야 하는가', 한양대학교에서는 '우리나라의 인구 감소 현상을 어떻게 극복할 수 있을지 논술하시오' 와 같은 시사적인 내용을 묻는 문제를 출제하였습니다. 이런 주제에 대하여 암기식 수업에 익숙한 아이들, 토론에 익숙하지 않은 아이들, 사회의 시사적인 문제를 자신의 것으로 소화해 비판적으로 볼 수 없는 아이들은 적응력을 발휘할 수 없을 것입니다. 평소 '자기 주도적' 인 학습 활동을 한 아이들이 보다 순발력을 가지고 원만하게 대응할 수 있음은 당연하겠지요. 이것을 도와주는 것이 독서이며, 이와 더불어 신문 읽기는 좋은 학습 자료라 할 수 있습니다.

2007년 2월 7일자 조선일보에 게재된 논술 대회 금상 수상자인 박윤정(정의여고) 양의 기사를 보면 신문을 왜 읽게 해야 하는지 그 이유를 잘 알 수 있습니다.

2학년이 되니 신문이나 TV 볼 시간이 없어졌다. 시사 상식은 논술의 기본인데, 주말에 뉴스를 보는 것으로는 부족했다. 그는 시사 이슈들의 흐름을 따라잡기 위해 엄마가 해 주는 '신문 스크랩'을 적극적으로 활용했다. "학교를 마치고 집에 오면 엄마가 해 둔 스크랩이 저를 기다려요. 화제의 기사, 사설, 논단 같은 것을 훑어보듯 읽지요. 그 위에 생각을 한두 줄로 써두기도 합니다." 신문을 읽고 생각을 간단히 쓰는데 10~20분밖에 안 걸리지만 '짧은 시간에 생각을 요약하는 훈련' 이 됐다.

신문을 통해 독해력을 신장시킬 수 있음은 물론, 시사ㆍ상식ㆍ지리ㆍ한자ㆍ과학ㆍ세계사 등의 폭넓은 분야에서 지혜를 키워 주는 훌륭한 안내자로 부족함이 없기 때문입니다. 책 읽는 습관을 생활화하고, 이런 토대 위에 신문을 통해 세상 읽기를 접목시키는 노력을 해 나간다면 한층 성숙한 아이들로 변화된 것을 볼 수 있을 것입니다.

이를 위해서는 매일매일 신문을 읽고 난 후 혹은 시간이 나는 주말이나 일요일에 모아 두었던 일주일치 신문을 아이들과 같이 읽으면서, 시사 용어를 정리하고 그 날 혹은 주간에 이슈가 되었던 사안에 대하여 논점이 무엇인지를 함께 정리하면서 논리력을 신장시키는 데 좋은 자료로 활용하면 좋습니다. 현재 벌어지고 있는 사회의 변화를 나와는 무관한 듯이 생각하는 아이들에게 생각을 일깨울 수 있고, 나아가 현실적응력을 키울 수 있는 매우 좋은 장점을 갖기 때문입니다. 또 신문 기사를 읽다 보면 한자 활용 능력이 다듬어지기도 합니다. 아이는 지면 곳곳에 나온 한자를 나름대로 읽어 보려고 시도하려는 지적 호기심이 발동하기 때문인데 이때는 옥편을 한쪽에 두고 모르는 한자를 찾아 정리해 두는 습관을 들이면 좋습니다.

9) 가정에서 적용해 볼 수 있는 읽기 능력 향상을 위한 여러 활동

❶ 책과 친하게 할 수 있는 활동 : 서점이나 도서관에 자주 데리고 갑니다. 부모님이 책을 읽는 모습을 자주 보여 줍니다. 재미있는 책 이벤트가 열리는 어린이 도서관을 방문하세요. 책을 좋아했던 위인들의 이야기를 들려주세요.

❷ 어휘력을 높이는 활동 : 정확하고 구체적인 말로 풀어서 지시하거나 질문합니다. 즉 '저거 가져와' 라고 하는 대신 '거실 소파 위에 있는 리모컨을 가져오너라.' 와 같이 구체적으로 합니다. 또 어휘 연상법으로 많은 낱말을 알게 합니다. 즉 하나의 단어를 주고 관련된 낱말들을 브레인스토밍(일정한 테마에 관하여 회의 형식을 채택하고, 구성원의 자유 발언을 통한 아이디어의 제시를 요구하여 발상을 찾아내려는 방법)할 수 있도록 합니다.

❸ 요점 읽기 능력을 높이는 활동 : 책이나 신문을 읽으며 중요한 문장이나 문단 또는 핵심 낱말을 골라보게 합니다. 질문 만들기 훈련을 합니다.

10) 독서와 독서 지도를 돕는 책들

⊙ 공부 잘하는 아이로 만드는 독서 기술 / 남미영/ 아울북

⊙ 그림책의 세계/ 신명호/ 계몽사

⊙ 글로벌 인재, 토론이 답이다 / 조슈아 박/ 넥서스

⊙ 금방 까먹을 것은 읽지도 마라/ 장경철/ 낮은울타리

⊙ 꼭꼭 씹어 먹는 책 도우미/정기원/ 한국사립문고협회

⊙ 나는 이런 책을 읽어왔다/ 다치바나 다카시/ 청어람미디어

⊙ 내 인생의 책들/ 한겨레 신문사 편/ 한겨레신문사

⊙ 독서 교육의 이론과 실제 / 신헌재 외/ 서광학술자료사

⊙ 독서를 좋아하는 아이로 기르기 위한 50가지 방법/ 캐시 제일러/ 문원

⊙ 독서와 가치관 읽기/ 강봉군/ 박이정

⊙ 독서와 영적 성숙 / 강준민/ 두란노·

⊙ 독서의 기술 / 모티머 J 애들러 외/ 범우사

⊙ 독서의 역사 / 알레르토 망구엘/ 세종서적

⊙ 독서의 이해 / 전정재/ 한국방송출판

⊙ 독서의 지식/ 안춘근/ 범우사

⊙ 독서 지도 방법론/ 손정표/ 학문사

⊙ 독서 치료의 실제 / 김현희 외/ 학지사

⊙ 동화 이렇게 보세요/어린이도서연구회

⊙ 마틴 로이드 존스와 그의 독서 생활/프레데릭 캐서우드 외/양무리서원

- ⊙ 목회자의 책읽기 혁명/ 백금산 /부흥과 개혁사
- ⊙ 문제는 창조적 사고다/ 허병두/ 한겨레신문사
- ⊙ 문학 작품 속의 인간상 읽기/ 김봉군/ 민지사
- ⊙ 생각을 넓혀 주는 독서법/ 모티머 J. 애들러 외/ 멘토
- ⊙ 수필로 배우는 글읽기 / 고려원미디어
- ⊙ 스스로 배우게 가르쳐라 / 체리 풀러/ 예영커뮤니케이션
- ⊙ 신동으로 키우는 독서와 글짓기 지도/ 홍순태/ 집문당
- ⊙ 신앙 전기를 읽으면 하나님의 일하심이 보인다/ 백금산/ 부흥과 개혁사
- ⊙ 아이들에게 책을 읽어 주자/짐 트렐리즈/오리진
- ⊙ 알기 쉬운 논술과 토론 / 이재식/ 고요아침
- ⊙ 어느 책 읽는 사람의 이력서/ 마틴 발저/ 미래의 창
- ⊙ 어떻게 하면 내 아이가 책을 좋아하게 될까?/ 곽정란/ 차림
- ⊙ 어린이 책을 읽는 어른/ 이주영/ 웅진
- ⊙ 어머니 동화는 이렇게 읽어 주세요/ 김열규/ 춘추사
- ⊙ 엄마가 어떻게 독서 지도를 할까/ 남미영/ 대교출판
- ⊙ 엄마 나는 읽기를 배우고 싶어요/ 글렌 도만/ 민지사
- ⊙ 엄마랑 토론 / 이윤선/ 자유지성사
- ⊙ 영적 성장으로 가는 즐거운 책 읽기/ 데이비드 매케너/ 생명의 말씀사
- ⊙ 21세기 사회와 독서 지도/ 한국독서학회/ 박이정
- ⊙ 우리 동화 바로 읽기/ 이재복/ 한길사
- ⊙ 일생의 독서 계획/ 클립톤 파디먼/ 태학당
- ⊙ 자녀의 삶에 하나님을 더하라 / 조만제/ 예영커뮤니케이션
- ⊙ 재미있는 동화 읽기 어떻게 지도할까/어린이도서연구회
- ⊙ 지적 성장과 영적 성숙을 위한 종횡무진 책읽기(상 하)/테리 글래스피/부흥
  과개혁사

⊙ 좋은 독서 가족 길라잡이/ 송광택/ 비전북출판사

⊙ 즐거운 독서 여행(1,2)/ 강혜원 외/ 내일을 여는 책

⊙ 창의적인 독서 지도 77가지 / 독서지도연구회/ 해오름

⊙ 창의적인 수업 내용 77가지 / 박명희 외 5/ 해오름

⊙ 책 나라로 가는 길/ 김수남/ 현암사

⊙ 책 나라로 떠나는 동화 여행/ 김병규/ 가꿈

⊙ 책 밖의 어른 책 속의 아이/ 최윤정/ 문학과 지성사

⊙ 책아, 우리 아이 마음을 열어 줘/ 하제/ 청어람미디어

⊙ 책 어떻게 읽을 것인가/ 편집부 편/ 민음사

⊙ 책 • 어린이 • 어른 / 폴 아자르/ 시공주니어

⊙ 책 읽기를 통한 치유/ 이영애/ 홍성사

⊙ 책 읽기의 즐거운 혁명/ 장경철/ 두란노

⊙ 책 읽는 방법을 바꾸면 인생이 바뀐다/ 백금산/ 부흥과 개혁사

⊙ 책 읽는 젊은이에게 미래가 있다/ 조만제/ 두란노

⊙ 책 읽어 주는 엄마가 자녀를 성공시킨다/ 버니스 E. 컬리넌/ 대교출판

⊙ 초등학교 독서 교육/ 김지도/ 교학사

⊙ 토론을 잘하는 법 / 전영우/ 거름

⊙ 판타지 동화 세계/ 이재복/ 사계절

⊙ 핵심만 골라 읽는 실용 독서의 기술 / 공병호/ 21세기북스

3. 나가는 말

영국의 철학자 프란시스 베이컨은 "독서는 완전한 사람을 만들고, 토론은 부드러운 사람을 만들고, 글쓰기는 정확한 사람을 만든다."고 하였습니다. 또 서울시내 모 대형서점의 한 벽에 다음과 같은 글귀에 적혀 있습니다.

"사람은 책을 만들고, 책은 사람을 만든다."

이것은 결국 독서 즉 책 읽기의 중요성을 대변한다고 할 수 있습니다. 독서는 읽기 능력, 사고 능력, 쓰기 능력이 총체적으로 이루어가는 고차원의 지능적 활동입니다. 이번에 그 중에서 읽기 능력에 대해 먼저 살펴보았습니다. 다음 장에서는 사고 능력을 어떻게 하면 키워갈 수 있는지에 대해 살펴보도록 하겠습니다.

제 2장
사고 능력

1. 들어가는 말

1) 제 4의 물결

앨빈 토플러가 인류의 문명을 농업 혁명, 산업 혁명, 정보 혁명이라는 3대 물결에 의해 주도되고 있다고 말했지만 현재 이루어지고 있는 혁명은 가히 '생각' 이라는 제 4의 물결이라 해도 과언이 아닙니다. 그 이유는 세계 여러 나라에서는 정보를 많이 가진 사람보다는 생각하는 사람을 만들기 위해 사회와 교육 체제를 정비하고 있기 때문입니다. 영국의 북스타트운동, 미국의 No Child Left Behind 법안을 통과시켜 뒤처지는 어린이들에게 독서를 권장하고, TV 한 시간 끄기 운동을 통해 어른들에게도 독서를 권하고 있으며, 일본은 풀뿌리 독서 운동을 통해 가정을 작은 도서관으로 만들고, 싱가포르는 학교 리모델링(School Remodeling)을 통해 학교를 도서관화하고 있습니다.

이처럼 일련의 교육적 노력은 생각할 줄 아는 사람을 만든다는 국가적 이상이 담겨 있습니다. 그럼 왜 이렇게 생각한다는 것에 관심을 갖고 있는 것일까요? 그것은 현대 사회에서는 단순한 지식의 나열보다는 그것을 해석하고, 선택하고, 판단하고 나아가 창의적인 자기 생각을 넣어서 새로운 아이디어를 만들어 내는 것이 중요하기 때문입니다. 그러기 위해서는 생각하는 능력을 가져야 하는 것입니다.

향후 100년간 우리나라를 먹여 살릴 수 있는 동력(動力)은 무엇일까요? 그 정답을 찾는 데 가장 필요한 요소는 바로 창의성(creativity)입니다. 남들이 생각하지 못한 독창적 아이디어와 기술로 만든 창의적 제품을 누가 얼마나 내놓느냐가 국가적 성패를 좌우하게 되는 것입니다. 서울대학교 이장무 총장도 "이제 21세기 지식 기반 사회에서는 다른 나라를 앞서 갈 선도형 교육으로 가야 하는데, 그 핵심이 창의성이다. 창의성 없이는 우리가 세계 5~10위권의 경제 대국이 될 수 없다."고 지적하고 있습니다. 이처럼 창의성을 키워 가는 교육은 21세기를 살아가고 있고, 특히 인력 자원 외에는 별다른 자원을 갖고 있지 않은 우리나라의 경우 필요불가결한 우선 과제인 것입니다.

이와 같은 생각하는 능력을 길러 주는 가장 최선의 방법이 바로 독서입니다. 독서 행위에 필요한 것이 사고력이고 독서가 진행되는 동안 이 같은 사고력도 함께 성장하는 것입니다. 앞서의 여러 나라들도 생각하는 힘을 키우기 위해 독서 운동을 적극적으로 교육 정책으로 뿌리내리고 있는 것도 다 이러한 이유이기 때문입니다.

2) 생각한다는 것

철학자 존 로크가 "독서는 다만 지식의 재료를 줄 뿐이다. 자기 것으로 만드는 것은 사색의 힘이다."라고 했듯이 독서의 중요성과 더불어 사고 능력을 중요시하고 있습니다.

그렇다면 생각한다는 것은 무엇일까요?

우리 인간은 태어나면서 죽을 때까지도 무언가를 생각하면서 살다가 죽습니다. 매일 밥을 먹듯이 우리는 생각을 한다는 것이지요. 그만큼 계속적으로 이루어지는 것인데 왜 궁금하지 않겠습니까. 파스칼이 인간을 "생각하는 갈대"라고 표현했듯이 우리는 생각하는 특징을 갖고 있습니다. 데카르트라는 철학자는 "나는 생각한다. 그러므로 나는 존재한다."라는 유명한 말을 남겼습니다. 생각하는 존재로서 우리 인간은 이렇듯 생각을 하며 살아가는 존재입니다.

그럼 좀 더 세부적으로 들어가서 과연 생각한다는 것은 무엇일까요. 한마디로 생각한다는 것은 자기 스스로 계속해서 이어지는 질문과 대답인 것입니다. 가만히 생각해 보면 이 말이 맞다는 것을 알 수 있습니다. "오늘 며칠이지?", "아! 그렇지 일요일이지.", "오늘 몇 시에 약속했더라?", "그렇지 3시지.", "오늘 무얼 할까?", "그렇군, 오늘 책 읽기로 했지." 와 같이 질문과 답변의 지속적인 작용을 "생각한다."라고 할 수 있습니다.

그런데 쉽게 답변할 수 있는 것이면 좋은데 그렇지 못할 경우가 있을 것입니다. 즉 자신이 알고 있지 못한 내용에 대한 질문이라면 답변이 쉽게 나올 리 없겠지요. 그래서 그 답을 구하기 위해 공부나 학습을 하게 되는 것이지요. 자연에 관해 궁금하다면 그 분야는 자연 과학이 될 것이고, 그것이 사회에 맞추어져 있다면 사회 과학이 될 것입니다. 또한 과연 신이 존재하는가라는 질문을 던지게 된다면 그 분야는 형이상학 혹은 종교학이 될 것입니다.

이렇듯 인간은 사고를 하면서 자연히 모르는 분야를 인식하게 되고 그것을 알고자 하는 지적 호기심이 생기게 됩니다. 그런데 문제는 이 지적 호기심이 누구나가 왕성해서 어떤 질문에 대해 답변을 얻고자 깊이 탐구할 수 있다면 다행인데 그렇지 못한 것이 또한 현실입니다. 그 질문에 대한 답변을 얻고자 하는 그 자체를 귀찮게 생각하는 사람이 있는가 하면 심지어 질문조차 만들어 내지 못하는 사람도 있다는 것입니다. 특히 질문을 던진다 하더라도 너구나 상식적이고 낮은 수준의 질문을 던지기 때문에 심화된 지적 호기심으로 연결되지 못하고 있습니다.

그렇다면 성장하는 우리 아이들에게 확장된 사고의 세계로 이끌어갈 수 있는 방법은 없을까요? 그것은 질문을 만드는 훈련을 시키는 것입니다. 그것도 높은 수준의 질문을 말입니다. 스스로 높은 수준의 질문과 이에 대한 답변을 구하는 지적 활동은 아이들의 사고력을 향상시키는 큰 역할을 합니다.

3) 철학하기

철학은 무엇인가요? 철학(Philosophia)은 사랑하다(Philo)와 지혜(Sophia)가 더해진 말로써, 지혜를 사랑한다는 뜻입니다. 이처럼 철학은 모든 것에 궁금증을 가지고 깊이 생각하는 것을 말합니다. 여기서 철학은 과학과 구분됩니다. 철학과 과학은 공통점이 있는데 이들 모두 모르는 것에 대한 호기심과 생각하기를 기본으로 한다는 것입니다. 다만 이들 두 학문을 구분하는 가장 큰 기준은 과학은 호기심과 탐구의 대상을 눈에 보이는 자연 현상에 둔 것이고, 철학은 눈에 보이지 않는 것을 대상으로 한다는데 있습니다. 빙산의 예를 들어 보면 빙산은 85~90%가 바다 속에 가라앉아 보이지 않고 10~15%만 바다 위에 떠 있어서 눈으로 볼 수 있습니다. 바로 눈에 보이는 부분을 대상으로 하는 것이 과학이라면, 눈에 보이지 않는 것을 대상으로 하는 것이 철학이라 할 수 있습니다.

플라톤은 그 유명한 '이데아론'을 펼치면서 보이지 않는 완전한 세계를 생각하고 연구하여 사람들의 관심을 보이지 않는 세상에게로 돌렸기에 그를 '철학의 아버지'라 일컫는 것입니다. 우리가 눈에 보이는 세상은 넓긴 하지만 한정적입니다. 하지만 눈에 보이지 않는 세상은 두말할 필요 없이 더욱 넓습니다. 철학을 한다는 것은 눈에 보이지 않는 세상을 연구하고 탐구하는 그도의 지적 사

천재성을 높이는 생각놀이

65

고 능력을 요합니다. 따라서 철학을 하면 사고의 깊이와 넓이가 확장되는 것입니다.

4) 생각 능력과 인지심리학

앞서 인간의 인지 과정에 대해 살펴보았습니다. 읽기 능력을 통해 받아들인 정보나 지식은 인간의 머릿속에서 인지 활동을 하게 됩니다. 즉 받아들인 내용을 단기 기억으로, 그리고 다시 원하는 내용을 장기 기억으로 저장해 주는 그 무엇인가가 존재하는데 그것이 바로 작업 기억 혹은 능동 기억입니다. 작업 기억의 역할을 잘 활용하면 얻어진 학습 내용이나 인지 내용을 신속하게 장기 기억으로 저장시켜 자신의 지식으로 만들어 가게 됩니다. 흔히 공부를 잘하거나 우등생의 경우가 바로 이 작업 기억을 잘 활용하고 있는 것입니다. 이 작업 기억을 잘 활용하는 방법에 대해서 많은 인지심리학자들뿐만 아니라 모든 이들의 관심이 되고 있습니다. 이 같은 영역이 바로 생각 능력에 해당됩니다.

5) 능숙한 독자

독서 지도의 가장 큰 목적은 독자를 능동적이고 적극적인 성격을 갖는 "능숙한 독자"로 만들어가기 위해서라고 할 수 있습니다. 과연 능숙한 독자는 독서와 관련해서 어떠한 특성을 갖고 있을까요? 그 특성을 알면 읽기 능력, 생각 능력, 쓰기 능력을 훈련하고 만들어 가는 데에 도움이 됩니다. 그 특성에 따른 생각 능력을 키워 줄 수 있는 전략에 대해 살펴봅니다.

피어슨, 룰러, 돌과 더피(Pearson, Roehler, Dole & Duffy) 등 스키마 이론에 바탕을 둔 독서 이론가들에 따르면 능숙한 독자의 특성을 다음과 같이 나타내었습니다.

❶ 능숙한 독자는 텍스트의 의미를 구성하기 위해 기존 지식을 활용한다.

❷ 능숙한 독자는 독서의 전 과정을 통하여 자신의 독해 작용을 조정한다. 조정하기는 의미를 구성하기 위해 독자가 활용하는 핵심적인 사고 기제이다. 독해 전략의 수정도 가능하다.

❸ 능숙한 독자는 독해가 잘못된 방향으로 이루어지고 있음을 인식하게 되면 자신의 독해 작용을 수정한다. 수정하기는 독서 과정에서의 규제(Regulation) 전략, 수정(Repair) 전략, 보완(fix-up) 전략 등과 밀접한 연관을 맺는 독해 기능으로서 유능한 독자가 갖추어야 할 필수 기능이며, 유능한 독자는 더 이상의 독해가 이루어지지 않는다고 인식하면 무엇을 어떻게 해야 할 지를 안다.

❹ 능숙한 독자는 자신이 읽고 있는 텍스트에서 무엇이 중요한지를 결정할 수 있다.

❺ 능숙한 독자는 독서의 과정에서 정보를 체계적으로 종합한다.

❻ 능숙한 독자는 독서의 과정에서는 물론 독서 후에도 끊임없는 추론을 생성한다.

❼ 능숙한 독자는 독서의 과정에서 끊임없이 질문을 제기한다. 독서 과정에서의 질문하기의 중요성에 대한 실증적 연구 결과에 의하면, 교사가 제기하는 질문에 답한 학생 집단에 비해 학생들 스스로 질문을 생성하고 답하게 한 학생 집단이 독해 성취도 검사에서 의미 있게 높은 성취를 보였다.(Singer & Donlan, 1982 ; Palinscar & Brown)

파주시 C초등학교 3학년인 영하는 독서 습관이 잘 형성된 경우입니다. 초등학교 1학년 때부터 독서 수업을 통해 책 읽기 습관을 갖게 된 영하는 이제는 누가 시켜서 읽으라고 해서 읽는 것이 아니라 스스로 책을 꺼내 읽는 습관을 갖게 된 경우인데, 현재 영하는 초등학교 3학년임에도 불구하고 초등학교 고학년 이상이 읽는 책들을 즐겨 읽습니다. 읽은 책은 독서노트에 카드 형식으로 잘 정리하고 있고, 내용 이해력도 매우 높은 편입니다.『독서의 기술』을 쓴 모티머 애들러 박사가 언급한 신토피칼 독서 즉 종합 독서를 할 줄 아는 아이가 되어 자신이 읽고 싶은 책을 선택하는 것뿐만 아니라 주제별로, 작가별로 책을 깊이 있게 읽어 내고 있습니다. 가령 로알드 달의『찰리와 초콜릿 공장』과 같은 작품을 읽고 나서 로알드 달의 작품 전반을 섭렵하거나 읽어 낸다는 것입니다. 이 같은 사실에서 독서 습관의 중요성과 꾸준한 독서 수업이 아이들을 능숙한 독자로 만들어 간다는 것을 알 수 있게 하는 사례입니다.

2. 생각 능력을 키워 줄 수 있는 전략들

1) 초인지 활동

먼저 생각 능력은 전문 용어로 '메타인지' 혹은 '초인지'라는 말로도 쓰이고 있습니다. 독서 활동을 예로 들면 생각 능력은 읽기 전부터 "이 책은 어떤 내용을 담고 있을까?", "이 책의 제목은 왜 이렇게 이름 붙여졌을까?"와 같은 호기심으로부터 출발하는데 이것도 생각 능력의 활동입니다. 책을 읽으면서도 계속해서 궁금한 것, 이해하지 못한 것 등을 질문하거나 답을 찾거나 수정하거나 다시 반복해서 읽어가면서 자신이 갖고 있는 사전 지식 혹은 배경 지식과 더불어 자신의 지식으로 만들어 갑니다. 여기에 생각 능력은 "단기 기억"이라는 짧고 용량이 적은 기억 창고에 저장되어 있는 지식들을 무한정 용량의 "장기 기억"으로 옮기는 역할도 맡는답니다. 생각 능력이 좋은 아이들은 읽기 능력과 함께 많은 책들과 교과 학습을 쉽게 소화해 나가게 되는 것이지요.

2) SQ3R

로빈슨(H. M. Robinson)의 SQ3R은 읽은 글을 능동적으로 수용하기 위한 방법으로, 5단계로 구성됩니다. SQ3R은 이 프로그램을 구성하는 다섯 단계인 훑어보기(Survey), 질문하기(Question), 읽기(Read), 회상하기(Recite), 재검토하기(Review)의 알파벳 첫 글자를 딴 것입니다.

'훑어보기' 란 독서의 가장 첫 단계로, 글의 제목이나 소제목, 첫 부분, 마지막 부분 등 글의 중요 부분을 훑어보고 그 내용을 미리 짐작해 보는 단계입니다.

'질문하기' 란 훑어본 내용을 근거로 글의 제목이나 소제목과 관련지어 글의 중심 내용이 무엇인지 마음속으로 묻는 단계입니다.

'자세히 읽기' 란 글을 처음부터 끝까지 차분하게 읽으면서 내용을 하나하나 확인하고 파악하는 단계입니다. 정독 혹은 분석 독서를 의미하며, 앞서 읽기 훈련 시간에서 살펴보았습니다.

'되새기기' 는 읽은 글의 내용을 떠올리며 마음속으로 정리해 보고, 글의 단어나 구절 중심으로 문단의 내용을 재구성해 보는 단계입니다.

'다시보기' 란 지금까지 읽은 모든 내용을 살펴 전체 내용을 정리해 보고, 글을 읽기 전에 품었던 질문에 대해 충분한 답을 얻었는지 확인해 보는 단계입니다.

이 단계에서는 자신이 읽은 글의 내용을 다른 이에게 이야기하거나, 자신의 느낌을 글로 적어 보는 것까지 포함됩니다.

이상의 단계 중 생각 능력과 관련된 단계들을 중요한 순서대로 좀 더 자세히 설명키로 하겠습니다.

3) 질문하기

앞서 생각한다는 것은 질문과 대답의 연속 과정이라고 했듯이 사고 능력과 질문은 떼려야 뗄 수 없는 불가분의 관계라고 할 수 있습니다. 그만큼 사고 능력을 확장시켜 가는데 있어 질문하기는 매우 중요한 활동이기 때문입니다. 『실용독서의 기술』을 쓴 공병호 박사는 자신이 책을 읽을 때엔 몇 가지의 질문을 갖고 책을 읽는다고 밝히고 있습니다. 즉, 첫째, 어떤 새로운 정보를 얻을 수 있을까? 둘째, 어떻게 정보를 이용할 수 있을까? 셋째, 나의 의견이나 생각은 저자와 같은가, 다른가? 넷째, 왜 다르게 생각하는가? 와 같은 질문을 지속적으로 하면서 책읽기를 한다고 합니다. 그 이유가 일방적으로 저자의 주장을 흡수하기 위한 수동적 독서는 책 읽는 즐거움이나 지적 호기심, 유용성이 줄어들기 때문이라고 합니다. 즉 적극적으로 독자가 저자와의 대화를 시도할 수 있고, 질문을 통해 자신이 새롭게 얻거나 동감하는 부분을 보물찾기 하듯 얻는 즐거움을 만끽할 수 있으며, 또한 수동적 독서에서 능동적 독서로 전환할 수 있기 때문이라는 것이지요.

질문하기는 이처럼 수동적 사고에서 능동적 사고로 바꾸어 주는 큰 역할을 합니다. 자기 스스로 질문하고 그 질문이 궁금하면 그것을 알기 위해 보다 적극적으로 사고하려는 것이 바로 능동적 사고이지요.

아이들이 책을 읽고 나서 질문을 스스로 만들게 하거나 만든 질문을 갖고 여러 각도에서 답변할 수 있도록 하면 의미 있는 시간이 될 것입니다. 질문 만들기에 대해서는 2부에서 좀 더 자세히 다루도록 하겠습니다.

4) 몰입을 하게 하라

몰입이란 말은 사고에 있어서 매우 중요한 개념입니다. 몰입은 사고력을 집중시키는 매우 유용한 사고 활동입니다. 여러분도 책을 읽을 때 즈인공과 더불어 동고동락하고 같이 즐겁고 같이 슬프며 신나게 모험을 떠난 경험이 있을 것입니다. 그때 책장을 언제 넘겼는지 거의 마지막 페이지를 아쉬운 듯 쥐고 있었을 것입니다. 이것을 흔히 독서삼매경에 빠졌다고 하는데 이런 경우를 몰입이라고 합니다. 이렇듯 몰입을 하면 책 속에 빠져들게 되고 즐길 수 있게 되는 것입니다. 즉 몰입은 예전부터 즐거움의 한 경지로 이해되었고, 또한 좋은 생각을 도출해 내는 가장 좋은 방법 중 하나가 몰입인 것입니다.

수많은 결정적인 아이디어가 바로 이 몰입을 통해 나옵니다. 좋은 생각과 좋은 관계, 좋은 아이디어를 얻으려면 몰입해야 합니다. 아르키메데스가 목욕탕에서 몰입하는 과정을 통해 좋은 아이디어를 얻었던 것과 같습니다. 그가 갖고 있던 과거의 지식이 몰입을 통해 새로운 체계로 재구성된 것입니다. 몰입을 하게 되면 기존에 가지고 있던 지식들이 그 주제 하나를 향해 줄을 서게 되고, 남들은 쉽게 간과하기 쉬운 작은 단서에 민감하게 작용하며, 마침내 새로운 발상을 만들어 냅니다. 이것이 몰입이 갖는 사고 능력입니다.

이러한 몰입은 중요한 특징을 갖습니다. 몰입은 깊게 한 주제를 향해 빠져 들지만 또한 마음만 먹으면 쉽게 빠져 나올 수 있다는 것입니다. 빠져 나오지 않고 계속 그것을 붙들려고 하면 그것은 몰입이 아닌 집착이 됩니다. 운동 선수의 슬럼프가 바로 대표적인 예입니다. 골프 선수의 예를 들면 몰입을 할 경우 한 타 한 타를 신중하게 자신이 원하는 대로 공을 쳐내게 됩니다. 그렇지만 반드시 우승해야 한다는 부담이나 스트레스가 작용하면 아무리 잘 치려고 해도 힘이 들어가게 되고 열심히 경기에 임하는 것 같지만 좋은 성적을 얻지 못합니다. 이것은 몰입이 아닌 집착이 되는 것입니다. 공부 잘하는 아이들은 자신이 해야 할 과목이나 책을 몰입을 통해 자신의 것으로 쉽게 만들어 내고 빠져 나옵니다. 그런 후 운동이나 다른 관심 사항에 대해 또 열중하게 되는 것입니다. 그렇지만 공부를 잘못하는 아이의 경우는 공부는 하려고 하는 것 같지만 읽어도 무슨 내용인 줄 모르고 그저 시간만 책상 앞에서 보내는 것입니다. 공부는 해야겠는데 공부는 안 되고 그렇다고 포기할 수는 없는 그런 상황이 계속되는 것이지요. 이렇듯 몰입과 집착은 다릅니다.

집착을 몰입으로 바꾸기 위해서는 욕심을 버리고 편안한 마음으로 그 대상을 대하는 것에 있습니다. 아이들에게 편안한 마음을 갖게 해 주세요. 스스로 동기 부여하고, 스스로 하고자 하는 마음을 갖게 한다면 아이들은 부담을 갖지 않게 되고 즐거운 사고 활동을 하게 될 것입니다.

5) 표현하지 못하는 것은 알고 있지 않은 것이다.

학생들이 시험을 치고 나서 답안을 비교하면서 틀린 문제를 두고 하는 말 중에 "에이, 그 답은 알고 있었는데…."라고 말하는 경우가 있습니다. 이 경우 그 학생은 정확하게 몰랐던 것입니다. 알고 있다는 말은 매우 추상적인 표현입니다. 알고 있다는 것은 '잘 알고 있다. 많이 알고 있다. 확실히 알고 있다. 대충 알고 있다. 세부적으로 알고 있다. 정확하게 알고 있다.' 등의 형태 중에 어느 한 부분에 속합니다.

자신이 알고 있는 것을 잘 표현하지 못했다면 틀림없이 '대충 알고 있었다.'고 말할 수 있습니다. 표현이란 자신이 정확하게 알고 있고, 세부적으로 알고 있을 때 가능한 것입니다. 그래서 글을 쓰면 정확한 사람이 된다고 베이컨이 말했듯이 글을 쓰는 것이 정확한 표현을 요구하기 때문입니다.

우리 뇌에 기록된 수많은 정보들은 무의식속에 잠기기도 하고 영원히 기억되지 못한 채 사장되기도 합니다. 영원히 사장되는 정보들은 대체로 표현되어 보지 못했기 때문에 생기는 결과라고 할 수 있습니다. 저도 대학에서 선생님들을 대상으로 강의를 할 기회가 있었는데 강의 내용을 모두 이해했다고 생각하고 강의 연습을 하지 못한 경우가 있었습니다. 그때 강의가 시작되었는데 분명 이해가 된 부분인데도 막상 말로써 표현이 잘 되지 않아 매우 힘들었던 적이 있었습니다.

자신이 수용한 어떤 지식이나 경험을 한 번만 표현하면 기억되는 확률이 높아집니다. 말은 30%, 기록은 50%, 행동은 70%, 이 세 가지를 다하게 되면 90%에 가까운 기억률을 보인다는 연구 결과가 있습니다. 다시 말해서 표현은 수용된 자료를 더 확실하게 자신의 것으로 만듭니다. 그뿐 아니라 반복된 표현은 자신의 재능이 됩니다. 재능이란 다른 사람들에 비해서 그 분야를 잘하는 것이지요. 보통 표현에는 말하기(토론), 글쓰기, 그리기, 노래하기, 흉내 내기(연극), 도구 다루기(기술) 등이 있는데 이 중에 어느 것이든 다른 사람보다 잘하면 그것이 자신의 능력이 됩니다.

이와 같은 재능이 부족하면 자신의 정체성이 약화되어 열등감을 갖게 되지만 재능을 갈고 닦으면 자신감 있는 삶을 살게 됩니다. 인간을 변화시키는 요인 중에 첫째가 되는 것이 역시 수용이지만 인간을 자랑스럽게 하는 것은 표현입니다. 표현이 없다면 수용된 수많은 자료들이 모두 사장되기 때문이며, 어쩌면 인간이 태어나면서 수용하는 정보 중에 가치 있는 정보로 만드는 길은 바로 표현이라 할 것입니다. 독서가 매우 중요한 수용의 단계라 한다면 이것을 자신의 생각으로 만드는 사고 과정과 자신의 생각을 글로써 표현하는 글쓰기 과정 모두가 함께 해야만 비로소 자신의 것으로 만들어지며, 더 나아가 자신감과 재능을 얻게 되는 결과로 이어질 수 있습니다.

6) 사고 능력과 학습 전략

사고 능력을 훈련하고 활성화하면 자연히 지식에 대한 학습 전략을 갖게 됩니다. 학습 전략이란 자신의 사고방식에 맞게 자기만이 갖는 정보 수용 방법을 의미합니다. 사고 능력의 차이가 결국 학습 전략을 갖고 그것을 잘 활용하느냐와 연결됩니다. 그럼 학습 전략을 가진 아이와 학습 전략을 갖지 못한 아이의 차이에 대해 살펴보면 두 아이는 초등학교 저학년 때는 크게 차이가 없어 보이지만 점차 고학년, 상위학교로 올라가고, 학습 내용이 심화되어 갈수록 그 차이는 엄청나게 커지게 됩니다. 단지 전략이 있느냐 없느냐에 따른 것입니다. 공부를 잘하고 시험을 잘 보고 잘못 보는 아이의 차이는 바로 지능의 차이라기보다는 학습 전략의 차이라 할 수 있습니다.

학습 전략이 없는 학생은 우선해야 할 대상에 대해 아무런 준비를 하지 않거나 생각해 보지 않고, 무조건 달려들거나 덤비는 것이 특징입니다. 애들러 박사가 자신의 저서인 『독서의 기술』에서 지적한 바와 같이 독서를 시작하기 전에 반드시 점검의 시간을 갖는 미리 보기 독서를 하라고 하듯이 학습 전략이 없는 학생들은 미리 그 대상에 대해 생각해 보는 확인의 시간을 갖지 못한다는 것입니다. 미리 보기는 학습 전략의 가장 중요한 요소입니다. 학습 전략을 가진 아이는 이렇게 미리 보고, 확인해 보고, 어떤 부분이 중요한 지를 밑줄을 긋거나 요약하면서 자신의 것으로 알맞게 쪼개고 잘라서 자신의 기억에 적절히 입력을 시킵니다.

파주시 C초등학교 5학년인 준하는 독서 수업을 통해 사고력이 성장한 경우입니다. 4학년 때 담임 선생님이 처음 준하를 만났을 때의 느낌은 약해 보이고 내성적이라는 인상을 받았는데 그 선생님이 다른 학교로 전근을 가면서 준하 어머니와 상담한 내용은 의외라는 것이었답니다. "준하는 매우 생각이 깊고 강하다."라고 언급하면서 그런 힘이 어디서 나오는지 모르겠다고 의아해 하셨다는 것이지요. 수업 시간에 당당한 수업 태도와 발표력, 정확한 판단력 등이 연약해 보이는 준하를 전혀 다르게 볼 수밖에 없다는 것이었습니다. 준하 어머니는 서슴없이 독서 수업 때문이라고 말하였다고 합니다.

성적이 오르지 않거나 학습 전략이 없는 아이들은 학부모나 선생의 지도가 필요합니다. 즉 공부의 방식을 가르쳐 주어야 합니다. 학습 전략이 없는 아이한 테 무조건 외우게 하고, 쓰라고만 한다면 자칫 학습을 포기하는 결과를 낳을 수도 있습니다. 공부의 내용을 가르쳐 주는 곳은 많지만 정작 공부하는 방식과 전략을 가르쳐 주는 곳은 드뭅니다. 그런 의미에서 독서 활동을 통한 사고 능력이 이 같은 전략을 이끌어 가야 합니다. 독서는 모든 학습에 있어서의 기본이기 때문입니다.

7) 반복과 자동화

초보 운전자가 처음 운전할 때에는 매우 서툽니다. 그 이유는 자신이 배운 내용을 자신의 것으로 만들어 가는 반복 연습이 아직 되어 있지 않기 때문입니다. 그러다 한 달 한 달 계속해서 반복하다 보면 조금씩 여유가 생기고, 나중엔 옆 사람과 잡담도 하고, 보다 넓게 운전을 하게 됩니다. 즉 반복하다 보면 이제 배운 내용을 꺼내어 다시 생각할 필요조차 없이 인지심리학에서 말하는 "자동화"가 이루어지기 때문에 여유 있는 운전이 가능해지는 것입니다.

이것을 요약하면 계속적인 반복은 어느 단계에 이르면 자동화로 넘어가는데 가장 큰 역할을 하며, 자동차 운전만이 아니라 학습에서도 이 방법은 유용합니다. 영어를 반복하여 공부하다 보면 자신도 모르는 사이에 외국인의 이야기가 들리기도 하고, 자연스럽게 대답할 수 있는 자신을 발견하게 되는데 이것도 반복에 의한 자동화가 되는 경우이지요.

정리는 이러한 반복을 효율적으로 하기 위한 보조 수단이라 할 수 있습니다. 대표적인 경우가 마인드맵인데 마인드맵은 기본 전제 조건이 이미 학습이나 독서를 마친 경우에 이루어집니다. 다시 말하면 학습한 내용을 다시 정리하면서 반복하는 효과를 갖습니다. 따라서 정리역시 매우 중요합니다. 공부를 잘 하는 아이들의 공통된 특징이 정리를 자기 나름대로 잘 하고 있다는 점입니다. 마인드맵으로 하든, 노트에 요약하든 배운 내용을 자기 것으로 익혀가고, 나아가 자신이 쉽게 볼 수 있고, 배운 내용을 쉽게 인출할 수 있도록 정리하는 것이 습관화되어 있습니다. 즉 정리는 자기 것으로 익히게 하는 매우 유용한 수단이며, 배운 내용을 처음부터 다시 보는 수고를 줄이고 시간을 절약하는 큰 장점을 갖습니다. 이 같은 방법은 많은 인지심리학자들이 여러 실험을 통해 입증하고 있음은 두말할 나위 없는 사실입니다. 이와 같은 반복과 정리를 얼마만큼 효율적이고, 자신의 것으로 만들어 가는가가 가장 큰 학습 방법이 될 것입니다.

8) 원리 이해와 과정, 그리고 예측하기

유대인이 가장 즐겨 읽는 『탈무드』에서 '자식에게 물고기를 잡아서 주는 것보다는 물고기를 잡는 방법을 가르치라' 는 내용이 있습니다. 이것은 아이들에게 원리 이해의 중요성을 말해 주고 있습니다. 원리를 알면 그 원리를 이용한 수많은 응용 방법들이 이해되지만 원리를 모르면 응용 방법 하나하나 머릿속에 넣으려다 결국 포기하게 됩니다. 다시 말해서 원리 이해를 못하면 여러 정보가 그저 주워들은 것일뿐 진정한 앎이 될 수 없는 것입니다.

원리 이해가 된 정보는 그것으로 끝나는 것이 아니라 그것을 통해 앞으로 벌어질 일에 대해 예측이 가능하게 해 줍니다. 우리가 컴퓨터를 이용하기 시작한 것은 그리 먼 이야기가 아닙니다. 초기의 컴퓨터의 원리나 현재의 컴퓨터의 원리는 동일합니다. 하지만 그 성능의 차이는 엄청나지요. 그것은 예측의 힘입니다. '처리 속도를 높여 주면 작업이 빨라지겠구나.' 와 같은 예측을 통해 컴퓨터의 발전을 이루게 된 것이지요. 앞서 인용한 인지심리학의 인지 과정도 컴퓨터의 원리 이해를 통해 얻어진 것입니다.

원리 이해와 예측력과 더불어 중요한 것이 과정의 이해입니다. 이것을 방법의 이해로 바꾸어 말할 수 있습니다. 철을 만들 때 담금질이라는 것을 하게 되는데, 이때도 그 절차에 따라 철의 강도와 성격이 다 달라집니다. 사용된 철의 원료는 똑같으나 어떠한 절차를 사용했느냐에 따라 만들어지는 철의 결과가 달라집니다. 그런 측면에서 절차와 방법, 프로세스에 대한 지식 역시 매우 중요합니다.

9) 정교화 활동

다음의 상황을 곰곰이 생각해 보시길 바랍니다. 자신의 물품을 꼼꼼하게 정리하여 보관하는 아이들이 있는가 하면 반대로 정리를 잘못하는 아이들이 있습니다. 이때 각각의 아이들에게 가위나 풀 등 학용품을 가져오라고 하면 아마도 물건을 꼼꼼하게 정리한 아이들이 빨리 그것을 찾아 가져올 것임은 당연한 결과입니다.

공부도 마찬가지입니다. 아이들이 책이나 선생님으로부터 얻은 정보나 지식을 꼼꼼하게 자신의 것으로 정리 정돈하여 오랫동안 기억할 수 있는 장기 기억에 저장시켜 나가는 일련의 과정이 공부라고 한다면 이 과정의 궁극적 목적은 얻은 정보나 지식을 필요한 순간에 꺼내어(인출) 활용하는 것일 겁니다. 시험을 잘 보는 아이들은 자신이 얻은 정보를 적재적소에 활용하기를 잘 하는 것이고 반대로 시험을 잘못 본 아이들은 알기는 아는데, 또 어디서 본 것 같기는 한데 도저히 시험 볼 때 떠오르지 않는다는 경험을 토로하는 것을 본 적이 있을 겁니다. 이것은 바로 얻은 지식은 자신의 것으로 만들었느냐 그렇지 않았느냐의 차이입니다.

자기 것이 되지 못하고 머릿속에서 둥둥 떠다니는 것은 엄밀한 의미에서 자신의 지식이라고 말할 수 없습니다. 즉 내가 필요한 시점에 내 입을 통해서, 또는 나의 글을 통해서 제대로 표현될 수 있는 지식이 바로 진정한 나의 지식입니다. 이를 위한 가장 중요한 방법이 주어진 정보나 지식의 정교화(elaboration)입니다. 정교화란 기존 지식에 우리가 얻은 새로운 정보를 연결시킴으로써 그것 하나하나에 의미를 추가하고 늘려가는 과정입니다. 즉 자신이 갖고 있는 배경 지식을 활용해 새로운 정보를 의미화 해 나가는 과정으로 바꾸어 말할 수 있습니다.

가령 일제 강점기와 관련한 배경 지식을 갖고 있는 아이가 '안중근'의 위인 전을 읽었다고 하면, 단지 각각의 정보로서 그것을 받아들이는 것이 아니라 일제 강점기라는 배경 지식 위에 안중근이 한 행위와 그의 삶이 이해되어지기 때문에 이해하기도 쉬울 뿐만 아니라 새로운 자신만의 배경 지식이 확장되어짐으로써 지식의 확대를 가져오게 되는 것입니다. 그렇다면 이 같은 정교화를 이루어가기 위해서는 어떤 방법들이 필요할까요?

정교화에 있어서 가장 중요한 방법 중의 하나를 꼽는다면 '폭넓은 독서'입니다. 여기서 말하는 독서는 단지 책만을 대상으로 하기보다는 교과서, 신문 등의 읽을거리를 모두 포함합니다. 독서는 배경 지식을 만드는데 가장 좋은 방법이기에 정교화를 위해서는 반드시 독서가 필요합니다.

두 번째로 '토론과 대화'입니다. 토론과 대화는 얻어진 정보를 배열하고 인출하는데 효과적인 역할을 합니다. 머리에 들어온 정보를 한 번씩 꺼낼 때마다 그 정보에 대한 친숙함이 더해지기 때문입니다. 특히 읽은 책의 내용을 또래 집단과 더불어 토론 활동을 하게 되면 생각의 폭과 깊이가 넓어지며, 장기 기억으로 저장하는데 좋은 활동입니다. 토론 활동에 대해서는 더욱 자세히 살펴보기로 합니다.

세 번째로 '직접적인 체험'입니다. 자신이 직접적으로 얻어진 정보를 스스로 확인해 보는 체험을 한다면 장기 기억에의 저장과 인출이 쉽게 이루어집니다. 우리 주위에서 그 중요성에 대해 자주 들을 수 있는 '체험 학습'도 이러한 맥락에서 이해할 수 있겠지요.

네 번째로 '이미지 만들기' 입니다. 입력된 내용을 이미지화 하면 장기 기억에 저장하기도 쉽고 인출하기도 쉽습니다. 가령 한 장의 그림 속에 통합된 이미지로 엄청난 양의 정보를 저장할 수 있습니다. 마인드맵도 이런 원리입니다.

다섯 번째로 정교화를 위한 방법이 '반복과 익숙해짐'을 통한 '내 것 화' 입니다. 토론이나 글쓰기 등으로 저장된 정보나 지식을 자주 꺼내 쓰고 저장하는 과정을 반복하면 보다 쉽게 그 지식은 정교화 되기가 쉽습니다. 익숙해진 지식은 오랜 훈련을 거쳐 얻어진 태권도 동작같이 너무도 쉽게 활용이 가능합니다. 오히려 이 같은 과정을 거치지 않은 아이들은 잘 이해를 못하는 경우도 종종 목격한 적이 있습니다. 즉 책을 읽기는 잘하는 아이가 있는데 그 책에 대해서 물어보면 내용을 잘 이해 못하거나 중심 생각을 잘못 찾는 경우가 그렇습니다. 분명 그 아이는 책을 읽었지만 토론이나 글쓰기 등의 과정이 생략되어 반복하지 않고 익숙해지지 않았기에 책에서 얻은 정보나 지식을 정교화하지 못한 결과이기 때문입니다. 즉 그 정보는 '내 것 화'가 되지 못한 것이지요. 아이들이 자신의 것 특히 좋아하는 물건이나 장난감 등은 자신의 보물 창고에 잘 보관되어 있어서 언제든 꺼내서 쓰거나 갖고 놀듯이 정보와 지식도 내 것 화가 되어야 자신의 기억 창고에 잘 보관했다가 언제든 꺼내어 쓸 수 있는 것입니다. 이를 위해서는 토론, 대화, 글쓰기, 마인드맵, 브레인스토밍, 요약하기, 줄거리 발표하기, 독서 카드 만들기 등의 여러 가지 방법들이 있습니다.

이상에서 우리는 정교화에 대해서 살펴보았습니다. 결국 정교화의 방법은 '책을 열심히 읽고, 그것에 대해 반복적으로 지속적으로 토론하고 체험하고 글을 쓰면서 얻어지는 것' 이라고 정리할 수 있을 것입니다. 그만큼 지식의 습득(공부)과 독서 토론 논술 활동과는 뗄 수 없는 관계임을 말해 주는 것입니다.

정교화를 잘해 나가는 아이들은 새로운 지식의 확장에 대한 즐거움을 잘 아는 아이들일 것입니다. 고대 그리스 철학자 에피쿠로스는 행복에 대해 고심하고 생각하다가 인간이 행복을 느낄 때는 본능에 의한 만족, 즉 식욕, 성욕, 물질욕 등은 행복이 아닌 쾌락일 뿐이며, 행복은 지성을 통한 만족과 기쁨이 참 행복이며, 궁극적으로 사람에게 가장 중요한 것은 행복해지는 것이라고 말한 바 있습니다. 이 말은 곧 인간 지성을 통한 모든 활동이 사람을 행복하게 해주며 그것이 사람의 존재 이유라고 하는 것입니다. 오늘 언급한 정교화 과정도 지성을 통한 활동의 하나라고 생각할 수 있습니다. 공부하면서 즐거워하고 행복해 하는 아이들이 더 많아지기를 기대합니다.

10) 토론하기

토론은 "자기의 의견을 합리성과 정당성을 갖추어 상대에게 효과적으로 주장하는 설득 행위"입니다. 따라서 자기의 의견을 논리적으로 잘 정리하여 표현하는 것이 중요하며, 필요하다면 각종 관련 자료들을 가능한 한 많이 수집하여 활용해야 합니다. 그러나 토론은 자신의 의견을 일방적으로 주장하는 행위가 아니며, 또한 지적 우월성을 과시하며 상대를 망신 주려는 말싸움도 아닙니다. 그러므로 토론은 어디까지나 자기 생각을 설득력 있게 주장하되, 그것이 좀 더 성숙하게 발전될 수 있도록 늘 열린 사고, 능동적인 자세를 가져야 합니다. 한마디로 토론은 생각(지혜)의 겨루기와 나누기라고 말할 수 있습니다.

토론을 통해 우리는 언어 표현 능력과 함께 다양한 논의 방법을 습득할 수 있습니다. 토론의 경험이 쌓일 때마다 조금씩 자신의 사고력과 지적 수준이 향상되는 것을 느낄 수 있을 것입니다. 더불어 보다 고차원적인 '언어 표현 능력'을 습득할 수 있게 될 것입니다. 토론은 기본적으로 객관적인 자료를 바탕으로 이루어지기 때문에 자료의 조사와 분석은 필수적인 요소입니다. 따라서 토론의 준비 과정을 통해, '자료 조사 및 다양한 자료를 분석해 내는 능력'을 키울 수 있습니다. 토론은 비판적 안목과 비판 정신이 필수적입니다. 서로 대립되는 논리와 관점을 비교, 분석하는 토론의 과정은 '비판적 사고 능력'을 연마할 수 있는 기회를 제공합니다.

토론을 위해서는 서로 다른 분야의 지식들을 통합하여 자신의 목적에 맞는 재료로 재창조할 수 있어야만 합니다. 토론은 바로 이 '지식 통합 능력'을 기를 수 있게 해 줍니다. 따라서 토론 교육은 학습 효과가 매우 높습니다. 특히 토론에 참가하는 학생들은 '다방면의 지식'을 습득할 수 있습니다. 토론은 다양한 입장과 의견을 두루 살피고 진지하게 생각해 보는 심사숙고를 가능하게 해 줌으로써 '흑백 논리의 함정'에서 벗어날 수 있도록 해 줍니다. 토론은 반론이라는 합리적인 과정을 통해 상대를 공격하는 방법을 가르쳐 줍니다. 이를 통해 결국에는 '적극적이고 능동적인 자세'를 기를 수 있도록 도와줍니다. 이와 함께 토론은 자신의 생각을 체계적으로 정리하여 '조리 있게 발표하는 능력'을 향상시켜 줍니다. 발표 내용을 논리적으로 구성하는 일이야말로 토론의 기본 중에 기본이기 때문입니다.

- 독서 토론이란 무엇인가?

독서 토론은 "책을 읽고(독서), 서로의 의견을 나누는(토론) 언어 활동"입니다. 즉, 특정 도서를 선정하여 핵심 논제들을 추출한 다음 각자 이해한 바를 토대로 서로 의견을 나눔으로써, 토론 대상인 책에 대한 자신의 이해를 높이고자 하는 집단 활동이 바로 독서 토론입니다. 따라서 독서 토론은 어떤 책을 읽고 그 핵심 사항들에 관해 폭넓고 깊이 있게 이해하고 표현하는 활동으로서 참여자의 독해력과 사고력, 표현력과 청취력을 높여 주는 종합적 사고 활동입니다. 독서에 대한 토론의 준비 과정에서 책에 대한 이해를 갖게 할 수 있습니다. 좋은 책에 대한 정보를 서로 교환할 수 있고, 논리적인 사고력과 의사 표현의 순발력을 기를 수 있습니다. 다른 사람의 의견을 들어봄으로써 자신의 생각의 옳고 그름을 판단할 수 있습니다. 독서 토론의 효과를 정리하면 다음과 같습니다.

① 플라톤이 지적한 바처럼 읽는 이에 따라 양서가 될 수 있고 혹은 악서가 될 수 있습니다. 토론은 책에 대한 여러 가지 다양한 해석을 쉽게 접함으로써, 개인적인 책읽기에서 흔히 일어날 수 있는 피상적이고 독단적인 이해의 위험을 극복할 수 있습니다.

② 토론하기에 적합한 좋은 책을 골라 정밀히 읽는 능력과 자세를 키울 수 있습니다.

③ 자기 의사를 논리적이고 효율적으로 표현할 수 있는 능력과 상대의 의견을 존중하며 듣는 자세를 키울 수 있습니다.

④ 합리적인 이성을 중시하는 토론 과정을 통해 참가자 각자의 민주적 소양을 기를 수 있습니다.

⑤ 토론은 쉴 새 없는 지적 사고 활동을 요구하므로 사고력 신장에 있어 가장 큰 영향력을 발휘합니다.

11) 가정에서 적용해 볼 수 있는 사고 능력 향상을 위한 여러 활동

❶ 관찰력을 높이는 활동 : 같은 것, 숨은 그림, 빠진 것 찾아내기와 같은 게임을 아이들과 함께 해 보세요. 시장이나 백화점에 구경 간 후 그곳에서 보았던 물건을 그려보거나 말해 보게 하세요.

❷ 변별력을 높이는 활동 : 비슷하거나 다른 것을 찾을 수 있는 놀이를 해 보세요.(글자, 숫자, 단추 등)

❸ 집중력을 높이는 활동 : 하고 싶은 놀이를 하게 하세요. 특히 종이 접기, 블록 놀이, 프라 모델 조립, 오리기, 색칠하기 등의 활동은 집중력을 높이고 재미를 줄 수 있습니다. 끝말 잇기, 낱말 퍼즐 등을 즐겨하게 하면 언어에 대한 흥미도 높아져 독서 집중력을 높입니다.

❹ 논리적 사고력을 높이는 활동 : 규칙을 발견하는 훈련을 합니다. 또한 "왜?"라고 하는 질문 던지기와 답하기, 눈에 보이는 현상에 대한 원인, 결과 찾기 등은 논리적 사고력을 높이는데 도움이 됩니다. 또한 관계를 시각적으로 지어 보는 훈련도 도움이 됩니다.

❺ 요약 능력을 높이는 활동 : 1분 동안 책의 줄거리를 말해 보도록 합니다. 책의 중요한 부분에 밑줄 긋기와 중요한 내용들을 모아 요약하고 다른 사람에게 말해 보게 합니다.

❻ 기억력 강화 활동 : 공부한 후 절대 TV나 다른 활동을 해선 안 됩니다. 교사는 수업을 끝내기 5-10분 동안 수업한 내용을 정리하게 합니다. 책을 읽으면서 밑줄을 긋거나 표시를 하면 도움이 됩니다. 회상과 자인을 자주 사용합니다. 스도쿠와 같이 머리 쓰는 게임을 자주하게 합니다 노트에 배운 내용을 재현할 수 있게 합니다.

3. 나가는 말

인간은 생각하는 갈대라고 한 파스칼의 정의를 빌리지 않더라도 인간의 중요한 본질의 하나가 사고 능력입니다. 즉 사고를 하기 때문에 일반 다른 짐승들과 구분되는 것이며, 인간의 만물의 영장이라고 할 수 있는 것입니다. 반대로 이 같은 사고 능력을 키우지 않고 십분 활용하지 않는다면 인간은 생각하지 못하는 짐승과 다를 바가 없을 것입니다. 독서 활동은 이 같은 사고 능력을 키워주는데 있어서 가장 최선의 방법이라 할 수 있습니다. 따라서 독서를 좋아하는 이들은 결국 고도의 사고 능력을 갖게 되고 그 같은 사고 능력을 통해 자신이 원하는 일들을 쉽게 이루어나갈 수 있습니다.

본장에서는 읽기 능력에 이어 사고 능력에 대해 살펴보았습니다. 사고 능력을 키워야 하는 필요성과 그것을 키우기 위한 여러 전략들을 살펴보았습니다. 다음 장에서는 읽기 능력, 사고 능력과 더불어 중요한 기초 학습 능력인 쓰기 능력을 어떻게 하면 키워갈 수 있는지에 대해 살펴보도록 하겠습니다.

제 3장

쓰기 능력

1. 들어가는 말

1) 쓰기 능력이란?

쓰기 능력이란 인간이 갖고 있는 또 하나의 중요한 능력을 말합니다. 앞서 읽기 능력과 생각 능력에 대해 살펴보았습니다만 이들 능력과 더불어 반드시 키워 나가야 할 능력이 바로 쓰기 능력입니다. 선사 시대와 역사 시대를 구분 짓는 가장 중요한 기준이 기록을 했느냐 하지 않았느냐 하는데 있습니다. 인간은 경험과 이성을 통해 받아들인 지식과 정보를 머릿속에 저장하는 데에는 한계가 있고 곧 그것을 잊어버리게 됩니다. 특히 다른 사람에게 그러한 내용을 전달하거나 공유하기에는 더더욱 쉽지 않았기에 사람들은 돌이나 종이 등에 기록을 하기 시작하였는데 이 기록은 결국 쓰기 능력을 통해 이루어졌다고 할 수 있습니다. 만일 쓰기 능력이 없었더라면 우리는 그 옛날의 역사나 지식에 대해 전혀 알 수 없었겠지요.

쓰기 능력을 통한 기록은 점차 새로운 지식과 문명을 싹트게 하는 디딤돌이 된 것이지요. 사실 우리 모두가 접하는 책이나 교과서, 컴퓨터, 만화, 잡지, 신문, TV와 같은 방송 매체 등이 글로 이루어져 있습니다. 결국 인간은 책이나 읽기 매체를 통해 얻은 지식과 정보를 다시 새로운 연구 결과로 생성해 내고 다시 이것을 글로 기록해 두는 과정을 통해 성장, 발전하였다고 해도 과언이 아닙니다.

다음은 프랑스의 박물학자 뷔퐁이 프랑스 학술원 입회 수락 연설에서 했던 내용입니다.

"여러분, 글은 사람입니다. 그 사람이 쓴 글 속에서 우리는 그 사람을 봅니다. 그 사람의 생각은 물론 인격, 음성, 성격 그리고 그의 과거와 미래까지 볼 수 있습니다. 그것은 글이 만들어지는 과정을 통하여 확인됩니다. 독서와 경험을 통하여 우리 머리로 들어간 사상은 말이나 글이라는 수단을 통해서만 표현되기 때문입니다. 말은 일회성이고 발화되자마자 공중으로 흩어집니다. 그러나 글은 영원합니다. 글을 쓸 때는 그 각인성과 영원성 때문에 우리 모두 완벽하려고 노력합니다. 그래서 글은 그 사람 자체입니다."

여기서 그는 글이 완벽한 표현 도구라는 것을 강조한 것처럼 그만큼 쓰기는 인간에게 있어 서 매우 중요한 의미로 평가하고 있습니다. 사실 우리는 이와 같은 쓰기를 통한 글로서 평가받고 있다고 해도 과언은 아닙니다. 각종 시험은 모두 글의 형태로 표현되며, 특히 논술 고사는 실력과 인격의 총체적인 평가 모형으로 보기에 앞으로도 더 중요한 부분을 맡게 될 것으로 예측됩니다.

이처럼 쓰기 능력은 매우 중요한 능력입니다. 따라서 책을 읽고 생각하고 만들어진 자신의 생각이나 지식을 다시 글로 연결하는 것은 매우 당연하고 순리적인 활동이라 할 것입니다.

2) 쓰기 능력 향상을 위한 여러 나라들의 노력

미국의 초·중·고교에서 쓰기 능력을 위한 교육은 따로 글쓰기를 배운다기보다는 교과 과정 전체에 통합돼 있습니다. 영어 시간에 문학책을 읽고 글을 쓰거나 사회·역사 시간에 특정 주제에 대해 글을 쓰는 형식으로 교과 전 과정에 글쓰기가 일상화돼 있기 때문입니다.

대부분의 과제물이 리포트 제출처럼 글쓰기인 경우가 많아서 사실상 글쓰기가 평소의 학업 성적과도 밀접하게 관련돼 있습니다. 버지니아의 한 고등학교에서는 역사와 영어를 통합해 가르치는데, 예를 들어 역사 시간에 배운 특정 주제에 대해 리포트를 작성하는 과제를 내주고, 역사 교사는 역사 관점에서 영어 교사는 글쓰기 측면에서 평가해 점수가 두 가지로 나오게 합니다.

바칼로레아 시험을 치른 한 프랑스 유학생은 "한국 있을 때는 교과서로 공부하고 학원에서 참고서로 암기식 공부를 하는 게 주를 이뤘지만 프랑스에 와서는 수업 시간에 선생님이 정해 주는 책을 읽고 글을 쓰는 것이 주된 공부"라고 말했습니다. 그는 방학 때도 하루에 최소한 2~3시간 이상 책을 읽고, 학기 중에는 숙제하고 남는 시간에 30분~2시간 가량 책을 읽는다고 했습니다. 이처럼 프랑스의 학과 과정에도 교과서는 있지만, 한국처럼 교사들이 교과서 진도를 똑같이 나가는 게 아닙니다. 가르치는 선생님마다 진도도 다르고, 교과 내용도 제각각입니다. 가령 수업 시간에 교사가 심리학자 프로이트의 저서를 정해 학생들에게 읽어오라고 시키거나, 책의 일부분을 발췌해 텍스트를 분석합니다. 방학이 시작되면 교사들이 과목별로 읽어야 할 책 목록을 학생들에게 줍니다.

영국에서는 초등학교 때부터 발표하기, 토론, 리포트 작성이 일상화돼 있습니다. 초·중·고교에서는 물론, 대학 입학 시험에서도 서술형 문제가 출제되기 때문에 글쓰기와 말하기 교육이 중요하다고 인식하고 있으며, 이에 대한 배려와 노력을 아끼지 않고 있습니다. 리포트 작성과 발표는 '수행 평가' 형식으로 성적에 반영됩니다.

3) 쓰기에 있어서의 편견

쓰기와 관련해서 상담을 요청해 오는 경우의 대부분이 "우리 아이는 책을 잘 읽는데 왜 쓰는 것을 싫어하나요?", "다른 아이들은 글을 길게 쓰는데 왜 우리아 이는 조금밖에 못쓰나요?", "글을 잘 쓰려면 글짓기 학원을 따로 보내야 하나 요?" 등과 같은 내용입니다. 그때 마다 드리는 답변은 "쓰기는 생각쓰기입니 다."라고 말씀드립니다. 왜냐하면 생각 없는 글쓰기란 있을 수 없는 것이며, 또 한 생각이 들어간 글쓰기야말로 진정한 내용을 담고 있기 때문입니다. 다시 말 해서 앞서 상담을 요청한 질문과 마찬가지로 책을 잘 읽기는 하지만 그것을 제 대로 자신의 생각으로 만들어 가지 못한 것이므로 쓰는 것을 싫어할 수 있고, 생 각이 넓고 깊어야 글로 길게 끌어갈 수 있게 되는 것이며, 생각 없이 글쓰기 학 원을 보내는 것은 아이에게 고통을 심어 주는 것이죠.

흔히 생각을 저는 '반죽' 에 비유합니다. 머릿속에서 잘 반죽된 생각은 어떠 한 그릇에 담아내어도 맛있는 생각이 됩니다. 글쓰기란 이런 반죽을 잘 담아내 는 그릇과 그릇에 담긴 음식이라고 생각하면 좋습니다. 잘 반죽된 생각에는 아 이가 갖는 독특한 개성과 창의성, 상상력이 잘 버무려져 있습니다. 그런데 문제 는 생각 능력을 키울 생각은 하지 않고 무조건 좋은 그릇에 맛있는 생각을 담아 내려고 하는 부모님들의 욕심이 문제입니다. 글은 쓰는 사람의 생각이 솔직하 고 거짓 없이 담아내야 비로소 옳은 글을 되기 때문입니다.

제가 알고 있는 아이의 경우, 부모님의 글쓰기에 대한 잘못된 인식에 의해 희 생된 경우인데 그 아이는 책도 좋아하고, 토론하는 것을 좋아하는 아이여서 곧 잘 자신의 생각을 글로 잘 표현하는 우수한 아이였습니다. 그런데 다른 애들과 비교해서 글의 길이가 짧고, 표현이 매끄럽지 않은 것 같다고 생각한 부모님은 글쓰기 학원으로 보내게 되었는데 그 이후로 그 아이는 글을 쓰기는커녕 책을 읽는 것조차도 싫어하게 되었다고 합니다. 생각을 만들어 줄 틈도 없이 쓰기를 억지로 강요하거나 선생님이 지도한다는 명목 하에 아이들의 글에 마음대로 손을 대는 바람에 자신의 글인지 선생님의 글인지 국적이 불분명한 글들을 쓰게 되었고, 결국 어른 흉내 내는 글, 혹은 거짓이 들어간 거짓 글을 쓰기 시작하면서 그 아이는 글쓰기의 즐거움을 잃게 되었던 것입니다.

쓰기 능력은 하루아침에 신장되는 능력이 아닙니다. 지속적인 책 읽기와 사고를 통한 자신의 생각 만들기가 함께 어우러져 차츰차츰 성장해 가는 능력이 바로 쓰기 능력인 것입니다. 그런데 그러한 과정 없이 아이들을 무조건 쓰게 하면 되겠지 하는 잘못된 인식이 오히려 아이들을 잘못 이끌어, 읽기와 생각 능력마저 키우지 못하게 되는 결과를 낳게 되는 것입니다.

4) 글쓰기를 두려워하는 이유

한 연구 조사에 따르면 독서를 하지 않는 아이들의 가장 큰 이유가 "독서 감상문 쓰기 싫어서"라는 대답이 가장 높게 나타났습니다. 즉 글쓰기가 싫어서 책을 읽기 싫다는 논리로 연결된다니 참으로 답답한 사실입니다.

한 통계 조사에 따르면 쓰기를 즐기고 좋아하는 사람은 5~6 퍼센트 정도를 넘지 못한다고 합니다. 사람들은 쓴다는 것에 부담감을 느낍니다. 그 이유는 첫째, 쓰기는 영원히 남기 때문에 완벽을 기해야 한다는 숙제를 안겨 주기 때문이지요. 아이들이 쓴 글을 보고 무심코 어머님들은 "넌 이걸 글이라고 쓴 거야?"라든가 "다른 애들은 상도 잘 탄다던데 넌 왜 그 모양이냐?"라든가 혹은 일기를 검사한다면서 아이의 자존심을 건드리는 일도 아이들이 글쓰기를 기피하는 가장 큰 이유입니다. 두 번째로 쓰기는 고도의 사고 능력을 요구하기 때문입니다. 자신의 생각을 논리적으로 정리하고 그것을 글로 코드화시키는 작업은 쉽게 할 수 없는 작업입니다. 상당히 노력이 필요하다는 것이지요. 셋째로 쓰기는 어휘력이 풍부해야 쓰기가 쉽기 때문입니다. 앞서 말했듯이 쓰기는 글이라는 언어

코드로 다시 바꾸는 작업입니다. 많은 어휘력을 갖고 있어야 자신의 사고 덩어리를 자유자재로 글로 풀어낼 수 있는 것입니다. 넷째로 쓰기는 배경 지식이 풍부해야 쓰기가 수월합니다. 자신이 갖는 수많은 독서 경험과 체험 등이 잘 버무려져야 훌륭한 글도 나올 수 있습니다.

파주시 G초등학교 5학년인 관식이는 조금 독특한 상황이었습니다. 필자의 수업을 받기 전에 모 학습지의 글쓰기 수업을 받다가 쓰는 것에 대한 스트레스를 너무 많이 받아 쓰는 것을 두려워하게 되었다는 것입니다. 그래서 관식이의 경우 처음에는 쓰지 말라고 하고 수업을 진행하였는데 생각을 키워나가고 이해력이 향상되면서 오히려 지금은 누구보다도 글쓰기를 좋아하고 잘 쓰는 편입니다. 여기서 알 수 있는 것은 글을 쓴다는 것은 생각쓰기라는 것입니다. 무조건 쓰라고 해서 쓸 수 있는 것이 아니기 때문에 쓸 수 있도록 생각을 만들어 주고 그것을 스스로 정리해 주면 쓰기 활동은 자연스럽게 향상되는 것입니다.

2. 쓰기 능력을 키워 줄 수 있는 전략들

1) 재미있는 글쓰기

글을 쓴다는 것은 인간만이 할 수 있는 고유의 행위이며 작업입니다. 우리가 고고학자가 아니어도 옛 성현들의 가르침이나 역사적으로 의미 있는 정보나 자료도 현재 많은 도움을 받을 수 있는 것은 바로 글로 나타내었기 때문입니다. 세계적으로 베스트셀러인 『성경』도 하나님의 말씀을 글로 나타낸 것이기에 오랜 시기에 걸쳐 하나님의 말씀을 묵상하고, 느끼고, 따를 수 있었던 것입니다.

이렇듯 글로서 나타낸다는 것은 매우 중요한 역사적인 행위임에도 불구하고 왜 글쓰기를 싫어할까요? 결론부터 말씀드리면 그동안의 글쓰기 교육이 생각을 통해 충분한 쓸거리를 만들어 쓰기 보다는 형식 위주의 보여 주기 위한 글쓰기 교육이었기 때문이라고 하겠습니다.

엄밀히 따져서 형식도 중요하지 않은 것은 아니지만 형식에 앞서 중요한 것이 자신의 생각입니다. 이것을 바꾸어 말하면 쓸거리 혹은 쓸감을 만든 후 글쓰기를 해야 한다는 것입니다. 충분한 생각 없이 글쓰기를 하게 되면 당연히 쓰는 것이 부담으로 작용하게 되고, 결국 글쓰기는 지겹고 힘든 것이라는 잘못된 인식을 갖게 됩니다. 그렇다면 어떻게 하면 글쓰기가 재미있고, 즐거운 작업이 될까요?

첫 번째로 자신의 생각을 잘 표현하면 됩니다. 글을 쓴 사람의 독특하고 풍부한 생각이 들어가면 읽는 이로 하여금 즐거움과 재미를 주게 되지요. 가령 자신이 경험했던 일을 쓰는 것이 가장 쉬우면서도 읽는 이에게도 즐거움을 주지요. 읽었던 책에 대한 내 생각, 오늘 있었던 즐거웠거나 잊지 못할 일들, 자연이나 사물에 대한 감정, 친구나 가족 간의 에피소드 등에 대해 쓴다면 매우 좋은 글이 되는 기본이 됩니다.

두 번째로 거짓이 아닌 솔직한 자신의 생각이 들어가야 합니다. 일부러 없던 일을 만들어 낸다든가 하면 글쓰기를 통해 오히려 부정적인 아이로 만들어 가게 됩니다. 실제로 글쓰기 학원이나 혹은 논술 선생님이 자칫 대회 입상 등 눈에 보이는데 신경을 쓰다 이처럼 글 쓰는 이의 솔직한 자신의 생각이 아니라 없던 일을 만들거나 가식적으로 그럴듯한 포장에만 관심을 쏟게 하는 오류를 범하곤 합니다. 가장 유의해야 할 점입니다.

세 번째로 쉽게 써야 합니다. 자신이 생각한 것을 쉬운 문체로 쉽게 쓰는 것이 중요합니다. 흔히 선생님이나 부모님이 자칫 아이들의 글쓰기 한 작품을 보면서 글씨가 어떻네, 받침이 틀렸네 하면서 오히려 아이들의 풍부한 생각들을 사장시키는 경우가 많은데 중요한 것은 아이가 어떤 생각으로 글을 썼는지가 중요합니다. 글씨체나 받침은 글쓰기를 좋아하게 되면 자연스럽게 고쳐지는 것이기 때문이지요. 또한 형식도 중요하지만 형식은 2차적인 문제입니다. 먼저 자신의 생각을 잘 정리해서 그것을 글로 나타내어 가는 과정이 더 중요합니다.

네 번째로 크든 작든 사건 중심의 글로 쓰는 것이 좋습니다. 학교에서, 집에서, 혹은 친구와 놀던 일, 뉴스에서 보았던 일 등 여러 가지 일어난 사건을 중심으로 글을 쓰면 쓰기도 쉽고 읽는 이도 재미가 있습니다. 왜냐하면 이것은 글쓴이가 겪은 재미있는 에피소드가 되기 때문이지요. 특히 사건 중심이 되면 제목을 만들기가 쉽습니다. 써야 할 제목이 만들어지면 글쓰기의 반은 끝났다고 해도 과언은 아닙니다. 그 다음부터는 자신의 생각을 글로 나타내기만 하면 되니까요.

다섯 번째로 글쓰기에는 대화가 담긴 글이 들어가면 보다 자세하고 실감나는 글이 됩니다. 흔히 따옴표(" ")를 사용해서 등장하는 인물들의 대화를 적절하게 나타내 주면 읽는 이도 쉽게 이해되고, 즐거움을 주게 되기 때문이죠.

여섯 번째로 쓰고 싶은 환경을 만들어 주어야 합니다. 집안에서 부모님이 직접 글을 쓰는 모습을 자주 보여 주거나 함께 독서 신문을 만들어 본다든가 하는 방법들이 아이들의 글쓰기 동기 부여가 됩니다. 또한 마인드맵이나 브레인스토밍 등 생각나는 단어를 쓰게 하거나 다른 아이들이 쓴 글을 자주 접하게 해 주는 것도 좋은 방법이 되겠지요.

이와 같이 글쓰기는 사실 너무나 재미있고, 즐거운 사고의 표현입니다. 글쓴이의 생각과 정보가 글로서 많은 이들에게 전해질 수 있는 매우 중요한 기록이 되는 것입니다. 이제는 글쓰기를 어렵다고 생각하지 말고 자연스럽게 생각한 것을 정리해서 써 보는 연습이 필요합니다. 글쓰기도 하루아침에 이루어지는 것이 아니라 계속해서 꾸준한 연습이 이루어져야만 훌륭한 글이 나오는 것입니다.

파주시 C초등학교 3학년인 두성이는 이해력은 좋은 편이지만 그것을 달이나 글로 잘 표현하지 못했고, 특히 2학년 말까지도 글자 받침이 맞는 것보다는 틀린 것이 더 많았던 아이였습니다. 이 같은 경우는 어휘력이 부족하고 폭넓은 독서를 통해 스스로 잘못된 글자를 고쳐 나가는 활동이 미흡한 경우로 해결 방법은 정확하게 읽고 그것을 짧지만 자주 요약하는 훈련을 시켜 나가는 것이 좋다고 생각해서 텍스트를 자주 읽히고 받침 틀린 것을 지적하기 보다는 어떤 내용이 들어 있는지에 역점을 두어 글쓰기 수업을 진행하였더니 지금은 글쓰기 양도 늘어났고, 글자도 틀린 것이 많이 줄어드는 등 매우 눈에 띠는 변화를 보이는 아이가 되었습니다. 특히 독서 수업을 좋아해서 아이들과 함께 잘 어울리고 배려도 할 줄 아는 등 여러 면에서 놀라운 변화를 보인 아이입니다.

2) 이렇게 쓰면 좋아요

과연 글을 쓸 때 무엇을 어떻게 써야 하면 좋을까요? 이오덕의 『신나는 글쓰기』에서 다음과 같이 좀 더 구체적으로 정리하여 보았습니다.

써야 할 얘기를 뒤로 미루지 말고

반드시 큰 사건이나 중요하다고 생각하는 일에 대해서만 쓰려고 하지 말아야 합니다. 날마다 겪는 평범한 일이나 생각을 쓰는 것이 좋습니다. 또한 바로 조금 전에 일어났던 사실에 대해 쓰면 더욱 생생한 실감을 줄 수 있습니다. 오래 전의 것을 쓰려고 하면 기억을 더듬어야 하는 등 글쓰기가 어려울 수 있으므로 바로 있었던 일을 바로 쓰는 습관이 좋으며, 이것이 습관화된다면 글쓰기는 어려운 대상이 아니라 생활의 일부가 될 수 있습니다.

늘 되풀이하는 일과 새로운 일

날마다 되풀이 되는 일도 하루하루 사실은 새롭고 다른 것입니다. 따라서 글을 쓸 때 일부러 새로운 것, 신기한 일을 찾아 쓰려고 하는 태도는 잘못된 것이며 어리석은 것입니다. 이런 잘못은 자기가 겪은 일을 자세하고 정확하게 잡을 줄 모르고 건성으로 보아 넘기거나 남의 것을 쫓기 때문입니다. 꼭 쓰고 싶은 것을 정직하게 쓰기만 하면 언제나 새로운 이야기가 되고 새로운 글이 될 수 있습니다.

평범한 나날의 이야기

별난 제목에 별난 내용을 쓰려하는 것은 별난 것과 자랑스러운 것을 찾고 거짓을 꾸미게 됩니다. 그것은 마치 요란스럽고 사치스러운 옷을 입고 다니면서 사람들의 눈을 끌려는 사람들과 같은 것입니다. 자신의 평범한 생활 속에서 기쁨을 찾고 참된 이치를 깨닫는 것이 중요합니다.

남들이 잘 안 쓰는 것

남들을 따라하는 유행은 자신의 정신과 마음이 없거나 허약한 것입니다. 그저 친구의 의견을 따라 하는 아이들은 자신의 생각을 만들지 못하게 되며 자신의 글로 만들어 갈 수 없습니다. 남들처럼 쓰기보다는 개성 있는 자신만의 글을 쓰는 것이 중요합니다.

자기를 말하는 글

자기 자신을 바로 보고 그것을 솔직하게 쓸 수 있어야 합니다. 자기가 한 일, 잘못한 일, 버릇, 취미, 억울한 처지, 자기 소개, 지난날의 이야기 등을 잘 생각해 보고 구체적으로 글로 나타내면 좋은 글이 될 수 있습니다.

남의 얘기를 쓰는 글

대부분의 글은 자기가 한 일을 쓴 것, 즉 자신의 이야기입니다. 그러나 세상은 혼자 사는 것이 아니므로 남의 이야기도 쓸 수 있어야 합니다. 남의 이야기를 쓰다 보면 자신의 이야기도 정리할 수 있고, 관심과 관점을 확대할 수 있습니다.

비판하는 경우와 옹호하는 경우

남을 이야기할 경우 좋은 점을 말하는 경우와 나쁜 점을 말하는 비판의 경우가 있습니다. 이것을 남을 이해하게 되는 좋은 방법이며, 이를 통해 자신의 입장과 견해를 정립할 수 있는 기회가 됩니다.

자연의 아름다움을 보는 눈

자연의 소리를 듣고 자연의 아름다움을 볼 수 있다면 그것은 행복이라 할 수 있습니다. 그러한 자연을 솔직하게 표현하는 글은 당연히 아름다운 글이 됩니다.

생생한 놀이의 모습을 보여 주자

놀이는 어린이들에게 있어 없어서는 안 되는 생활입니다. 이러한 놀이를 글감으로 하여 쓰면 좋은 글이 되는데, 다만 그 놀이를 할 때의 모습을 잘 그려 보는 것이 중요합니다.

중심과 차례를 정해서

무엇을 쓸 것인가 정해지더라도 그 쓸거리에 대해 자세히 생각해 보아야 합니다. 내용이 확실치 않으면 조사하거나 살펴보아야 합니다. 또한 쓰는 차례도 정해 두어야 합니다. 간단한 글이라도 처음, 가운데, 끝맺음과 같이 세 부분으로 나누어 놓고 쓰는 것이 좋고, 어떤 글이든 글의 순서와 뼈대가 있기 때문에 이와 같은 뼈대에 맞추어 자주 글을 쓰는 연습을 해야 합니다. 여기에 중심 생각을 잘 파악하여 그 생각이 잘 녹아들어 가도록 써야 합니다.

확신을 가지고 한꺼번에

쓸 차례가 정해지고 글의 중심을 어디에 두는가 글의 뼈대가 세워지면 쓰기 시작합니다. 글을 쓸 때는 무엇보다도 중요한 것은 마음을 한 곳에 쏟는 태도입니다. 확신을 가지고 열정을 기울여서 한꺼번에 쭈욱 써 나가야 합니다. 그렇다고 아무렇게나 쓰라는 것이 아니라 며칠을 두고 써야 할 긴 글이 아니라면 쓰다가 그만두고 다른 일을 해 놓고 다시 이어 쓰는 태도는 좋지 않습니다.

그때 일을 잘 생각해 내어서

자기가 겪은 일을 쓸 때 가장 중요한 것은 겪었던 일을 자세하게 되살려 생각해 내는 것입니다. 방금 보고 듣고 한 것처럼 머릿속에 생생하게 떠올릴 수 있어야 좋은 글이 됩니다.

겪었던 일을 지금 겪는 것같이

자기가 겪었던 일을 남들에게 알리려고 할 때는 그 일을 대강 설명하기보다는 그 때의 일을 눈앞에 마치 그림을 그려 보이듯 글로 그려 보이면 훨씬 더 잘 알릴 수 있고 감동을 줍니다. 이럴 때 눈으로 본 것, 귀로 들은 것, 몸으로 행동한 것, 맛을 본 것 등을 생생하게 되살려 잘 알 수 있게 써야 합니다.

조그만 것이라도 정을 가지고 대해야

가장 많이 쓰게 되는 것은 오감 중에서도 눈으로 본 것을 쓰는 일입니다. 그런데 그냥 지나치지 말고 조그만 것이라도 마음이 끌리는 것이 있다면 눈여겨보며 글로 쓰면 훌륭한 글이 될 수 있습니다. 마음이 끌리는 것은 사랑이 있기 때문입니다. 무엇을 대하든지 사랑이 있어야 그것이 마음에 들어오고 눈에 보이는 것입니다. 사랑은 모든 것을 살아나게 합니다.

저학년의 글쓰기

1,2학년의 저학년 어린이들은 미리 뼈대를 잡거나 단락을 생각한다든지 할 필요가 없습니다. 발달 단계에 있어서 저학년은 그런 능력을 아직 갖고 있지 않기 때문에 따라서 자기가 한 일을 한 순서대로, 생각나는 대로 마음껏 쓰면 됩니다.

정직한 글과 보이기 위한 글

흔히 어른들은 글쓰기 교육 시에 제목을 지정하여 쓰게 하여 어린이들이 쓰기 어렵거나 쓰고 싶지 않은 글을 쓰도록 하고 있고, 더욱이 써야 할 내용까지 지시하는 일이 종종 있는데 아주 잘못된 가르침입니다. 이렇게 쓰다 보면 거짓 글이 되기 쉽기 때문입니다. 좋은 글은 본 대로 들은 대로 한 대로 생각한 대로 정직하게 써야 하는 것입니다.

분량이 긴 글도 써 보자

누구든지 자기의 생각이나 한 일을 남들에게 분명히 알리자면 글이 어느 정도 분량이 되어야 합니다. 글을 쓸 때마다 길게 쓰라는 것이 아니라 때때로 긴 글을 쓰는 것이 큰 공부가 되기 때문입니다.

쓰고 난 후 다시 읽어보고 고쳐 보자

글을 쓴 후 반드시 다시 읽어보고 맨 처음 쓰고 싶었던 내용이나 생각이 그대로 잘 나타나 있는가를 살펴서 잘못된 점을 고쳐야 합니다. 톨스토이도 자신이 쓴 글을 몇 번씩 읽고 다시 고치는 작업을 했습니다.

3) 일기 쓰기와 독서 감상문

아이들에게 쓰기 능력을 키우는데 가장 좋은 글쓰기가 일기와 독서 감상문이라 할 수 있습니다. 앞서 쓰기가 생각쓰기라고 했듯이 일기와 독서 감상문은 쉽게 제재를 얻을 수 있고, 그 제재에 따른 생각하기가 어렵지 않고, 주변 혹은 읽은 책에서 얻어진 것이기에 글로 표현하기가 매우 좋기 때문입니다. 그렇기 때문에 아이들에게 계속해서 쓰는 습관을 만들어 갈 수 있습니다. 그렇지만 막상 "엄마, 일기 어떻게 써?" 혹은 "엄마, 독서 감상문이 뭐야?" "독서록과 독서 감상문의 차이점이 뭐예요?"라고 물으면 여러분은 어떻게 대답해 주고 있나요?

부모 혹은 교사가 정확하게 일기 쓰기와 독서 감상문에 대해 잘 알고 있어야 아이들에게도 올바른 지도를 할 수 있습니다.

일기 쓰기

앞서 말했듯이 '쓰라' 고 강요하기 전에 '어떻게' 쓰는지 알려 줘야 합니다. 특히 형식에 얽매이지 말고 다양한 소재를 발굴하는 생각 훈련을 먼저 할 수 있도록 하여 일기 쓰기를 유도해야 합니다. 많은 아이들이 일기 쓰기를 고역이라고 느낍니다. 일기라는 말을 들으면 가장 먼저 떠오르는 말이 '지겹다' 와 '끔찍하다' 라고 하니 그 심정도 이해가 갑니다. 일기라면 죽도록 싫다는 아이를 보며 절망스럽게 느낀 적이 있는 부모들도 많을 것입니다. 이런 반응들은 그동안의 지도 방법에도 원인이 있는데 그것은 '쓰라' 는 주문만 있었지, '어떻게' 쓰라는 구체적인 요령을 가르쳐 주지 못한 것이 현실이었기 때문입니다.

일기 지도는, 일기도 결국 글쓰기의 한 종류임을 아는 데서 출발해야 합니다. 글이란 무엇인가요? 자신의 앎과 생각을 문자를 빌려서 표현하는 것입니다. 머릿속의 생각을 글자를 이용해 펼쳐 보이는 데는 일정한 과정을 거치게 되는데,

첫째 좋은 쓸거리 찾기, 둘째 논리적으로 조직하기, 셋째 효과적으로 표현하기, 넷째 고쳐 쓰기입니다. 우선 초등학교 2학년 아이가 쓴 일기를 보며 지도 요령을 알아보기로 합니다.

〈2005년 1월 20일 목요일 추움〉
제목 : 할머니 댁
내가 할머니네 집에 '같다' 왔다.
엄마랑 가서 밥을 먹었다. '그러고' 공부도 하였다.

위의 일기를 쓰기의 과정에 따라 지도해 보면, 첫째, 쓸거리는 기록해 둘 만한 가치가 있는 것으로 잘 골랐습니다. 엄마와 함께한 할머니 댁 나들이는 기억할 만한 일이기 때문이지요. 둘째, 제목을 붙이고 글을 쓰기 시작한 것은 좋습니다. 제목은 글 쓸 방향이 흩어지지 않도록 하는 장치가 되기 때문이지요. 하지만 내용에서는 '글이 되도록' 쓰려는 노력이 거의 없습니다. 셋째, 위의 글을 고쳐 쓰기 위해서는 우선 문장 하나마다 스스로 질문을 떠올려 보는 것이 좋습니다. 예를 들면 '내가 할머니네 집에 갔다 왔다.' 라는 문장에서 스스로 독자의 입장이 되어서, "언제 갔다 왔지?", "할머니 집은 어디지?", "왜 갔지?", "갈 때 어떤 기분이었지?", "무엇을 타고 갔지?", "엄마는 무슨 말을 하면서 가자고 하셨지?", "가서 한 일은 무엇이지?", "할머니는 무슨 말씀과 행동을 하셨지?", "갈 때나 올 때 혹은 할머니 댁에서 나는 어떤 생각과 느낌을 가졌지?" 등등의 질문을 통해 생각을 떠오르게 할 수 있습니다.

❶ 쓸거리 지도
일기 쓰기에서 아이들이 가장 힘들어하는 것이 바로 쓸거리를 찾는 일입니

다. 매일 비슷한 일이 반복되다 보니 쓸 게 없다고 느끼는 것이 당연할지도 모릅니다. 다음과 같은 요령으로 도울 수 있습니다.

첫째, 대화를 나눈다. 하루에 있었던 일을 무엇이든 생각해서 이야기를 나눠 본다. 그 속에서 한 가지를 고르도록 권한다.

둘째, 브레인스토밍. 자신의 하루를 돌아보면서 무엇이든 생각나는 것을 말해 보거나 글로 써 본다.

셋째, 그림으로 그려 보기. 기억나는 장면을 그림으로 먼저 그려 본다.

넷째, 그물 지도를 그린다. 가장 먼저 떠오르는 일을 중심에 쓴 다음, 이어서 생각나는 것들을 그 주변에 채워 나간다. 관련된 것끼리는 선으로 연결한다.

다섯째, 매체를 활용한다. 꼭 직접 행동한 일뿐만 아니라, 책, 텔레비전, 영화, 비디오, 게임, 컴퓨터 등을 이용하는 과정에서 찾아본다.

❷ 조직하기와 표현하기(쓰는 순서와 방법 정하기)

이야기 글은 이야기 문법을 지켜서 쓰면 좋은 글이 됩니다. 이야기 문법이란 서술식 글에서 공통적으로 나타나는 일정한 형식으로서 주인공 · 상황 · 행동의 동기 · 행동 · 방해 · 결말의 여섯 가지 요소를 말합니다.

정보 글이나 설득 글은 목적을 의식하면서, 정보 글은 충분한 설명이 되게 쓰고 설득 글은 상대방의 행동이나 마음이 바뀌도록 할 만한 근거를 제시하면서 씁니다.

일기를 쓸 때 저학년은 주로 이야기 글을 쓰게 하고, 고학년은 주위 세계에 대한 관심을 넓혀 나가기 위해서라도 정보 글이나 설득 글을 많이 쓰게 하는 것이 바람직합니다. 기타 편지, 만화, 그림, 시 등의 다양한 형식으로 쓰게 하면 쓰는 사람의 지겨움을 덜고, 다양한 장르의 글쓰기 체험이 됩니다.

❸ 고쳐 쓰기

세계적인 문호도 단번에 좋은 글을 쓰는 사람은 없습니다. 고쳐 쓰기 과정은 좋은 글을 만들기 위해서나 글쓰기의 바른 태도를 몸에 익히게 한다는 건에서 중요한 과정입니다.

화제에 관해 쓰고 싶은 것을 잘 썼는가?

자세한 설명을 했는가?

쓰려고 하는 것들의 순서를 잘 지켜서 썼는가?

문장 구성이 선명한가?

맞춤법 등을 잘 지켜 썼는가?

우선 일기를 내용과 형식으로 나눠서 지도하도록 합니다. 저학년이라면 주로 한 가지 일을 잡아서 자세히 썼는지 살펴봅니다. 글이란 읽는 사람을 배려하여 오해 없이 친절하게 써야 하므로, 그런 면에 부족함이 없는지 살펴보고 조언합니다. 고학년이라면 다양한 형식과 내용으로 전개했는지를 점검합니다. 자기 생각이 담긴 일기, 사회 현상에 관심을 나타낸 일기, 사고의 확장을 증명하고 있는 일기 등이 좋은 일기입니다.

여기서 주의할 일은 일기 지도를 맞춤법 지도를 위한 시간이 되게 하지는 말자는 것입니다. 글자란 말 그대로 아이들의 생각을 비춰 주는 거울에 불과한 것이기 때문입니다. 거울 뒤의 앎과 생각을 들여다보는 일이 훨씬 중요한 일이므로 맞춤법 지도 자체가 목적이 아니라면 관심을 갖지 않는 편이 낫습니다. 위의 일기에서도 '같' (갔), '그러고' (그리고) 등의 오류가 있지만 그에 우선해서 지도해야 할 것들이 더 많다고 보면 됩니다. 왜냐하면 그런 식으로 지적한다고 해서 아이들의 맞춤법 실력이 바로 향상되는 건 아니기 때문입니다.

끝으로, 일기를 꼭 잠자기 전에 써야만 하는 것도 생각해 볼 필요가 있습니다. 저녁을 먹기 전에 쓴다든지, 아니면 오전에 한가한 시간을 찾아 어제 일기를 쓰도록 하는 편이 훨씬 나을 수 있습니다.

독서 감상문 쓰기

왜 독서 감상문을 써야 할까요? 그 이유는 첫째로 책을 읽고 난 후의 감동이나 느낌, 생각 따위를 잊지 않기 위한 기록 행위이며, 둘째로 요약할 수 있는 힘이나 요령 따위를 기르고 습득하게 해주며, 셋째로 생각을 깊게 하고 또 넓게 펼쳐 보게 합니다. 그리하여 판단력이나 식별력을 기르게 할 뿐 아니라, 옳고 그름을 가릴 줄 아는 비판 능력도 함께 기를 수 있는 좋은 점들을 갖고 있기 때문입니다. 따라서 이 같은 독서 감상문 쓰기에 대해 살펴보도록 하겠습니다.

독서 감상문은 책을 읽은 후 느끼고, 생각하고, 깨달은 점 등을 적은 글입니다. 따라서 읽은 책에서 가장 인상 깊었거나, 자신의 경험과 비추어 비슷하거나 반대인 점, 좋았거나 좋지 않았던 점, 책이 주는 주제나 교훈 등의 생각을 자신의 입장에서 정리하여 쓰는 것입니다.

독서 감상문을 쓰는 방법은 먼저 제목을 정합니다. 제목을 정하면 글의 줄거리가 흐트러짐 없이 중심이 잘 잡히고 처음께서 끝까지 글의 질서가 유지되어 짜임새가 돋보이기 때문입니다. 이어서 제목 붙이기인데, 이때 사용하는 방법은 두 가지가 있습니다. 첫째, 책이름을 그대로 따다가 쓰는 방법인데, 주로 저학년의 경우 많이 사용합니다.(ex) '『이솝 우화』를 읽고'), 둘째, 책을 읽고 난 후 자신의 느낌이나 생각을 잘 드러낼 수 있는 것으로 큰 제목을 붙이고, 그 밑에 책의 이름을 딴 작은 제목을 붙이는 방법입니다. 주로 고학년에서 많이 사용합니다. (ex) '동물의 세계를 통해 들여다 본 인간의 모습' -『이솝 우화』를 읽고)

제목 정하기와 제목 붙이기가 끝나면 어떠한 내용으로 쓸 것인가를 생각해 보고 개요 짜기를 합니다. 동화와 같은 이야기 구조의 독서 감상문은 다음과 같이 개요 짜기를 하면 좋습니다.

처음- 책을 읽게 된 동기- 처음으로 그 책과 만났을 때의 느낌 - 책을 다 읽고 난 뒤의 전체적인 느낌으로 글의 첫머리 시작- 책 또는 지은이에 대한 소개로 시작하기

가운데 - 가장 감명 깊은 부분의 줄거리- 줄거리와 느낌을 번갈아 써 가며 비판- 비교하며 느낀 점 쓰기- 공감하는 부분을 강조해 주거나, 그 내용의 옳고 그름을 따져 반박하기

끝- 앞에서 쓴 내용과 관련지어 책을 읽고 난 자기 느낌을 종합해서 쓴다. 책 속에서 배운 점을 나의 생활 속에 반영시켜 자신의 결심, 앞으로의 꿈 등을 간단하게 정리(상투적인 문구의 사용을 자제)한다.

이상과 같이 일기 쓰기와 독서 감상문 쓰기는 쓰기 능력을 키우는데 가장 쉽게 접근할 수 있는 글쓰기의 형태입니다. 하지만 이들 쓰기는 아이들의 솔직한 자신의 생각을 그대로 드러내게 쓸 수 있도록 해야 합니다. 단지 상을 받기 위해 흉내 내는 글이나, 어른들의 글을 모방하는 글, 특히 있지도 않은 사실을 진실인 양 써대는 거짓 글은 오히려 아이들에게 좋지 않은 결과를 낳게 합니다.

부모들의 상과 같은 결과에만 집착하는 욕심, 내용이야 어찌하든 길게 쓰게 하고 싶은 욕심, 남보다 미사여구를 곁들여 멋들어진 글을 쓰게 하려는 욕심이 자칫 아이들의 참된 성장을 방해하거나 잘못된 길로 이끄는 무서운 결과를 낳게 된다는 사실을 잊지 말아야 할 것입니다.

4) 메모와 독서 카드

제가 가까운 지인으로부터 배운 좋은 습관 중의 하나가 반드시 필기도구를 지니고 다닌다는 것입니다. 그는 장소를 가리지 않고 항상 볼펜과 수첩을 꺼내 놓는데, 그러다가 좋은 생각이나 방법이 생각나면 지체 없이 수첩에 옮겨 적는 모습이 좋아 저 역시도 이 같은 습관을 갖게 되었습니다. 어느 때인가 이 습관 덕분에 크게 덕을 본 적이 있습니다. 메모해 둔 내용들이 독서 지도를 할 때 큰 도움이 되었기 때문이지요.

책을 읽을 때에도 마찬가지입니다. 책을 읽을 때 항상 연필을 갖고 읽는 것은 매우 중요합니다. 책은 번뜩이는 아이디어의 보고이기 때문이지요. 그런데 그 냥 메모 없이 읽고 넘어가면 다시 내 것으로 만들어지기가 어렵습니다. 왜냐하면 다시 그 책을 처음부터 읽어 내려가야 하기 때문이고 그만큼 시간적 낭비를 가져오지요. 따라서 책을 읽으면서 중요한 어휘나 문장에는 줄을 긋는 등 특별한 표시를 해 두거나 물음표 등과 같은 문장 부호를 이용해 저자와의 대화를 시도해야 합니다. 좋은 생각이나 방법이 떠오르면 빈 여백이나 준비한 독서 카드에 기록하는 것은 매우 중요합니다. 그래서 책은 가급적 사서 읽는 것이 좋고, 자신의 손때가 많이 묻을수록 좋습니다. 빌려서 읽는 책이라도 포스트잇이나 메모지를 사용하여 자신의 것으로 만들어 갈 수 있습니다.

제가 몸 담고 있는 대안학교에서는 책을 읽고 난 후 반드시 독서 기록장에 가장 기억에 남는 부분을 찾아 글로 몇 줄이든 쓰게 하고 있는데 이것도 매우 유익한 쓰기 능력 향상을 위한 방법이 됩니다.

5) 의미 지도 만들기

" '의미 지도'가 무얼까?" 하고 궁금해 하실 분도 계실 것입니다. 의미 지도 란 뭉뚱그려진 지식이나 정보를 각 종목이나 의미에 맞게 시각적으로 분류하는 것을 말합니다. 가령 『하리하라의 생물학 카페』라는 책에서 인간의 노화와 관련한 내용을 살펴보기로 하면 "인간의 노화에는 이미 유전자에 노화 기간이 결정된다는 유전자 원인과 환경에 따라 노화의 시기를 조절할 수 있다는 환경적 원인이 있으며, 유전자 원인이라는 학설을 증빙하는 가설로는 조로증을 들 수 있는데 그 조로증에는 베르너 증후군, 프로게리아, 렉스커티스 질환이 있고, 환경적 원인에 대해 증명하고 있는 가설로는 소모설, 생체 에너지설, 유해/활성 산소설, DNA 에러설이 있다."와 같은 지식과 정보를 의미 지도로 나타내면 아래 그림과 같습니다.

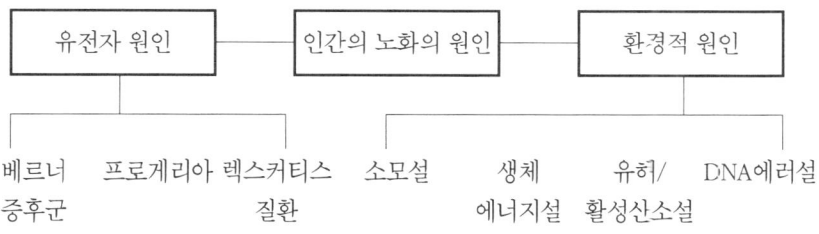

위의 의미 지도를 통해 보다 쉽게 정보나 지식을 분류하고 파일링할 수 있습니다. 이 같은 정보는 장기 기억에 쉽게 저장하고 쉽게 인출해 낼 수 있습니다. 어떠한 정보라도 그때그때 이와 같은 의미 지도를 만들면 보다 자신의 것으로 만들어 갈 수 있습니다. 또 길고 힘들게 쓰지 않기 때문에 쓰기가 쉽게 습관화될 수 있는 장점도 있습니다. 의미 지도 만들기는 공부 잘하는 아이들의 중요한 학습 전략 중의 하나입니다.

6) 아이들과 함께 쓰세요

선생이나 부모들은 아이들에게 글쓰기를 강요하지만 정작 자신들은 쓰지 않고 있음을 간과할 때가 많이 있습니다. 아이들이 쓰기 능력을 키우기 위해서는 그 모델이 필요한데 그 모델이 바로 선생이나 부모입니다. 앞장에서 능숙한 독자를 만들기 위해서는 '문식성 환경'을 만들라는 말씀을 드린 적이 있습니다. 읽고 쓰는 문식성을 키우기 위해서는 반드시 학교나 가정에서 이를 위한 환경을 조성해 줄 필요가 있습니다. 선생이나 부모가 책을 읽고 글을 쓰면 아이들도 자연스럽게 이를 보고 따라 배우게 되는 것입니다. 그런데 부모들은 책을 읽어 주거나 함께 읽는 것, 혹은 글을 쓰는 것에 대해서는 매우 인색합니다. 다만 아이들에게 강요할 뿐이지요.

그럼 왜 부모들은 글을 쓰지 않는 걸까요? 몇 가지 이유가 있는데 하나하나 따져 보면 차마 언급하기 부끄러울 따름입니다. 그 첫째 이유가 자신들도 글을 어떻게 쓰는지를 모르기 때문에 글을 쓰지 않는 것입니다. 한마디로 자신이 없는 것이지요. 두 번째 이유로는 생각하기를 귀찮아하기 때문입니다. 쓰기는 생각에서 나오는데 막상 쓰려면 생각해야 하고 그러자니 힘들고 하니까 글을 쓰지 않는 것이지요. 세 번째로 쓰기 습관이 배어 있지 않기 때문입니다. 아이들이 쓰는 것을 보고 나도 써 보고 싶다는 생각이 드는 부모님은 매우 좋은 쓰기습관을 갖고 있는 것입니다. 책을 읽을 때도 메모하거나 가계부, 차계부, 이메일, 수첩에 노트하기 등의 일상적인 쓰기 습관을 지속적으로 유지해야 할 필요가 있습니다.

아이들에게 무조건 쓰라고 강요만 하지 말고 "우리 책을 같이 읽고 그 느낌과 주제에 대해 한 번 글을 써 볼까?" 하고 권유해 보세요. 그리고 같이 글을 써 보세요. 그런 부모님을 보면서 아이들은 글 쓰는데 대해 주저하지 않고 쉽게 자신의 생각을 정리해 나갈 수 있을 것입니다. 또한 부모님이 쓰신 글도 발표하여 아이들이 쓴 글과 비교해 보고 어떤 점이 좋았는지, 어떤 점이 고쳐야 할 것인지 등을 서로 토론해 보는 것도 좋은 방법이지요.

7) 첨삭 시 주의점

아이들이 쓴 글은 더 좋은 글을 쓰기 위해서는 자신이나 다른 누군가의 평가를 받아야 합니다. 자신이 스스로 고치는 것을 퇴고라 하고 다른 사람이 글을 읽고 평가를 내려 주는 것을 첨삭이라고 합니다. 첨삭에 대해서는 2부에서 더욱 자세하게 살펴보겠지만 본 장에서는 주의 점에 대해서 잠시 살펴보도록 합니다.

빨간 펜으로 교사나 부모가 뻘겋게 첨삭 지도해 주는 것을 받아본 경험이 아마도 있을 것입니다. 그 때 기분은 어떠했나요? 자신의 작품을 누군가 훼손한 느낌을 받지는 않았나요? 게다가 일기 검사일 경우에는 더한 느낌을 받았을 것입니다. 아이들은 자의든 타의든 글을 쓰고 나면 자신의 작품을 은근히 자랑하고 싶어 합니다. 왜냐하면 자신의 생각을 녹여 만든 자신만의 작품이기 때문이지요. 손가락도 열심히 쓰느라 뻐근하고 나름대로 잘 썼다고 생각하는 아이들의 글에다 매정하리 만큼 빨간 펜으로 잘못을 지적해 주는 것, 특히 선생님이 멋들어진 글을 이렇게 고쳐 보라고 써 놓으면 사실 아이들의 마음에는 큰 상처를 주게 됩니다. 아이들도 자존심이 있기 때문이지요. 또한 이런 잘못된 첨삭 지도가 자칫 글 쓰는 행위 자체를 두려워하게 할지도 모릅니다. 더욱이 문제가 되는 것은 아이들이 어른 글이나 남의 좋은 문장을 흉내 내려 하기도 하고 거짓으로 글을 쓸 수 있기 때문입니다. 이렇게 되면 좋은 목적에 의한 글쓰기 교육이 아이들을 오히려 망치는 결과를 초래하므로 첨삭 지도는 매우 신중하야 하며 조심스러워야 합니다.

가장 좋은 첨삭 방법은 자신이 쓴 글을 다른 친구들 앞에서 발표를 시키는 것입니다. 그렇게 되면 자신의 글을 읽다가 어색하거나 잘못된 부분을 스스로 알아서 고쳐 나가게 됩니다. 또한 다른 친구들의 글을 들으면서 자신의 글에서 잘못되거나 유치한 점들을 고쳐 나가게 되는 것이죠. 교사도 첨삭보다는 같은 주제로 함께 글을 쓰면서 나중에 교사의 글도 발표하게 되면 아이들은 능숙한 교

사의 글을 배우게 되지요. 또한 교사는 편지 형식을 통해 아이가 쓴 글에 대한
총평을 칭찬 80%, 고쳐야 할 부분 20%정도의 비율로 해서 아이에게 전해 주면
아이들은 마음의 상처를 받지 않고 자신의 것으로 만들어 갈 수 있습니다.

8) 독서록, 독서 감상문, 독서 카드

교사나 부모 그리고 아이들마저 혼동하는 것이 바로 독서록, 독서 감상문, 독
서 카드입니다. 독서록을 쓰라고 하면 독서 감상문을 쓰는 것으로 착각하기도
하고 심지어는 독서 카드에 조차 빽빽하게 독서 감상문을 쓰는 경우도 흔히 봅
니다. 이 세 가지는 전혀 다른 성격을 갖고 있음에 유의해야 합니다.

먼저 독서록은 읽은 책의 내용을 자신의 장기 기억 창고에 잘 정리하여 담기
위한 작업으로서 상당히 많은 방법으로 할 수 있습니다(다양한 독서록 활동 참
조). 꼭 글로서만이 아니라 만화, 그림, 노래, 마인드맵, 도표, 퀴즈, 게임 등 다
양한 방식으로 나타낼 수 있는 활동입니다.

두 번째로 독서 감상문은 읽은 책의 내용을 감상문 형태로 쓰는 글쓰기의 한
장르에 속하는 활동입니다. 독서 감상문의 내용이나 특징에 대해서는 이미 서
술한 바 있습니다.

세 번째로 독서 카드는 일종의 독서 이력철과 같습니다. 자신이 읽은 책의 지
은이, 종류, 독서 날짜, 줄거리 요약, 기억나는 문장이나 장면, 주제 등을 간단히
요약하는 것으로서 독서록이나 독서 감상문과는 다른 활동의 하나입니다. 독서
카드 활동을 통해 요약, 정리의 습관을 키우고 기억과 인출 활동을 잘 하게 해
주는 장점을 갖습니다.(독서 카드 양식 참조)

이렇게 독서록, 독서 감상문, 독서 카드는 전혀 목적과 활동이 다름에도 불구
하고 독서 주체인 아이들이나, 교사, 부모가 그 특성을 혼동해서 결국에는 독서
록에도 독서 감상문을 쓰고, 독서 카드에도 독서 감상문을 쓰는 웃지 못할 상황

을 연출하고 있습니다.

또 시중에 독서록이라고 이름 붙여진 노트를 들여다 보면 이 세 가지 특성을 함께 표현하고 있어 혼동할 수밖에 없습니다. 가령 노트 한 면을 토면 위의 4/1 가량은 책 제목, 지은이, 독서 날짜 등을 기록하는 난을 만들어 놓고, 4/3은 글을 쓰라고 공백으로 남겨 두어서 결국 아이들은 많은 공란을 채우기 위해 억지로 독서 감상문 아닌 감상문으로 채울 수밖에 없는 현실입니다.

따라서 독서록은 스케치북 등을 활용하도록 배려하고, 독서 감상문은 일반 노트에, 독서 카드는 읽고 난 후 5분 정도의 시간으로 적을 수 있는 분량으로 양식을 만들어 아이들에게 제공하면 혼동하지 않고 각각의 목적에 맞는 활동들을 해 나갈 수 있습니다.

◈ 다양한 독서록 활동

1. 책 표지 꾸미기
2. 주인공의 인상 깊었던 행동을 그림으로 나타내기
3. 이야기의 줄거리가 드러나게 만화로 나타내기
4. 그림과 글을 넣어 광고문 꾸미기
5. 이야기의 생각이나 느낌을 시화로 나타내기
6. 인상 깊은 장면을 그리고 명언 만들기
7. 주인공의 성격을 바꾸고 뒷이야기 바꾸기
8. 책을 읽으면서 느꼈던 감정을 표정으로 나타내고 상황 쓰기
9. 주인공에게 편지쓰기
10. 친구에게 책을 추천하는 글쓰기
11. 이야기의 내용이나 느낌, 생각을 노래로 표현하기

12. 이야기의 내용으로 가로 열쇠, 세로 열쇠 형식의 퍼즐 만들어 보기

13. 자신이 기자라고 생각하고 등장 인물과 인터뷰하는 글 써 보기

14. 책을 마인드맵(생각 그물)으로 나타내기

15. 등장 인물을 생각하면 연상되는 낱말을 쓰고 이유 써 보기

16. 등장 인물의 장단점을 기록하고 별명 지어 주기

17. 이야기에서 토론 주제를 정하고 가족들과 이야기를 나누어 본 후 토론 내용 쓰기

18. 주인공의 입장에서 있었던 사건에 대해 상상하여 주인공의 일기를 대신 써 보기

19. 등장 인물에게 칭찬이나 충고해 주기

20. 주인공의 잘한 점을 찾아 상장 만들기

21. 등장 인물이 되어 나라면 어떻게 했을지 상상하여 쓰기

22. 가장 기억에 남는 장면을 선택하고 그 장면을 연극으로 꾸밀 대본 써 보기

23. 책의 내용을 중심으로 퀴즈 만들어 보기

24. 주요 장면을 순서대로 그림 엽서로 만들기

25. 제목 바꾸어 쓰고 그전의 제목과 바꾼 제목을 쓰게 된 이유 써 보기

26. 책 읽고 동시 짓기

27. 지은이(작가)에게 편지 쓰기

28. 영화 포스터처럼 독서 포스터 만들기

29. 읽은 책을 위주로 한 독서 신문 만들기(B4 사이즈 한 면 정도)

30. 독서 달력 만들기

31. 읽으려는 책의 표지를 보고 내용 미리 써 보기

32. 삽화 그리기

33. 그림과 텍스트 콜라주 만들기

34. 서평을 쓰고, 광고 플래카드를 만들어 보기

35. 퀴즈 만들기

36. 북 아트 제작하기

37. 이야기 속의 한 인물을 비판하고 옹호해 보기

38. 비슷한 내용의 책 목록 만들기

39. 라디오 극본으로 만들기

40. 한 이야기를 반대의 관점에서 다시 써 보기

41. 줄거리의 진행과 의미가 강조되는 부분을 도형이나 그림으로 나타내 보기

42. 인물들의 성격 목록 만들기

43. 좋아하는 동요로 개사하기 외

〈독서카드 양식의 예〉

책이름 : _____

지은이		독서날짜	
출판사		책의 종류	동화/위인전/과학/역사/기타
읽게 된 동기			

정리해 볼래요

줄거리 요약	
기억에 남는 장면이나 문장	
나의 결심	

모르는 단어예요

	선생님 싸인

9) 가정에서 적용해 볼 수 있는 쓰기 능력 향상을 위한 여러 활동

다음은 실제 필자가 만들거나 수업 현장에서 진행하고 있는 쓰기 능력 향상을 위한 여러 활동입니다. 아이들 쓰기 능력 지도에 참고하시기 바랍니다.

- 불러 주는 대로 그림 그리기
- 세 책 중 가장 인상 깊은 내용을 그림 그리기, 만화 그리기
- 읽은 책에서 뽑은 단어 기억하기
- 독서 퀴즈
- 동시 짓기
- 몸짓으로 책 내용 알아맞히기
- 몸짓으로 직업 알아맞추기
- 읽은 책 중 책 이름 설명하고 맞추기
- 스무고개
- 책 내용 1분 동안 말하기
- 책 내용 요약하기
- 3행시 짓기(특히 책 이름으로)
- 지점토로 책 내용과 관련한 작품 만들기
- 독서 카드 만들기
- 세 권의 책 내용을 합쳐서 글짓기
- 주인공에게 편지쓰기
- 대표 명사 속에 포함되는 명사 찾기(새, 나라, 색깔 등)
- 책 표지 꾸미기
- 글자 피라미드 게임하기

- 한 사람이 선택한 나라 국기 말하면 듣고 그리기
- 태극기 그리기
- 동요, 동시 시어 맞추기
- 동요 노래 바꾸어 부르기
- 동요 듣고 느낀 점을 그림으로 나타내기
- 동요 듣고 느낀 점을 글로 써 보기
- 동요 듣고 가사 쓰기
- 읽은 책을 친구에게 소개하기
- 여행을 다녀와서
- 내가 읽은 책이에요
- 읽은 책의 내용을 자신의 생각으로 담기
- 설명해 보아요
- 나도 동화 작가
- 읽은 책의 뒷이야기 상상해서 써보기
- 읽은 책의 내용을 생각 그물로 만들기
- 읽은 책의 내용을 일기로 쓰기
- 읽은 책에 나온 단어 생각나는 대로 쓰기
- 읽은 책의 좋은 점을 소개하기
- 동시 짓고 시화 만들기
- 읽은 책의 내용을 육하원칙으로 나타내기(기사문)
- 읽은 책의 주인공에게 주는 상장 만들기 외

3. 나가는 말

생각 없는 글쓰기란 있을 수 없습니다. 흔히 범하는 실수 중의 하나가 쓰기를 독립적으로 키워갈 수 있다고 믿는 편견입니다. 독서를 통해 생각을 키우지는 않고 무조건 글쓰기학원에 보내면 쓰기를 잘하게 될 것으로 생각하는 것이 상식이 되어 버린 것은 아닌지 걱정이 됩니다. 아직도 읽기조차 힘든 저학년 아이들에게 쓰기를 강요하는 것이나, 독서 활동을 하지 않은 아이에게 논술을 강요하는 것은 아이들에게 엄청난 스트레스를 주게 되고 더 큰 문제는 자신의 생각으로 글을 쓰는 것이 아닌 어른을 흉내 내거나 거짓 글을 쓰게 된다는 것입니다.

쓰기 능력은 매우 중요합니다. 쓰기를 통해 자신이 얻은 지식과 정보를 정교화 해 가는데 가장 좋은 방법이기 때문입니다. 프란시스 베이컨이 "글쓰기는 정확한 사람을 만든다."고 말했듯이 쓰기는 논리적이며 이성적인 사람으로 만들어 줍니다. 그래서 지식의 많고 적음이 아닌, 시험에서 하나 더 맞고 덜 맞는 것이 중요한 것이 아닌 바로 한 인간의 전인적 상태를 살펴보고 판단할 수 있는 것이 '논술'이듯 쓰기 능력은 인간에게 있어서는 매우 중요한 잣대인 것입니다. 독서 활동은 이 같은 쓰기 능력을 키워 주는데 있어서 가장 최선의 방법이라 할 수 있습니다. 따라서 독서를 좋아하는 이들은 결국 고도의 읽기 능력과 사고 능력을 갖게 되고 그 같은 능력을 통해 쓰기 능력 또한 만들어 가게 되는 것입니다.

본장에서는 읽기 능력, 사고 능력에 이어 쓰기 능력에 대해 살펴보았습니다. 쓰기 능력을 왜 키워야 하고 그것을 키우기 위한 여러 전략들을 살펴보았습니다. 다음 장에서는 이러한 능력들을 활용하여 실제적으로 아이들에게 적용할 수 있는 독서 수업과 관련한 활동들을 중심으로 살펴보도록 하겠습니다.

책 잘 읽는 아이가 공부도 잘한다

제 2부

독서,
토론,
논술의 실제적 활용

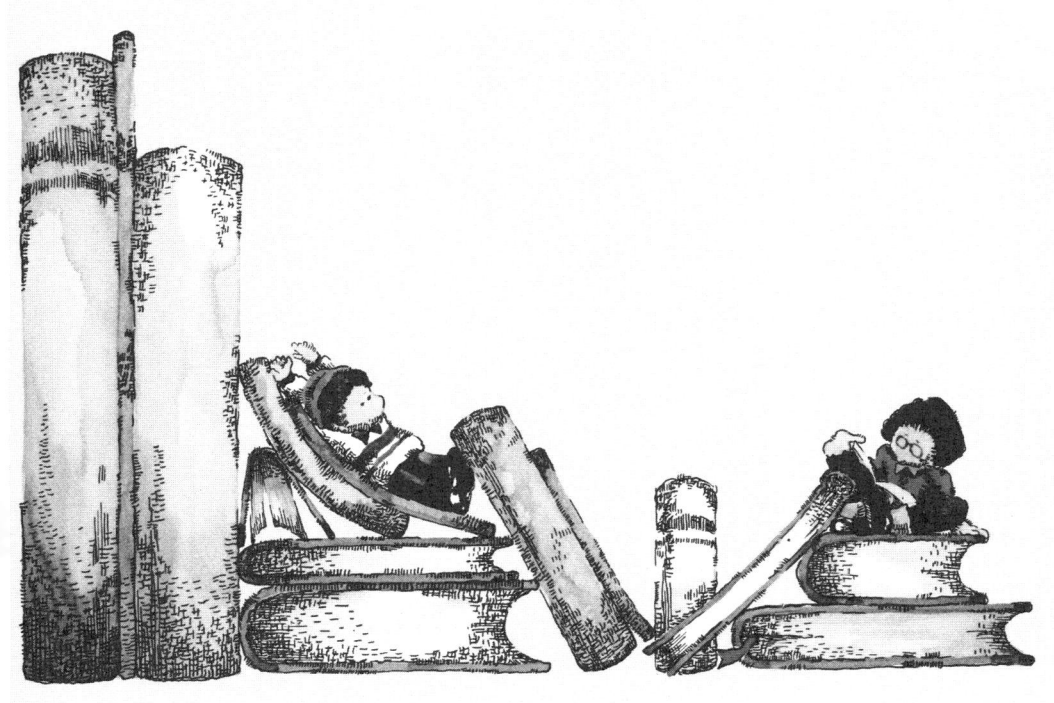

제 1 장

도서 선정의 원리 및 3단계 독서 지도

1. 들어가는 말

"오늘날의 나를 만든 것은 동네의 공립 도서관이었다. 훌륭한 득서가가 되지 않고는 참다운 지식을 갖출 수 없다. 멀티미디어 시스템이 정보 전달 과정에서 영상과 음향을 많이 사용하지만 문자 텍스트는 여전히 최소한 매일 밤 1시간, 주말에는 3~4시간의 독서 시간을 가지려고 노력한다. 이런 독서가 나의 안목을 넓혀준다."

-빌 게이츠

컴퓨터 윈도우 프로그램 개발로 세계 1위의 부호가 된 빌 게이츠의 말입니다. 그가 한 말 중에 우리 모두가 유념해야 할 것은 문자 텍스트에 대한 내용입니다. 문자 텍스트란 문자로 만들어진 읽기 매체 즉 책을 의미하고 있습니다. 디지털 시대에 컴퓨터로 성공한 사람이 왜 구닥다리 아날로그의 대표라 할 수 있는 "책"에 대해 강조하고 있는 것일까요? 문자로 이루어진 책은 이런 가치가 있습니다.

1) 지식을 제공합니다.

작가가 심혈을 기울여 만든 책 속에는 여러 가지 노하우와 방법, 새로운 정보와 가치를 제공하기 때문입니다. 휴대폰이 대중화된 요즘 새로 산 휴대폰 박스를 풀어헤쳐 보면 상당히 두꺼운 휴대폰 사용 설명서도 곧 책입니다. 그것을 읽지 않고는 제대로 사용하기 어렵겠지요.

2) 이익을 줍니다.

학생이든 어른이든 책에서 자신에게 도움이 될 만한 이익들이 들어 있는 것이 사실입니다. 저도 강의 준비나 수업 준비를 할 때 가장 많이 애용하는 것이 책이기 때문입니다.

3) 책은 재미를 주기 때문입니다.

혹자는 텔레비전이나 컴퓨터와 같은 영상 매체가 주는 재미에게 더 후한 점수를 줄 수 있겠지만 저만 느낀 것인지는 몰라도 책을 통한 재미는 책을 덮고 나서 더 큰 든든함을 제공하는데 영상 매체를 통해 얻은 재미는 뭔가 허전하고 공허한 느낌을 받는 것은 왜일까요?

4) 책은 훌륭한 도덕 선생님입니다.

동화든 소설이든 아니면 위인전이든 우리는 책을 통해 올바른 가치관을 형성하고 양심에 따른 행동을 하려 노력하게 됩니다. 물론 개중에는 읽을 가치조차 없는 악서도 있으나 대부분 정제되고 걸러진 좋은 내용의 글을 책에 옮겨 놓기 때문에 아이들뿐만 아니라 성인들에게도 좋은 양식이 됩니다. 반대로 영상 매체의 경우 비록 그것이 좋은 의미와 교훈을 갖고 있다 하더라도 자칫 역효과를 가져오는 결과도 종종 있음을 영화 "친구"를 통해 알 수 있습니다.

책은 이외에도 많은 장점을 갖고 있습니다. 바로 지금 여러분의 아이들 손에 책을 쥐어 주세요. 제 2의 빌 게이츠가 될 수 있습니다.

2. 도서 선정의 원리

모든 양서를 읽는다는 것은 지난 몇 세기 동안에 걸친 가장 훌륭한 사람들과 대화를 하는 것과 같다. 〈데카르트(1596-1650) : 프랑스 철학자 및 수학자〉

그렇다면 가장 먼저 접하는 문제가 과연 우리 아이들에게 어떤 책을 읽힐 것인가 하는 것입니다. 대형 서점이나 도서관에 가면 수많은 책이 꽂혀 있지만 과연 어떤 책이 우리 아이에게 도움이 될 것인가 하는 것은 학부모, 교사 모두가 겪는 어려운 과제입니다. 가령 비디오 가게에 가서 불법 비디오, 폭력과 성인용 비디오 등 아이들이 보아서는 안 되는 영화와 아이들이 보아도 될 만한 영화가 있듯이 책도 아이들이 꼭 보아야 할 책과 보아도 그만인 책, 보아서는 안 되는 책들이 있습니다. 그럼 아이들이 꼭 보아야 할 책을 어떻게 골라야 할까요?

대다수의 경우 베스트셀러나 권장 도서에만 매달리거나 이웃 엄마가 좋다고 하는 책을 구입하는 경우가 많습니다. 이것은 마치 아이에게 남의 옷을 억지로 끼워 맞추어 입으라고 하는 것과 같습니다. 우리 아이에게 독서의 즐거움을 주고, 자연스러운 독서 습관을 형성하며, 좋은 책을 읽음으로써 선하고 올바른 가치관을 키워가기 위한 책 선정이 무엇보다 필요합니다. 그렇다고 책꽂이에 꽂혀 있는 모든 책을 다 읽게 할 수는 없습니다. 그 중에는 꼭 아이에게 읽히지 않아도 될 책도 포함되어 있기 때문입니다. 그렇다면 어떤 책이 좋은 책(양서)일까요? 좋은 책을 선정할 수 있는 원리에 대해 살펴보기로 합니다.

1) 고전적 가치가 있는 책이 양서이다.

고전은 오랜 시간의 평가를 거쳐 살아남았고, 여러 나라 사람들이 보편적으로 가치 있다고 여기며 사랑하는 책을 말하기 때문입니다. 따라서 시간과 장소를 불문하고 오랫동안 사람들에게 회자되어 온 책을 선정할 필요가 있습니다.

2) 재미있되 그 수준을 향상시키는 책이라야 한다.

사실 책도 재미있어야 읽게 됩니다. 재미라는 요소를 무시할 수는 없지요. 그렇지만 재미도 수준이 있습니다. 관능적, 감각적인 것에만 초점을 맞춘 수준 낮은 쾌락도 있지만, 아름다움을 통해 감동을 주는 심미적 재미와 아르키메데스처럼 앎을 통해 느끼는 지적 재미, 그리고 재미라는 단어를 사용하는 것이 부끄러울 만큼 인간이 지향해야 할 최고의 즐거움인 나눔과 배려의 종교적 유열(愉悅) 등이 있습니다. 남을 위해 봉사하고 사랑하며 느끼는 유열은 최상의 단계이겠지요. 독자들은 낮은 층위의 재미에 머물러선 안 되며, 고차원적 독서에로의 층위를 향상시켜야 합니다. 이런 독자의 수준을 올려 주는 책이 바로 좋은 책입니다.

3) 분열·증오·투쟁을 넘어 통합·화해·만남을 지향하는 책이라야 한다.

악함이 아닌 선함을 일깨우는 책이어야 하며, 보편적 가치를 허물지 않는 중심이 서 있는 책이 양서입니다.

4) 일면적 단순성을 극복할 수 있는 지침이 되는 책이라야 한다.

어느 한쪽에 치우쳐져서 우물 안 개구리가 되어서는 안 됩니다. 또한 우상을 만들지 않고 우상을 허물도록 하는 객관적이고 균형을 갖춘 책이 좋은 책입니다.

5) 창조적 상상력을 불러일으키는 책이라야 한다.

즉 지적 호기심을 자극하고, 감수성을 키워 주는 책이 좋은 책입니다.

6) 편집 기술. 글쓰기 수준. 종이의 질 등이 우수한 책이라야 한다

이것은 기술적인 측면에서 볼 때의 좋은 책 선정 기준이 될 수 있습니다.

7) 감정 이입을 통해 카타르시스를 불러일으키는 책이라야 한다.

주인공이 되어 모험과 여행을 하기도 하고, 처절한 주인공의 삶을 통해 눈물을 흘릴 수 있고, 꿈과 희망을 키워 주는 그런 책이어야 좋은 책입니다.

8) 훌륭한 작가와 대화할 수 있는 책이라야 한다.

작가가 담으려고 하는 의도나 주제, 메시지를 느낄 수 있는 책이어야 합니다.

9) 보물을 한 아름 갖고 있는 책이라야 한다.

좋은 책은 읽는 이에게 보물찾기하듯 책 속에 갖가지 보물을 담고 나누어 줄 수 있어야 합니다. 찾으려고 해도 찾을 수 없는 책은 양서가 아니라 악서입니다.

3. 책 선정과 더불어 고려해야 할 사항

1) 책을 단행본으로 사는 것이 전집을 구입하는 것보다 좋다.

전집을 사게 되면 아이들이 나중에 읽어도 되겠다는 여유를 부리게 되어 책 읽기를 게을리할 수 있지만 꼭 필요한 책을 단행본으로 몇 권씩 사서 읽게 하면 구입비용도 부담이 없을 뿐만 아니라 자신이 읽고 싶은 책을 골라서 구입하였으므로 읽고 싶은 동기를 유발할 수 있기 때문입니다. 또한 읽지 않아도 될 책도

함께 구입하여야 하므로 낭비가 될 수 있습니다. 과일을 살 때 박스 채 구입하게 되면 좋은 과일과 더불어 썩거나 다친 과일이 섞여 있음을 알 수 있듯이 전집으로 구입하게 되면 읽지 않아도 될 만한 책들이 섞여 있습니다.

2) 한 달에 몇 권씩이라도 책을 구입하는데 투자하라.

우리나라는 도서 구입비에 거의 투자하지 않는 것으로 통계 조사를 통해 나타났습니다. 외식비에는 한 달에 20만 원가량 쓰면서 도서 구입비는 신문 구독료를 합쳐 겨우 1만원 남짓한 지출을 하고 있다는 것이 최근 신문 지상에 발표되었습니다. 책을 구입해 본 경험은 양서와 악서를 구별해 주는 안목을 키워 줍니다. 따라서 한 달에 몇 권이라도 책을 계속해서 사는 습관을 만들어 보세요. 특히 아이와 함께 책을 고르는 활동은 더욱 좋습니다.

3) 부모나 교사가 반드시 먼저 책을 읽어 본 후 아이들에게 읽도록 권하라.

읽지 않고 전혀 모르는 책을 아이들에게 읽으라고 권하는 것은 상했는지도 모를 음식을 무조건 아이들에게 먹으라고 주는 것과 다름없습니다. 먼저 읽게 되면 책에 대한 안목도 형성되고, 아이들과 책과 관련한 대화나 토론도 가능해지며 문식성 환경도 더불어 제공하게 됩니다. 아이에게는 책 읽으라고 하면서 부모 자신은 TV를 켜는 잘못도 막을 수 있게 됩니다.

4) 주제나 교훈이 없는 책은 절대로 권하지 말아라.

앞서도 언급했듯이 책에는 꼭 읽어야 할 양서와 안 읽어도 될 그저 그런 책, 그리고 절대로 읽지 말아야 할 책도 포함되어 있습니다. 아무리 읽어도 교훈이나 주제가 얻어지지 않은 책은 권할 이유가 없습니다. 무협지나 공포 만화책, 통속 잡지를 읽고 공허함을 느꼈던 경험은 누구나 다 있었을 것입니다.

5) 편독하지 않게 하라.

초등학교 여자 아이들의 경우 창작 동화, 순정 소설 등 감수성과 깊이 관련 있는 책을 선호하고, 남자 아이들은 역사서나 위인전, 과학 만화 등을 좋아하는 편입니다. 그렇다고 자신들이 좋아하는 것만 읽게 해서는 자칫 편독하기 쉽습니다. 음식도 골고루 먹어야 영양분을 고루 섭취할 수 있는 것과 같이 독서도 여러 종류의 책들을 고루 읽게 해 주어야 올바른 가치관 형성에도 도움이 됩니다. 단 독서 습관이 형성되어 있지 않은 아이에게는 책읽기에 흥미를 줄 수 있도록 우선 자신이 좋아하는 취향의 책을 권하면서 차츰 단계가 향상되는 경우 지평을 넓혀 주는 것이 좋습니다.

6) 집을 작은 도서관으로 만들라.

가정의 문식성 환경과도 관련이 있는 것인데 가급적 책은 사 주고, 빌려 주긴 하되 돌려받도록 하여 집을 작은 도서관으로 만들면 아이들이 책을 쉽게 접할 수 있고, 이미 읽은 책도 다시 꺼내 읽기 때문에 필요합니다. 어릴 때 읽었다고 남에게 책을 주어 버리는 가정도 있지만 아이들은 반드시 읽었던 책을 다시 찾습니다. 그때 또 다시 구입해야 하는 부담도 적지 않습니다. 또 지속해서 늘어나는 책의 수만큼 정신과 마음의 풍요로움을 느껴보시기 바랍니다

7) 책을 읽을 수 있는 분위기를 마련해 주어라.

6자녀 모두 하버드대와 예일대를 졸업한 가족이 11개의 박사 학위를 취득한 전혜성 박사 가족은 자신의 집에 어디서든 앉아서 책을 읽을 수 있도록 하기 위해 책상을 곳곳마다 갖추어 놓았다는 사실은 주목할 일입니다. 아무리 좋은 책을 선정해서 쌓아 놓아도 아이들이 읽지 않으면 아무런 의미가 없기 때문입니다. 따라서 아이들에게 책을 읽을 수 있는 여건과 환경 조성은 매우 중요합니다.

거실에 큰 TV를 달아 놓고 부모들은 시청하면서 아이들에게 보지 말고 책을 읽으라는 것은 어불성설임을 잊지 말아야 합니다.

4. 책의 종류

책은 다음 그림과 같이 책의 성격과 목적에 따라 네 가지의 영역으로 구분할 수 있습니다.

④교양	①학습
③실용	②재미

제 1영역 : 학습
이 영역에는 학습을 위한 책으로서 학습 교재, 교과서, 참고서, 수험서 등이 포함됩니다.

제 2영역 : 재미
이 영역에는 학습보다는 즐거움과 재미를 갖고 가볍게 읽을 수 있는 책으로서 잡지, 만화책, 쉬운 소설류 등이 포함됩니다.

제 3영역 : 실용
이 영역에는 일상생활에서 필요한 실용적 도움을 주는 책으로서 요리책, 지도책, 인테리어 책, 패션 디자인 관련 책 등이 포함됩니다.

제 4영역 : 교양

이 영역에는 가치관, 교양 등과 관련한 제반 책들로서 철학서, 문학서, 성경 등 종교서 등이 포함됩니다.

지금 여러분 책꽂이에 꽂혀 있는 책을 살펴보세요. 그리고 그 책들이 어느 영역에 속해 있는지 분류해 보고 너무 한쪽으로 치우쳐져 있거나 미흡한 영역이 어느 것인지 살펴보는 것도 중요합니다.

한편 책을 개인 지향이냐 사회 지향이냐, 형이상학적이냐 형이하학적이냐와 같은 가치관을 기준으로 구분하면 다음 그림과 같이 구분할 수 있습니다. (김봉군, 2005)

형이상학

②	①
사회	개인
의식	의식
③	④

형이하학

즉 ① 개인의식의 형이상학적 지향, ② 사회의식의 형이상학적 지향, ③ 사회의식의 형이하학적 지향, ④ 개인의식의 형이하학적 지향으로 구분되며, ①에는 『콩쥐팥쥐』, 『아낌없이 주는 나무』, 『사랑』(이광수), 『죄와 벌』(도스토예프스키), 『주홍글자』(호손), 『낮은 데로 임하소서』(이청준), 『땅 끝에서 오다』(김성일) 등이 속하며, ②에는 폴 플라이쉬만의 『씨앗을 심는 사람들』이 대표적이며,

③에는 『태백산맥』(조정래), 『외투』(고리키)와 같은 사회주의 유물론 계열의 글들이 속하며, ④에는 『자유부인』(정비석), 『즐거운 사라』(마광수)와 같이 개인의 육체적, 물질적 욕망을 지향하는 것들은 이 범주에 속합니다.

이와 같이 책의 종류와 책의 선정 원리들을 잘 활용하면 아이들에게 좋은 책을 선정하여 읽힐 수 있습니다. 그러나 자동차 교본만 보고 자동차를 능숙하게 운전할 수 없듯이 이 같은 원리들을 기준으로 해서 계속해서 책을 선정하여 읽어 보는 훈련이 필요합니다. 따라서 아이들뿐만 아니라 부모님들도 책을 꾸준히 읽고 선정하는 안목을 키워 나가야 합니다.

5. 3단계 독서 지도

이제 좋은 책(양서)을 선정하였으면 어떻게 이 책을 우리 아이들에게 최대한 자신의 것으로 만들어 가게 할 것인가가 독서 지도의 역할입니다. 흔히 잘못 알고 있는 경우가 "책을 읽히면 되지 무슨 독서 지도가 필요해"라고 생각하는 부모가 상당히 많다는 것입니다. 물론 책을 읽는 그 자체만도 매우 중요합니다. 그러나 책을 읽었다고 해서 그 책을 모두 아이가 소화해냈다고는 말할 수 없습니다. 독서는 글이나 책을 읽는 활동을 말하지만 단순히 글자를 읽는 것을 독서라고 하지 않습니다. 즉 독서는 독자의 배경 지식이나 경험을 글 속에 담겨 있는 내용에 적용하여 의미를 재구성해내는 고도의 지적 행위입니다. 독자는 자신의 배경 지식이나 경험을 활용하여 글 속의 내용을 확인하고, 해석하고, 추론하고, 비판하고, 반응하기 때문에 배경 지식이나 경험의 보유량과 활성화 정도는 의미 구성을 비롯한 독해 활동에 큰 영향을 끼치며, 글 내용이나 독서 행위 자체에 대한 흥미를 고양시켜 주기도 합니다. 따라서 학부모나 교사는 학습자들의 배경 지식이나 경험을 활성화시키기 위해서 다양한 방법들을 활용할 필요가 있는데 이것이 바로 독서 지도입니다.

이와 같은 독서 지도는 흔히 책을 읽고 난후의 독후 활동을 독서 지도라고 생각하는 경우가 많지만 독서 지도는 시간을 기준으로 해서 책 읽기 전 단계, 책 읽는 단계, 책 읽고 난 뒤의 3단계로 나눌 수 있습니다.

1) 책 읽기 전 단계(독서 전)의 독서 지도

독서 전 활동은 독서 전에 그 글의 화제나 개념에 대해 배경 지식을 만들고 활성화시키거나 조직화하는 활동으로, 배경 지식 조성하기와 배경 지식 활성화하기가 있습니다. 배경 지식을 조성하기는 독자가 읽을 글의 내용에 관련된 지식을 보완하기 위한 학습 지도 방법 및 학습 활동이라고 볼 수 있습니다. 배경 지식 활성화하기는 독자가 이미 가지고 있는 것을 능동적으로 읽을 글의 내용과 관련시키도록 하는 활동을 말합니다.

❶ 독서 전 활동의 목적

a. 학생들이 책 속에 있는 화제나 개념에 관련된 배경 지식을 형성하고, 활성화하도록 합니다. 책 속의 문제들에 직면하기 전에, 그 속에 담겨져 있는 생각들이나, 문제들에 대하여 학생들의 감정이나 반응을 이끌어 내도록 합니다.

b. 학생들을 더 강하게 작중 인물과 동일시하도록 돕습니다.

c. 읽는 목표를 구체적으로 정하게 합니다.

d. 학생들에게 호기심을 불러일으키고, 읽고자 하는 동기를 부여합니다.

e. 여러 가지 방법으로 독서 분위기 조성합니다.

f. 독서 계획을 세우고 나름의 독서 방법을 생각해 보게 합니다.

g. 읽기 자료에 적합한 독서 방법 안내합니다.

h. 글의 내용을 미리 예측해 보게 합니다.

❷ 독서 전 활동의 종류

a. KWL(know, want to know, learned) 차트 : 이는 독서 전, 중, 후 수업에서 학생들을 능동적으로 활동하게 하는 장점을 갖습니다. 어떤 사실적 내용을 담고 있는 글을 읽거나 듣기 전후에 사용되는 것으로 학생들이 화제에 대하여 알고 있는 것과 책을 독서 전에 화제에 대하여 가졌던 의문점을 확인할 수 있는 틀을 제공합니다. 이와 같은 배경 지식을 활성화하는 것 이외에도 이들 활동들은 학생들이 그 책에 관해서 호기심을 갖도록 북돋우고, 탐구하는 정신으로 책에 접근하도록 도와줍니다. 이 활동에서 학생들이 제기한 많은 문제들 중에는 읽기 글에 나타나 있지 않은 경우가 있는데, 이 때 교사는 다른 곳에서 정보를 찾을 수 있도록 배려해야 합니다.

-K(know) : 학생들은 주어진 개념에 대해 알고 있는 모든 것을 차트 위에 브레인스토밍 하거나 기록합니다.

-W(Want to know) : 두 번째 부분에 학생들은 그 주제를 관해 알고 싶은 것을 기록합니다.

-L(Learned): 텍스트를 읽고 난 후, 학생들은 주제에 관해 학습한 것을 세 번째 부분에 기록한다. 이 때 첫 번째 부분에서 기록된 부정확한 정보는 고칠 수 있습니다.

K(know)	W(Want to know)	L(Learned)
브레인스토밍 범주화하기 예측하기	질문하기 밑줄 긋기	알게 된 사실을 기록하기

b. 글 내용의 개관 및 예측하기: 교사나 학부모는 학생들에게 읽어야 할 글에 대해 간략히 안내해 줄 필요가 있습니다. 구두로 글의 전체 내용을 요약해 준다든지 그림을 보고 내용을 예측하게 하는 것입니다.

- 필자의 의도 예측하기

필자가 왜 이 글을 썼는지, 그 의도는 무엇인지, 이 글에서 우리가 무엇을 배우기를 원하는지 생각해 보게 합니다.

- 글 제목, 소제목 등을 통한 예측하기

글의 제목이나 소제목은 훑어보기의 주요 대상으로서 주제나 소재, 글의 주요 내용과 밀접한 관련이 있습니다. 따라서 이를 단서로 먼저 글의 내용을 대강 알아보는 것은 독해에 대한 심리적 부담을 덜어 주며, 글 내용을 재구성하는 일을 보다 쉽게 합니다. 또, 제목, 소제목을 바탕으로 한 질문하기는 글의 주요 내용과 의미 구조를 예측하게 할 뿐 아니라 능동적인 독서를 유도하는 구실을 하기도 합니다.

이러한 내용을 교수·학습하기 위해서는 제목 등에서 얻은 단서들을 이용해서 글의 주제나 소재, 부분별 주요 내용, 글의 형식이나 종류, 정보의 유형과 내용의 진술 방식 등을 짐작하는 활동을 할 수 있습니다. 그리고 이틀 질문 형태로 만들어서 실제 독해 과정에서 활용할 수 있는 전략으로 삼도록 해야 합니다.

- 그림, 삽화 도표 등을 통한 예측하기

제목이나 소제목 외에도 그림, 삽화, 도표 등은 실제 독해 이전의 훑어보기의 주요 대상이 됩니다. 그림이나 삽화는 글 내용에 대한 정보를 담고 있거나, 글 내용의 구조적 관계를 나타내기도 하며, 도표는 글의 내용을 파악하는 데 도움을 주기 때문에 이러한 훑어보기는 배경 지식을 활성화하며 독해 전략을 수립하는 데에도 도움이 됩니다.

c. 어휘 지도

연구 결과에 따르면 읽기에 관련되는 많은 변인 중 읽기 성취도에 가장 크게 작용하는 것이 어휘입니다. 어휘는 독해 과정에서 가장 먼저 부딪히는 내용 요소이기 때문에 학부모나 교사는 학생들에게 글을 읽히기 전에 어려운 개념, 새로 나오는 어휘를 주도해 주는 시간을 가질 필요가 있습니다. 달리 보면 어휘 지도는 글 내용에 대한 배경 지식 또는 스키마의 작동을 조장하는 것과 같다고 볼 수 있습니다.

d. 질문표 : 주제에 대한 견해나, 신념뿐만 아니라 관련된 지식과 과거의 경험을 촉진시키는데 유용합니다.

e. 대조표 : 대조되는 개념들에 대한 예를 학생들이 확인하거나, 명료화시키는 데에 효과적입니다.

f. 배경 지식 활성화 활동

학생들의 배경 지식이 부적절하다고 여겨질 때, 교사는 배경 지식을 세우는 것에 대한 활동을 계획해야 합니다. 이를 위해서는 읽기 전에 화제를 학생들 자신의 경험에 관련시키도록 유도하는 질문을 하도록 하며, 이것은 읽으면서도 이루어져야 합니다. 또한 배경 지식을 개발하기 위해 유추를 이용해야 합니다. 예를 들어, 학생들로 하여금 조선 말기 개화에 관한 문장을 읽게 하고, 이어서 그들로 하여금 개화에 대한 유추를 함축하는 갑신정변에 관한 문장을 읽게 합니다. 이와 함께 배경 지식을 넓히기 위해 직접 경험을 활용할 수 있도록 박물관

관람, 실험, 시청각 자료 그리고 다른 종류의 학습 활동들과 같은 경험을 제공하는 것이 좋습니다. 또한 관련 있는 책을 찾아보도록 하는데 이것은 학생들을 위해 유용한 습관이 될 수 있습니다. 특히 모르는 것은 백과사전을 아이 스스로 찾아볼 수 있도록 하면 자신이 알려고 하는 것 이외에도 더 많은 것을 함께 얻을 수 있는 효과가 있습니다.

g. 독서 목적과 방법 정하기

독서의 목적은 거시적으로는 학습 과제 해결, 여가 선용, 개인 문제 해결, 정보 얻기 등 입니다. 미시적으로는 중심 생각 찾기, 내용 요약하기, 글의 구조 파악하기, 인물의 성격 알기 등으로 설정될 수 있겠지요.

독자가 글을 읽는 목적을 어떻게 인식하느냐에 따라 글을 파악하는 내용과 방법이 달라집니다. 여가 선용을 위한 독서를 할 때에는 주제나 소재, 사석의 몰입 정도 등을 구체적으로 정하여 독해 전략을 수립할 수 있습니다. 상상하며 읽기가 학습 목표라면, 다음 장면이나 주변 상황, 주인공의 심정 등을 마음속에 그려 가면서 글을 읽어야 합니다. 논설문 읽기의 경우에는 주장을 확인하고, 주장의 근거와 타당성 등을 찾아야 합니다.

교과 학습에서는, 구체적인 독서 목표 수립과 그에 따른 독해 전략 수립이 중점이 됩니다. 독서 목적에 따른 구체적인 독서 목표와 방법을 정하고, 글의 내용적·형식적 특성을 고려한 독해 전략을 수립하여 여러 가지 글을 읽어 보게 할 수 있습니다.

독서의 방법 중에는 전통적으로 애용되어 온 SQ3R(Survey, Question, Read, Recite, Review) 또는 PQRST(Preview, Question, Read, State, Test) 방법을 동원하여 학생들이 스스로 독서의 목적과 읽기 계획을 세우게 할 수 있습니다.

h. 독서 카드 작성하기

앞서 살펴본 바와 같이 아이들에게 독서 카드를 작성하라고 하면 독후감이라고 생각하는 경우가 많은데 독서 카드에는 책의 제목, 지은이. 출판사 등의 서지 사항과 주제나 주인공 등을 기록하는 것입니다. 읽기 전에는 간단하게 서지 사항을 기록하면 됩니다.

독서 카드를 오랜 기간 작성하다 보면 일을 정리하는 습관이 생기고 정보의 수집 방법을 배울 수 있습니다. 아이들에게 주제를 찾아서 기록하라고 하면 처음에는 대부분 줄거리를 쓰는데, 주제를 찾으려는 노력을 하다 보면 내용의 핵심을 파악하는 능력이 생기게 됩니다. 또 많은 책들을 주제별로 분류해 볼 수도 있기 때문에 분류하는 능력이 발달하게 됩니다. 책을 읽고 간단하게 주제나 주인공을 적어 놓고 주제별로 분류하는 습관을 들이면 어떤 주제를 주고 자료를 찾을 때 신속하고 정확하면서 많이 찾을 수 있는 것이 독서 카드 작성하기의 큰 장점이라 할 수 있습니다.

i. 기타

* 책을 읽기 전에 작가 소개를 읽어 보는 것이 좋습니다. 작가 대부분이 자신의 경험을 바탕으로 글을 쓰기 때문에 성장 배경이나 주위 환경을 알아 두면 작가의 성향을 알 수 있고 책을 이해하는데 많은 도움이 되기 때문입니다.

* 머리말과 목차를 반드시 읽어야 합니다. 머리말에는 지은이가 어떤 생각을 가지고 글을 쓰게 되었는지를 설명하고 있기 때문입니다. 또 목차를 보면 내용의 흐름을 추측해 볼 수 있으며, 읽기 전의 추측과 읽고 난 후의 결과를 비교하면서 예측할 수 있는 힘이 생기게 되며, 자신이 글을 쓸 때 글의 순서를 정하는 데도 도움이 됩니다.

* 책을 읽으려면 첫 표지부터 마지막 표지까지 봐야 합니다. 책의 크기는 어느 정도이고 어떤 느낌의 그림이나 삽화인가도 살펴보고 글자의 크기 등 구석구석 잘 살펴보는 것이 중요한데 이러한 습관은 꼭 동물이나 식물을 관찰할 때만 필요한 것은 아니며, 이렇게 관찰하는 습관을 갖게 되면 보다 구체적으로 자신의 생각을 글로 나타낼 수 있습니다.

2) 책 읽는 단계(독서 중)의 독서 지도

독서 진행 중에 의미의 이해를 도와주고 진도를 적절히 통제하는 것을 목적으로 하는 활동으로 질문을 삽입하거나 스터디 가이드(Study Guides)를 이용하는 방법 등이 있습니다. 질문을 삽입하기에서는 글을 읽는 중간 중간에 읽은 내용에 대한 질문을 함으로써 방금 적은 내용을 확인할 수 있는데 이런 질문이 학습에 효과적임이 밝혀지고 있습니다. 그리고 스터디 가이드는 글 특히 교과 학습과 관련한 글을 읽을 때 학생들이 알아야 할 중요 학습 내용을 질문을 통하여 안내하거나 글 내용의 구조를 제시하는 학습 보조 자료입니다.

이러한 독서 중의 활동은 다른 사람의 의견을 듣도록 하며, 그들 자신의 반응을 깊이 있게 생각하고, 분석해 볼 수 있는 기회를 줍니다. 뿐만 아니라, 학생들이 언어를 효과적으로 사용하도록 주의를 환기시키는 뛰어난 도구의 역할을 하기도 합니다.

❶ 독서 중 활동의 목적
a. 학생의 이해를 촉진합니다.
b. 학생들이 특정한 주제, 문제와 인물들에 대해서 관심을 갖게 합니다.
c. 학생들이 생각이나 사건, 인물들에 대해서 반응을 보이는 것을 촉진합니다.

d. 언어의 효과적인 사용에 관심을 갖게 하기 위하여 학생들이 그들이 읽는 글에서 가장 의미 있는 것을 찾게 합니다.

❷ 독서 중 활동의 종류

a. 질문 제기 : 학생들이 특정한 주제나 문제, 인물 등에 대해 계속적인 관심을 가지도록 유도합니다.
- 지금까지 읽은 내용에서 무엇을 말하려고 것일까?
- 어떤 부분이 특히 재미있나?
- 읽기 전에 예측한 것과 차이가 있나?
- 주인공은 왜 이런 말(행동)을 했다고 생각하나?
- 처음 목차나 표지를 보고 느꼈던 것과 읽으면서 다르게 느껴지는 부분은 없나?
- 지금 읽고 있는 부분이 위기 부분이라면 절정에서는 어떤 내용으로 이어질 것 같나?
- 결말은 해피엔딩일까? 아니면 비극적으로 끝맺게 될까?

b. 질문 만들기 : 학생 스스로 글을 읽는 도중에 생각나는 의문점이나 비판적인 내용들을 적어 두게 합니다. 이러한 질문들은 글을 계속 읽어 가면서 자연히 해결될 수도 있습니다. 그렇지 않은 것들은 다 읽고 난 후의 활동에서 논의점으로 제기하게 하면 토론 수업으로 자연스럽게 옮겨가서 활발한 토론 활동을 할 수 있습니다.

c. 내용의 요지 만들기 : 교사나 부모는 미리 책의 내용이나 구성을 한눈에 알아 볼 수 있도록 내용의 요지를 만들어 주되, 중요한 부분들을 공백으로 남겨서 학생들이 글을 읽으면서 공백을 채우도록 유도합니다. 이 활동을 통

해 학생들은 글을 읽으면서 각 정보들을 종합하고, 전체 구조를 구성하는 훈련을 연습하게 되며, 나아가 보다 몰입하여 책을 읽게 됩니다.

d. 몰랐던 어휘나 새로운 의미 있는 내용을 메모하기 : 학생들에게 글을 읽으면서 전에는 몰랐던 새로운 내용이나 모르는 어휘 등을 메모하게 하도록 합니다. 배경 지식이 점차 쌓여가는 즐거움과 장기 기억으로 저장하는 좋은 습관을 길들이게 할 수 있기 때문입니다.

e. 추론하기 : 표면적으로 드러나 있는 내용에서 함축적인 내용을 끌어낼 수 있도록 합니다. 가령 트리나 폴러스의 『꽃들에게 희망을』이란 책에서 애벌레가 나비가 되는 것과 꽃들에게 희망이 되는 것이 어떤 관계이고 어떤 의미를 갖는지를 끌어낼 수 있도록 합니다.

f. 연상하기 : 글을 읽어 나가는 과정에서 계속해서 관련 장면이나 내용을 떠올리도록 합니다. 마치 영화관의 스크린에 책의 내용을 연상하고 이미지화할 수 있도록 하면 보다 생생하고 감동을 느끼게 되며, 내용의 이해와 기억이 확장될 수 있습니다.

g. 읽는 중 대화 나누기 : 필요하다고 생각되는 경우에 학부모, 교사나 친구들과 읽고 읽는 내용에 대해 이야기를 나누는 것도 좋은 방법입니다. 특히 내용 이해가 어렵거나 모르는 어휘가 나와 도저히 다음글로 넘어가기 어려울 때 적절한 방법입니다.

h. 독서 중에 할 수 있는 독서 표현 활동

- 문학 지도 : 독해 중에 학생들이 발견하는 배경이나 인물, 사건 등과 같은 정
보를 확인하거나 분석하게 함으로써 학생들의 이해를 높이게 합니다.
- 인물 지도 : 특히 인물과 그들 관계의 전개 양상을 분석하는 데에 사용합니다.
- 인물망 : 인물들의 분석에 사용되어질 수 있습니다. 그것은 동일한 인물이
  지니고 있는 특성을 지지하는 특정 행동을 쓰게 한다는 점에서 인물 지도와
  는 다릅니다.
- 감정표 : 서로 다른 관점을 확인하고 기술하는 형태를 제시해 줌으로써 이
  해를 촉진시킵니다.
- 대조표 : 독서의 전, 중, 후 모든 과정에 사용할 수 있으며 서로 반대되는 개
  념이나 인물의 예를 들어 확인하거나, 명확히 표현하는데 유용합니다.

3) 책 읽은 후 단계(독서 후)의 독서 지도

독서한 내용을 소화하는 단계라고 할 수 있습니다. 폭 넓고 다양한 활동으로
독서 내용을 완전히 소화하여 또 다른 독서로 이어지도록 이끌어야 하는 중요
한 단계입니다.

독서 후 활동은 학생들로 하여금 이해를 더욱 깊게 하기 위해서 읽고 있는 책
으로 되돌아가도록 하기도 하며, 그들이 방금 읽은 것과 이미 알고 있는 것을 관
련짓게 하거나, 개인적으로 의미 있게 배운 것을 사용하도록 합니다.

독서 후 학습 활동은 글을 읽은 후의 토론 활동이나 질문 나누기는 단순히 글
을 읽는 것으로 끝내는 경우보다 더 많은 학습이 일어나게 합니다. 이러한 학습
효과는 독후 활동이 읽은 글에 대한 학습을 가능하게 하기 때문입니다. 특히 토
론 학습은 학습자의 적극적인 사고, 학습에의 능동적 참여를 가능하게 함으로
써 학습 효과를 크게 높일 수 있습니다.

❶ 독서 후 활동의 목적

a. 책의 내용을 자신의 것으로 만듭니다.

b. 책에서 얻은 지식을 장기 기억으로 입력시킵니다.

c. 책의 주제나 교훈을 파악하고 의미 이해를 돕습니다.

d. 사고력을 확산하고, 독서의 즐거움을 촉진시킵니다.

e. 읽기, 말하기, 듣기, 쓰기의 능력을 증대시킵니다.

❷ 독서 후 활동의 종류

a. 토론하기 : 글을 읽고 난 후 그 글 내용에 대한 의견, 비판 그리고 글 내용
으로부터 더욱 확산된 개인적인 감상이나 상상을 발표하게 합니다. 글 내
용에 집약되는 반응보다는 보다 발산적이고 창의적인 반응을 조장하는 것
이 좋습니다.

b. 질문 만들기 : 학생들에게 읽은 글에 대하여 질문을 스스로 만들어 보고,
또 여기에 답하게 합니다. 한 학생이 만든 질문을 다른 학생의 독해 정도를
검사해 보는 도구로 사용할 수도 있습니다. 그리고 각 질문이 그 글에 적합
한 질문인지 다 함께 논의하는 시간을 갖는 것도 좋습니다.

c. 중심 내용 찾기 : 학생들에게 읽은 부분의 중심 내용을 정리하게 하고, 왜
그렇게 하였는지 그 이유나 근거를 찾게 합니다. 무엇이 중요한지 아닌지
를 인식하게 하는 좋은 훈련이 될 수 있습니다.

d. 요약하기 : 글을 읽지 않은 다른 사람에게 글의 내용을 간단히 소개할 수
있도록 요약하게 합니다. 이야기의 경우는 줄거리 중심으로 요약할 수도

있고, 설명문의 경우는 내용을 재구성하여 요약할 수도 있습니다.

이와 더불어 학생의 창의성을 향상시키거나 그리기, 만들기를 통해 생각을 발전시킬 수 있습니다. 독서 후 활동은 매우 다양한데 앞장에서 읽기 능력, 사고 능력, 쓰기 능력을 향상시키기 위해 열거했던 여러 가지 활동들을 참조하여 예를 들면 다음과 같습니다.

- 갈래별 글쓰기(독서 감상문, 일기문, 편지문, 논설문 등)
- 읽은 책의 내용을 동시 및 시화로 만들어 보기
- 작품의 내용과 다른 결말 상상해 보기
- 독서 감상화 그리기
- 그림책 만들기
- 극 놀이 (역할극, 무언극 등)
- 작품 소개하는 글쓰기
- 작품 광고하기
- 작가나 동화 주인공에게 편지 쓰기
- 독서 신문 만들기
- 읽은 책에서 떠오르는 단어 쓰기
- 읽은 책 중 가장 인상 깊은 내용을 그림 그리기, 만화 그리기
- 단어 기억하기
- 독서 퀴즈
- 동시 짓기
- 몸짓으로 책 내용 알아맞히기
- 읽은 책 중 책 이름 설명하고 맞추기

- 책 스무고개
- 책 내용 1분 동안 말하기
- 책 내용 요약하기
- 3행시 짓기(특히 책이름으로)
- 지점토로 책 내용과 관련한 작품 만들기
- 읽은 책 내용을 합쳐서 글짓기
- 주인공에게 편지쓰기
- 책 표지 꾸미기
- 글자 피라미드 게임하기
- 동요를 책 내용으로 가사 바꾸어 부르기 외

    이 같은 내용들을 다음의 활동 자료의 예와 같이 만들어서 아이들과 활동하면 재미있는 시간이 될 것입니다.

* 활동 자료의 예(동 양식은 실제 수업에 사용되고 있는 양식입니다. 활동 제목만 바꾸어 활용해 보세요.)

〈읽은 책의 내용을 동시 및 시화로 만들어 보기〉

작가 : _____

6. 나가는 말

독서와 관련한 수업은 말할 필요 없이 아이들이 즐겁고 재미있는 수업이 되어야 합니다. 왜냐하면 자신이 읽고 이해한 것을 자유롭게 토론하고 의견을 나누는 것은 즐거운 활동이기 때문입니다. 자신이 알고 있는 것에 대해서는 아이들은 자신감을 갖게 됩니다. 그 자신감은 리더십까지도 연결됩니다. 가령 다른 아이들이 모르는 것을 자신만이 알고 있다면 그 아이는 자신 있게 자신의 지식을 자랑하게 되고, 듣는 아이들은 그 아이의 의견을 믿고 따르게 됩니다. 여기에 자신감을 가진 아이는 또 다른 지식을 얻으려 하게 되고 따라서 스스로 책을 읽고 공부하게 된다는 것입니다. 흔히 공부 잘하는 아이들이 반장이나 학급 임원을 하는 것도 이러한 이치이지요.

독서 지도의 중요성은 다시 거론할 필요도 없지만 이런 특성을 아이들에게 자연스럽게 길러주는 수업이라 할 것입니다. 독서 수업을 포함해서 모든 수업이 즐겁고 재미있고 신나게 스스로 하고 싶어 한다면 그 교육은 성공한 것이라 해도 과언은 아닙니다. 우리 아이들이 하고 싶은 수업을 즐겁고 재미있게 할 수 있도록 관심과 배려가 필요합니다.

제 2장
독서와 가치관 읽기

1. 들어가는 말

'아우구스티누스가 어느 날 마음의 안정을 찾지 못하고 집 뜰에서 서성거릴 때 갑자기 어디에선가 "집어서 읽을지어다." 하는 어린아이의 노랫소리가 들려 그는 성경을 집어 들고 맨 처음 눈에 띄는 구절을 읽었는데 "낮에와 같이 단정히 행하고 방탕과 술 취하지 말며 음란과 호색하지 말며 쟁투와 시기하지 말고 오직 주 예수 그리스도로 옷 입고 정욕을 위하여 육신의 일을 도모하지 말라" (로마서 13:13-14)였다. 이 구절을 단숨에 읽어 내려간 그는 놀랍게도 갑자기 마음에 평안의 빛이 찾아오고 의혹과 불신의 그림자가 안개처럼 사라져 버리는 것을 느꼈다. 지금까지의 아우구스티누스는 죽어 없어지고 새로운 아우구스티누스가 거듭 태어나는 순간이었다.'

참회록을 쓴 성자 아우구스티누스가 방탕아에서 그리스도교에서 가장 위대한 사상가 가운데 한 사람으로 평가받으며 중세 신학과 종교 개혁에 영향을 미친 성직자가 될 수 있었던 계기가 바로 이것, 즉 '읽기' 인 것입니다. 즉 성경 읽기가 그의 가치관에 큰 영향을 미치게 되었다고 해도 과언이 아닐 것입니다. 이렇듯 독서는 단지 지식을 얻는 것에 그치는 것이 아니라 한 사람의 인생관, 가치관과도 관련이 있습니다. 독서의 중요성이 새삼 느껴지는 부분입니다.

2. 포스트모더니즘 시대의 가치관 읽기

지금 시대를 살아가고 있는 인류는 매우 다양한 문화 양태와 모습으로 살아갑니다. 신세대를 X세대니 Y세대니 하는 것도 이미 한물간 이야기가 되었고, 지금은 무슨 세대로 지칭되고 있는지도 파악조차 어려운 것이 사실입니다. 그것은 포스트모더니즘 문화가 가져오는 한 단면이라 할 것입니다. 포스트모더니즘(postmodernism; 포스트라는 단어를 쓰면서 현대에 대한 개념을 스탈린주의를 기점으로 '그 이전의 역사' 와 '그 이후의 역사' 로 나누어 보는데, 그 이전의 역사와는 작별을 고함으로써, 이전의 역사를 설명하는 모든 원리와 원칙, 즉 종교, 철학 그리고 정치를 거부한다.(박해용, 2002) 또한 포스트모더니즘은 다양한 변화와 실험을 그 특징으로 한다.) 문화는 다문화 시대의 특성을 규정하기 때문인데, 그 특성은 실용적이고 과학적인 면, 그리고 다양성에서는 긍정적인 측면이 있겠으나 자칫 물질만능주의와 유물론에 빠져 형이상학적인 측면을 소홀히 하는 부정적인 문제를 함께 갖고 있음에 유의해야 합니다. 특히 가치관에 있어서 많은 문제점을 갖습니다. 보드리야르(Jean Baudrillard)의 말대로 과실재인 시대, 모사의 시대의 도래로 참실재인 본질적 가치를 밀어내고 비실재가 그 자리를 차지해 버려 실질보다 허상을 좇는 경박한 인간을 양산하기 쉽게 되기 때문입니다.

최근 한 신문의 보도 기사 (조선일보 2006년 5월 16일자)는 이와 같은 현상을 잘 드러내 준다고 하겠습니다. "잘 나가는 것처럼 보이게 해 드립니다. '체면 산업'이 뜬다"라는 제하의 기사 내용처럼 없으면서도 있는 것처럼 보이게 하려고 일일 렌탈 고급차와 기사, 전화비서 서비스, 명품 대여, 예식장 하객 동원까지도 상품화되고 있다는 것입니다. 실질적 가치보다는 허상을 좇는 현재의 상황을 잘 드러내는 현상이라 할 것입니다. 당연히 외모지상주의는 더욱 기승을 부리고, 영상 문화, 인터넷 문화 시대의 경박하고 찰나적이며 천박하기까지 한 행동 양태를 보이는 것은 이제 이상한 일이 아니게 된 것입니다.

한편, "중심은 전체의 중심에 자리 잡고 있지만, 그것은 (전체의 일부분이 아니므로) 전체에 속하지 않기 때문에 전체의 중심은 어느 곳에나 존재한다. 중심은 중심이 아니다."와 같은 상대주의가 현재의 문화 담론을 형성하고 있습니다. 이것은 자칫 반드시 절대적이어야만 할 가치들조차 해체시키는 무서운 일들이 벌어지게 하는 원인이 되고 있습니다. 즉 생명의 존엄성, 순결과 같은 절대적 가치들이 해체되어 끔찍한 살인이나 테러, 성범죄 등 악한 범죄들이 난무하고 있는 것은 간과해서는 안 될 상황에 있는 것입니다. 여기서 칸트의 신의 필요성에 대한 담론이 떠오릅니다.

칸트는 인간의 이성으로는 도저히 신 존재 증명이 어렵다고 하면서도 그는 반드시 신이 필요하다고 주장합니다. 신은 인간이 본받아야 할 절대선이며 진리이기 때문에 만일 신이 없다면 인간은 이러한 선과 진리를 본받을 모델이 사라져 결국 이 세상에는 악함만이 존재할 수밖에 없다는 것이지요. 따라서 인간이 실천 이성을 갖고 도덕적 가치 판단을 할 수 있기 위해서는 반드시 신이 필요하며, 신을 좇아갈 때 비로소 인간은 선해질 수 있다는 것이 그의 담론인 것입니다.

현재의 비실재가 난무하는 세상에서 칸트의 담론이 호소력을 갖는 것은 왜일까요? 절대적 가치를 생각하고 배울 수 있는 철학, 신학, 역사, 문학 등의 고전

적 인문학의 회복과 가치관을 위한 독서 교육의 필요는 이 시대를 살아가는 몇
몇 사람의 고민만은 아니어야 할 것입니다.

3. 진화론, 유물론 그리고 공산주의

역사 수업을 하다 보면 항상 부딪히는 문제가 인간과 자연의 시초에 관한 것
입니다. 지구와 우주와 인간이 어떻게 발생하게 되었는지에 대해서는 크게 진
화론과 창조론으로 대립하여 현재에 이르고 있으며, 아직도 양측의 열띤 공방
이 식을 줄 모르고 있습니다. 진화론에 입장에서는 신(神)의 존재를 부인하며,
따라서 신의 창조론 역시 부정합니다. 오로지 눈에 보이는 자연만물만이 존재
할 뿐이며 인간의 영혼도, 가치도 모두 평가절하합니다. 이 같은 진화론은 신을
부인함으로써 신이 갖는 본질, 가령 선함, 사랑, 자비, 믿음, 소망, 절제, 효, 인
내, 배려 등의 가치도 모두 부인하게 되는 결과를 낳았습니다. 오로지 눈에 보이
는 자연만물만이 존재할 뿐이며, 눈에 보이지 않는 형이상학적인 것은 관심외
가 된 것입니다. 결국 사후 세계를 부인하게 되어 사후 받아야 할 심판에 대한
걱정과 공포가 사라지자 남는 것은 자연사물을 서로 차지하려는 약육강식의 원
리인 힘의 원리만이 진화론과 유물론자들에게는 관심의 대상이 될 뿐입니다.

이것을 밑바탕으로 이데올로기화 한 것이 바로 공산주의, 사회주의입니다.
공산주의자들에게는 신을 부정하고 신의 속성인 형이상학적 가치들조차 거들
떠보지 않습니다. 오로지 힘으로 똑같이 잘 먹고 잘 살자는 논리가 그들의 관심
분야입니다. 소련의 스탈린, 중국의 모택동 두 사람이 혁명을 앞세워 죽인 사람
만 해도 1억 명에 이릅니다. 그들에겐 부모도 자식도, 스승도, 이웃도 없습니다.
오로지 혁명 과업을 이루기 위해서는 단지 불필요한 존재로서 보게 되는 것이
지요. 이것이 진화론과 유물론으로부터 형성된 공산주의 사회주의의 실체인 것

입니다.

우리나라는 이 같은 이데올로기의 영향으로 역사상 지울 수 없는 너무나 아픈 추억을 간직하고 있습니다. 설마 같은 형제, 같은 동포에게 총을 쏠까 하며 주일 새벽의 단잠을 즐기던 남쪽 형제들에게 총과 대포, 탱크를 동원하여 처참한 살육극을 저지른 것입니다. 그들에겐 같은 피를 나눈 부모, 형제, 동포의 사랑이나 정은 찾아볼 수 없고, 오로지 자신들의 과업을 위해서라면 어떠한 수단과 방법을 동원해서라도 이루려고 하기 때문입니다.

조지 오웰의 『동물 농장』은 이 같은 사회주의의 모순점을 동물들을 통해 잘 표현하고 있습니다. 인간의 압제로부터 벗어나길 원했던 동물 농장의 동물들은 결국 그 뜻을 이루지만 우두머리격인 돼지 '나폴레옹'은 자신의 이익만을 위해 교묘히 동물들을 세뇌시키고 그들을 이용하는 점에서 공산주의자들과 별반 다를 바 없습니다. 그들에겐 7개의 계명도 목적에 따라 얼마든지 고쳐질 수 있다는 것을 보여 줍니다. 즉 흔들릴 수 없는 진리와 가치가 목적에 따라 변화될 수 있다는 점에서 큰 시사점을 줍니다.

문제는 우리가 살고 있는 현 시점에서도 진화론, 유물론의 가지와 뿌리가 아직까지 건재하다는 점입니다. 신을 부정하고 오로지 자신만 잘 먹고 잘 살겠다는 본능적, 감각적 쾌락에만 몰두하고, 황금보기를 돌같이 하라던 최영 장군의 말씀이 쑥스럽게 할 만큼 많은 이들이 황금만능주의, 배금주의의 노예가 되고 있습니다. 마치 모세가 하나님의 계명을 받으러 시내 산에 올라간 사이에 황금을 녹여 만든 송아지 앞에 제사를 지내고 있는 이스라엘 사람들이 지금의 우리가 아닌지 경계하지 않으면 안 됩니다.

148

4. 진정한 행복

얼마 전 철학 논술 수업 시간에 알렉산더 대왕과 철학자 디오게네스의 일화를 통해 행복에 대한 토론을 벌인 적이 있었습니다. 권력, 재력, 명예와 같은 세상에서 기준으로 삼는 행복의 조건을 모두 충족하고 있는 알렉산더 대왕은 왜 한낱 술통 속에 누워 낮잠을 즐기는 디오게네스를 부러워했을까요? 이 일화는 결코 세상에서 행복의 기준으로 삼는 힘(권력, 부와 명예 등)이 행복의 진정한 기준은 아님을 알려 주는 것입니다.

박완서의 작품 중 "마지막 임금님"도 행복에 대해서 이야기합니다. 자신보다는 조금이라도 더 행복해서는 안 된다는 역설적인 임금님은 자신보다 행복해 보이는 사나이를 만나 그에게서 권력과 지위, 재산, 가족을 빼앗으면서 그가 자신보다 불행해지기를 원했지만 그 사나이는 그럼에도 불구하고 임금님의 눈에는 자신보다 더 행복해 보입니다. 결국 감옥에 가둔 사나이에게 목숨마저 빼앗으려다가 천국에서 가족과 행복한 만남을 마련해 준 임금님께 고맙다는 말을 마지막으로 남기고 독배를 마시려는 행복한 사나이를 보면서 또 다시 자신이 사나이보다 덜 행복하다고 생각한 임금님은 사나이가 마시려고 했던 독배를 빼앗아 결국 임금님 자신이 죽는다는 이 동화는 행복이 결코 겉으로 보이는 것으로 얻어질 수 없는 것임을 독자들에게 말해 주고 있습니다.

그럼에도 불구하고 세상의 많은 사람들은 돈 많은 사람들을 부러워하고 좋은 차나 명품 옷을 입는 사람을 부러워하며, 높은 권력이나 지위에 있는 사람을 부러워합니다. 마치 그것이 성공인 양 떠듭니다. 그러나 앞서 살펴보았듯이 인간에게 있어 그것이 진정한 성공의 조건일 수는 없습니다. 엄청난 부와 명예를 쥐고 있는 굴지의 대재벌가들의 자살 소식은 무엇을 말해 주는 것인가요? 너무 극단적인 예를 들었지만 그들에게도 행복과는 거리가 먼 그 무엇이 존재하는 것입니다.

그렇다면 무엇이 성공이고 행복의 조건이 될까요? 철학적 주제가 될 수 있고, 무거운 토론주제일 수 있겠지만 명쾌한 결론을 우리는 '성경'에서 얻을 수 있습니다. 결론적으로 그 해답은 예수님 닮아가는 삶이며, 예수님이 말씀하신 바처럼 서로 사랑하고, 이 세상의 빛과 소금이 되는 삶이 아닐까 합니다. 가장 더럽고 낮은 곳에서 태어나셔서 가장 비참하고 어려운 이들을 찾아 치료하시고 귀신을 쫓아내시고 사랑을 전해 주시며, 더욱이 인간의 죄를 위해 아무런 죄도 없이 십자가에 못 박혀 돌아가시고 사흘 만에 부활하신 예수님의 삶은 우리가 이 세상을 살아가는데 있어 가장 중요한 진리이자 덕목이 됩니다.

우리는 분명히 '강아지 똥' 보다는 더 귀한 존재입니다. 하나님은 인간을 만드시고 기쁘다 말씀하셨습니다. 그런 귀한 인간이 자신이 갖고 있는 재능과 달란트를 이 세상을 위해 사용되어 지고 남을 위해 베푸는 이타적인 삶을 살아가야 하는 것은 우리의 당연한 의무일 것입니다. 짠 맛을 잃어버린 소금은 길바닥에 버려지게 되어 사람들의 발에 밟혀지는 것처럼 자신의 능력과 소질을 개발해서 진정 쓸모 있는 사람이 되는 것이 인간으로서 가장 행복한 삶을 살아가는 길이 아닐까 생각해 봅니다. 다시 말해서 이 세상에서 무엇이 될까하는 바램보다는 어떻게 살아가는가가 가장 중요한 해답이 아닐까요?

오늘도 이 세상의 아이들을 위해 이렇게 기도합니다.

"하나님 아버지, 우리 모두의 아이들이 주님 닮아가길 원합니다. 하나님의 말씀을 통해 진리를 깨닫길 원하오며, 책을 통해 올바른 가치와 총명한 지혜를 만들어 가게 하시고, 이 세상에서 쓰임 받고 쓸모 있는 사람으로 성장하게 하시어 이 세상의 빛과 소금의 역할을 감당케 하옵소서. 우리를 구원하신 예수 그리스도의 이름으로 기도드립니다. 아멘."

5. 가치관 교육과 인문학

이 세상에서 가장 소중하고 귀한 것은 무엇일까요? 사랑, 행복, 선함, 희망, 가족이라고 선뜻 대답하는 사람은 요즘 세상에서는 희귀해져 버렸습니다. 대부분 답은 '돈'을 들고 있다는데 문제가 있습니다. 하다못해 독서 수업에 참여하는 아이들에게 비슷한 질문을 던져 볼 기회가 있는데 많은 아이들이 너무나도 당연하다는 듯이 물질적인 것을 꼽고 있습니다. 이것은 실용주의가 득세하는 현대의 세상살이는 돈이 모든 것을 평가해 버리는 시대가 된 것이기 때문이 아닐까 생각해 봅니다.

돈 가진 자가 돈 없는 자를 무시하고, 돈이면 무엇이든 할 수 있다는 돈 만능주의, 돈이 행복마저도 가져다준다는 가치관이 지금 시대를 아우르고 있는 상황에서 앞서 예를 든 사랑, 가족, 선함 등은 우선순위에서 한참 뒤어지고 왜 살아야 하는가 하는 문제보다는 어떻게 자신을 위해 즐겁게 살아갈까와 같은 감각적, 본능적 쾌락에만 몰두하는 현상은 웰빙 열풍과 같은 유행이 생겨나고, 이타적인 생각보다는 이기적인 쾌락에만 젖어 온통 TV 프로그램에서는 맛있는 요리 소개, 해외 여행, 연예인의 수입 가구로 가득 찬 집을 자세히 소개하는 등의 소재들이 대다수를 차지하고 있습니다.

물론 그러한 프로그램들을 부정적인 면에서만 보는 것은 문제가 있지만 감각적 쾌락과 관련이 있음은 부인할 수 없는 사실입니다. 저도 그런 프로그램을 보면서 "부럽다"라고 생각하면서도 현실적으로 저와 같은 생활과 즐거움을 만끽하려면 엄청난 액수의 돈이 든다는 것에 기가 막힐 뿐입니다. 이것이 저 혼자만의 느낌일까요? 현재의 계층 구조가 극상층과 극빈층만이 존재하는 양극화 현상이 확연한 상황에서 표출되는 갈등은 더욱 심각한 사회 문제를 야기할 것입니다.

  권정생의 『몽실 언니』가 던져 주는 주제는 지금 현 시점에서 모두가 의미 있게 느껴 보아야 할 메시지라고 생각되어 잠시 함께 생각하는 시간을 가져 보기로 합니다.

  몽실이가 겪어 온 환경은 가장 비참하고 암울했던 일제 강점기, 한국전쟁이라는 시대적 요인과 함께 가난, 불구, 친모의 가출, 무책임한 가장과 같은 도저히 희망적인 구석이란 찾아볼 수 없는 환경에서도 몽실은 꿋꿋하게 삶을 견뎌 내고 이겨내고 있습니다. 왜 그렇게도 어려웠고 고통스러웠음에도 포기하지 않고 삶을 지탱할 수 있었을까요? 그것은 '돈' 이 아닌 인간이 반드시 갖고 추구해야 할 '형이상학적 개념' 들이기 때문입니다. 암죽을 먹이면서 이복동생을 살려내고, 아버지와 동생을 위해 구걸하여 끼니를 때우는 것은 바로 '사랑' 이 기본 바탕에 깔려 있기 때문이며, 그 사랑을 통해 동물과는 다른 인간의 존엄성을 지켜 낼 수 있었던 것입니다. 배금주의에 물든 세상에서 몽실이와 같은 이타적인 사랑을 기대할 수 있을까요? 함께 생각해 볼 문제입니다.

  지난 2006년 5월에는 어버이날, 스승의 날 등 잊지 말아야 할 기념일에 뉴스와 신문에서는 부모를 학대하는 자식들, 학생이 스승을 구타하고, 스승을 무릎 꿇린 학부모의 작태가 사회면을 요란스럽게 장식하였습니다. 이 같은 현상은 어찌 보면 당연히 나타날 수밖에 없는 결과들인 것입니다. 정말 큰일이 아닐 수 없습니다. 그렇다면 그와 같은 형이상학적 개념들을 어떻게 올바로 성장시키고 교육할 수 있을까요? 그것은 철학, 사학, 문학, 신학과 같은 인문학을 통해서만이 가능합니다. 이들 인문학은 사람은 왜 살며, 어디서 와서 어디로 가는 존재이며, 어떻게 살아야 옳은가에 대해 끊임없이 묻고 또 묻는 가치 추구를 본령으로 합니다. 그런데도 현재 이들 학문들은 홀대를 받고 있습니다. 돈을 벌기 어려운 배고픈 학문이라는 이유에서입니다. 무엇보다 인문학의 부활이 시급하며, 이를 위해서는 가치관 읽기가 선행되어야 할 것입니다.

6. 다수결을 통해 얻은 진리의 문제

구약 성경을 보면 모세가 시내 산에 올라가 하나님의 계명을 받고 있을 때, 산 밑에서는 그를 기다리던 많은 이스라엘 사람들은 이집트에서 하나님의 이적과 바닷물을 가르는 하나님의 기적을 직접 겪고 보았음에도 불구하고 어리석게도 대다수가 결의하여 금송아지를 만들어 우상을 섬겼습니다. 그 바람에 여호와 하나님을 노엽게 하여 결국 많은 이들이 벌을 받고 죽음에 이르렀던 사실이 떠오릅니다. 이때 그들이 다수결로 선택한 것은 진리가 아니었던 것입니다.

플라톤은 이 세상을 불완전한 것으로 보았습니다. 인간도 그 불완전 속에 살기 때문에 옳은 판단을 할 때도 있고, 옳지 않은 판단을 할 때도 있다는 것입니다. 이것은 곧 인간이 내린 판단은 진리일 수도 또 아닐 수도 있다는 말을 의미합니다. 특히 다수결로 선택된 것이라 하더라도 반드시 진리일 수는 없다는 것이지요. 진리란 변하지 않는 참된 원리이므로 시대가 다르다고 해서 바뀔 수 있는 것이 아닙니다. 인간들이 내놓는 원리들은 간혹 틀리거나 뒤집히는 경우가 있습니다. 그 예가 천동설인데 많은 이들이 천동설을 믿었고, 그것이 진리라고 생각했었습니다. 당시 갈릴레오 갈릴레이의 지동설이 진리임에도 불구하고 대다수가 부인하게 된 가장 큰 원인은 모두가 천동설을 진리로 생각했기 때문입니다. 따라서 이 같은 예를 보아도 다수결이 언제나 진리인 것만은 아닙니다.

영국의 경험주의 철학자 프란시스 베이컨은 진리를 진리로 보지 못하게 하는 것을 네 가지의 우상 때문이라고 지적하였습니다. 내가 속해 있는 입장에서만 유리하게 바라보는 종족의 우상, 플라톤의 동굴의 비유에서와 같이 자기가 보고 알고 있는 것만이 옳다는 동굴의 우상, 소문이나 풍문을 그대로 믿고 따르는 시장의 우상, 앞서 천동설과 같이 잘못된 학설을 그대로 믿는 극장의 우상이 바로 진리를 진리로 인식하지 못하게 하는 색안경과 같은 것으로 보았습니다. 특히 시장, 극장의 우상이 바로 다수결이 언제나 진리가 아니라는 것을 잘 말해 주고 있습니다.

자유 민주주의에서 다수의 여론은 중요합니다. 그러나 그것이 늘 옳기만 한 것은 아닙니다. 역사철학자 아놀드 토인비가 말한 '창조적 소수'의 결단이 옳을 수 있기 때문입니다. 그렇다면 우리는 어떻게 진리를 선택하고 그것을 따라가야 하는가 하는 문제를 제기할 수 있습니다. 옳고 그름을 분별할 수 있는 힘과 능력을 키워가는 것이 우선시되며, 이를 위해서는 독서 교육이 최선의 방법이라 할 수 있습니다.

7. 논리적 사고

가치관을 결정하는 생각하기와 판단하기에는 논리적 사고가 개입되어야 합니다. 그렇지 않으면 오류에 빠지는 실수를 범할 수 있기 때문입니다. 논리의 기본 과제는 개념과 판단으로 이 두 가지는 독서의 바른 길을 여는 데 여러 면에서 도움을 줍니다. 개념이란 어떤 구체적인 사상 속에서 추상된 일반 표상인 공통의 관념을 말하며, 판단이란 어떤 사물의 진위·미추·선악 등을 단정하는 사유 작용입니다.

또한 논리에는 세 가지 측면이 있습니다. 사고의 내용을 도외시하고 사고 자체의 형식적 필연 법칙만을 다루는 형식 논리와 사고의 내용과 형식을 구별하면서도 형식과 내용이 일치하느냐의 여부를 다루는 인식 논리, 정-반-합의 발전 과정을 따르는 변증법적 논리가 그것입니다.

우리는 대체로 논리적이기보다는 감정적 반응에 익숙해 있는 것이 사실입니다. TV 토론 프로그램을 보면 토론에 참석한 토론자들을 보면 이성에 의해 설득하거나 논리적으로 자신의 의견을 내세우거나 옳다는 것을 입증해 나가기보다는 감정적으로 치우쳐 흥분한 얼굴 표정을 적나라하게 카메라 앞이 노출시키는 가 하면 심지어 싸움까지 하려는 듯 목소리 톤이 높아 가는 것을 본 적이 있습니다. 이것은 감정적인 말싸움이지 결코 토론이라 할 수 없습니다.

글쓰기도 마찬가지입니다. 논술 수업이라고 해서 글쓰기를 해 보면 자신의 주장만 중언부언 써 내려갈 뿐 제대로 그 주장이 옳은지에 대한 논거와 논증은 부족한 것을 많이 목격합니다. 독서 이력이 짧거나 읽기 능력이 형성되지 않은 아이들은 더더욱 쓸 내용이 없어 한두 줄 끄적거리다 맙니다. 책을 읽을 때도 글을 이성적으로, 정감적으로 차분하게 읽어 내고 또 이것을 올바르게 판단하는 논리적 사고력이 필요한데 결국 독서, 토론, 논술은 논리성을 키워 가는데 있어 매우 중요한 수단이자 방법입니다. 꾸준한 독서는 자신의 생각을 올바른 판단에로 이르게 하며, 그것을 증명할 수 있는 객관적 판단 자료를 배경 지식으로 갖게 만들며, 이것이 곧 토론과 논술로 연결 지을 수 있기 때문입니다.

8. 윤리 교육과 독서 교육

최근 뉴스나 신문 지면을 장식하고 있는 경악할 만한 사건들은 대부분 인간이 갖아야 할 가장 기본적인 도덕이나 가치관의 결여로부터 파생된 것들입니다. 부모 학대, 스승 구타와 같은 인륜을 저버린 인면수심의 사건들이 연일 터져 나오고 있다는 것은 가장 기본적인 가치관 교육이 잘못되어 있다는 것을 입증하는 것입니다. 김동인이 쓴 『감자』의 복녀처럼 가치관이 환경이나 돈에 의해 흔들리고 점점 소멸되어 가는 것은 아닐까 하는 불안감이 엄습합니다. 여기서 자연히 교육의 역할과 중요성에 대해 관심을 갖지 않을 수 없습니다.

그런데 문제는 작금의 교육은 단지 좋은 대학에 들어가 좋은 직장에 취직해서 돈 많이 벌고 잘 먹고 잘 사는 그런 것이 교육의 역할이라고 잘못 생각하는 사람들이 너무나 많습니다. 사실 교육의 마지막 목표는 '인간의 자아 실현, 완전한 인간으로 성숙하는 것, 인류가 할 수 있는 가장 완전한 상태로 발전하는 것'이라 할 것입니다. 다시 말해 교육의 목표는 잘 먹고 잘 사는 이기적 쾌락이 아니라 인간이라면 당연히 길러져야 할 인성을 바탕으로 하여 성립되는 것입니다. 그래서 교육은 도덕적 명제가 인간을 인간답게 하는 결정적 준거라는 점에서 밀접한 관계가 있습니다.

인간의 덕이라는 것이 존 듀이의 말처럼 '인간이 도달할 수 있는 가장 완전하고 적절하게 되는 것'이라면 선은 인간 본성의 핵심에 자리해야 합니다. 그 선의 실현이 교육의 궁극적 목표가 되어야 하는 것입니다. 그럼 그 선의 본질은 무엇일까요? 아우구스티누스는 "참된 철학자는 하나님을 사랑하는 자이다."라고 그의 『신국론』에서 언급하면서 철학의 궁극적 목적은 최고의 선이며 이러한 최고의 선을 하나님으로 보았습니다. 하나님은 언제나 사랑을 말씀하십니다. 애덤 드로즈데크는 선의 요소를 이타주의, 타자 중심, 다른 사람에 대한 관심과 배려라고 했습니다. 따라서 교육은 남을 배려하고 사랑하는 이타주의를 가르쳐야 합니다.

그러나 문제는 현재의 사상이나 이데올로기가 추구하는 것은 본질적이고 불변하는 실재와 생각의 합치로 정의되는 형이상학을 거부하고, 진화론의 계보를 잇는 유물론적 실증주의가 득세하고 있다는 점입니다. 그들에게는 인류에게 공통되는 인류의 본성은 없으며, 인간의 생각이나 사회 제도는 문화적 진화의 과정에서 끊임없이 달라지는 것으로만 보는 것입니다. 플라톤의 이데아 세계에서 볼 수 있는 '보편자'들은 사라지고 단지 경박하고 찰나적인 현상에만 급급해 하는 이 시대의 신인류에게 덕성과 따뜻한 인간애를 요구하는 것은 어쩌면 무리한 요구가 아닐런지요.

아이들하고 독서 수업을 하다 보면 이런 현상들이 아이들의 생각과 행동에서도 잘 드러나고 있습니다. 언젠가 "여러분이 좋아하는 노래는 무엇인가요?"라고 질문을 한 적이 있었습니다. 그런데 그 대답이 대부분 아이들이 가요를 좋아한다고 하였고, 오히려 어린이들이 불러야 할 동요는 잘 모른다는 것입니다. 심지어 어떤 아이는 동요는 촌스러워서 싫다는 것입니다. 동요는 노래 가사로 불려질 수 있도록 구어로 이루어진 것이며, 대부분 정형률을 취하고 있고, 단순하고 간결한 내용으로 유아의 순박한 감정을 표현함으로써 성인이나 어린이 모두 쉽고 즐겁게 부를 수 있는 노래로 동심의 아름다움을 느낄 수 있는 아동 문학의 한 장르라고 정의할 수 있습니다. 그런데 이런 동요가 어린이들로부터 이제는 외면을 받고 있습니다. 동요에서 얻게 되는 아름다운 동심이 사라져 가고 컴퓨터 게임이나 TV와 같은 자극적 영상 매체에 아이들은 빠져 있는 것이 현실입니다.

지금 이 시대는 급속히 변화되어 가고 있습니다. 문제는 변하지 말해야 할 것도 변하는 것입니다. 예수님의 사랑이, 부모님의 사랑, 어린이들의 선하고 순수함이 변해 버린다면 인간은 무엇을 목적으로 살아갈까요? 과학의 발달도, 기계문명의 발달도 인간에게 유익을 주긴 하지만 정녕 무엇을 위한 발달이 되어야 할지를 심각하게 생각해 볼 때입니다.

9. 독서와 가치관 교육의 의의

주체의 해체와 대중주의를 지향하는 포스트모더니즘의 현 시대에서 가장 문제가 되는 것이 가치관의 혼란입니다. 정범모 교수에 따르면 가치관이란 '인간 문제에 관하여 바람직한 것, 또는 하여야 할 것에 관한 일반적인 생각 도는 개념'이라고 밝히고 있습니다. 사전적 의미로는 '사람이 자기를 포함한 세계나 만물에 대하여 취하는 평가의 근본적이 태도나 견해'이며, 철학적으로는 '인간 정신의 목표가 되는 보편타당한 당위'로서 사람들 다수가 '그래야 마땅하다'고

보는 판단의 준거가 됩니다. 이와 같이 그래야 마땅하다고 보는 판단의 준거가 지금의 세상에서는 파괴되고 혼란을 겪고 있다는 것이 문제라고 할 수 있습니다. 가치관이 파괴되거나 혼란이 야기되면 어떤 일들이 벌어지는가에 대해서는 이미 앞서 언급한 바 있습니다. 그렇다면 이러한 가치관의 혼란이나 파괴를 막기 위해서는 어떻게 해야 할 것인가에 대한 방법론이 여기서 다루고자 하는 담론이 됩니다. 결론부터 말하면 가치관의 혼란과 파괴를 막고 가치관의 교육을 공고히 해 나갈 수 있는 방법의 하나로 독서를 들 수 있습니다. 교육 과정의 '독서 동기 및 태도' 영역은 가치관 문제에 근접해 있습니다.

첫째, 독서를 통하여 삶을 성찰하고, 인간과 사회를 이해하려는 태도를 지닌다.
둘째, 독서가 개인의 성장 및 사회 발전에 미치는 영향을 인식하고 그 가치를 인정한다.
셋째, 독서의 즐거움을 경험하고, 즐겨 읽는 태도를 지닌다.

이상의 항목에서 독서와 가치관의 불가분의 관계를 읽어 낼 수 있습니다. 따라서 올바른 가치관 지도를 위한 독서는 또한 어떤 책을 읽혀야 하는가 하는 것으로 확장됩니다. 모든 책에는 작가가 전해 주고자 하는 의식이 있고 그것은 가치 판단의 결정적 준거가 되기 때문입니다. 책이 담고 있는 의식이 개인의식 지향인가 사회의식 지향인가 또한 형이상학적인가 형이하학적 지향인가 하는 것을 살펴볼 필요가 있으며, 이것은 독서 지도를 통한 가치관 교육에 있어서 좋은 준거 틀이 될 수 있습니다.

고양시 H초등학교의 3학년 현우는 조금 독특한 성격을 갖고 있습니다. 남자 아이임에도 어리광이 많아서인지 조금만 싫은 소리를 하거나 자신에게 불리하다고 느껴지면 무조건 엉엉 우는 아이입니다. 반대로 또래 친구가 자기보다 약해 보인다고 생각하면 심할 정도로 때리기도 합니다. 다시 말해서 선생님이나 부모한테는 사랑을 독차지하고 싶어 하고 조금 듣기 싫은 말을 들으면 우는 것으로 해결하려 하고, 친구들한테는 힘으로 이기고 싶어 하는 아이입니다. 그래서인지 수업이 처음에는 많이 힘들었던 것이 사실입니다. 울 것 같으면 달래 주려고 마음에 없는 말을 하게 되고, 친구들에게 마구 대하지 못하도록 배려해야 하는 등 신경이 많이 쓰이는 아이였습니다. 아마도 교사라면 이런 성격을 갖은 아이를 다루기가 쉽지 않을 수 있습니다. 하지만 지금 현우는 이런 모습이 점차 사라지고 오히려 친구를 배려하고 잘 울지도 않게 되었습니다. 가장 큰 이유는 독서 수업을 통해 가치관이 형성되고, 자신만 존재하는 것이 아니라 타인도 존중받아야 한다는 것을 인식하게 된 것이지요. 이렇듯 독서 교육은 치료적인 면에서 그리고 가치관 형성이라는 면에서도 매우 중요한 역할을 한다는 것을 말해 줍니다.

10. 나가는 말

인간이란 어떤 존재인가요? 과학적으로 보면 육체의 탐구나 의학적 분석으로 해결되겠으나 그것은 어디까지나 정신, 영혼을 염두에 두지 않은 반쪽짜리 대답에 불과합니다. 인간이란 육체와 영혼을 모두 갖춘 존재이기 때문이지요. 그래서 이 같은 질문에 대해 철학적 잣대로 살펴보는 것이 나머지 반쪽에 대한 대답을 얻을 수 있을 듯합니다.

인간은 과연 어떤 본질을 가졌습니까? 선한 마음을 갖고 태어났습니까, 아니면 악한 마음을 갖고 태어났습니까, 아니면 그 두 가지 모두를 함께 갖고 태어났습니까? 히틀러, 일본의 군국주의자들, 스탈린, 마오쩌둥 등을 보면 인간이 어떻게 저렇게 악할 수 있을까 할 정도로 잔인하고 악하였습니다. 반면, 이순신, 유관순, 안중근, 김구, 아브라함 링컨, 마더 테레사, 슈바이처 박사, 막시밀리안 콜베 신부, 다미앵 신부, 장기려 박사, 손양원 목사, 주기철 목사, 한경직 목사, 김용기 장로, 강성갑 교장 등의 선한 마음을 갖고 그것을 실천하였던 사람들은 또 어찌된 것인가요? 인간은 선하기도 하고 악하기도 한 것인지 많은 학자들이 연구의 대상으로 삼았던 것은 이 같은 이중성을 갖기 때문입니다. 성선설이든 성악설이든 인간은 분명 선하기도 하고 악한 마음을 가진 것도 사실입니다.

아쿠다카와 류노스케의 작품인 『두자춘』은 인간의 본질에 대해 잘 드러내고 있는 작품 중의 하나입니다. 주인공 두자춘은 부모님이 남겨 주신 돈을 흥청망청 다 써 버리고 맙니다. 돈이 있을 때는 문지방이 닳도록 찾아오던 친구와 이웃들이 막상 그가 돈이 없게 되자 아무도 그를 찾아오지 않게 되지요. 자신에게 이익이 되지 않으면 헌신짝 버리듯 버려 버리는 인간의 이중성을 몸소 체험한 두자춘에게 있어 인간은 환멸의 대상이며 인간 세계를 벗어나고자 합니다. 그래서 신선이 되려고 한 두자춘에게 신선인 노인에게 시험을 받게 되는데 어떠한 일이 있더라도 절대 말을 해서는 안 된다는 것입니다. 그의 부모가 그를 위해 처절히 채찍으로 맞는 장면에서 두자춘은 도저히 참지 못하고 어머니를 외치게 되고 비록 신선이 되지는 못하지만 이를 통해 인간에게 있어 인간답게 하는 속성을 깨우치게 됩니다. 그러면서 그는 이제는 사람답게 정직하게 살아간다고 하면서 노인을 떠난다는 내용입니다. 두자춘이 말하는 사람다운 것은 무엇일까요? 또 그가 깨달은 것은 무엇일까요? 이 작품은 우리 인간이 무엇을 지향해 나가야 할 것인지를 잘 일깨워 주는 양서입니다.

독서는 이러한 가치관을 읽어내야만 합니다.

제 3장. 상상력을 풍부하게 해 주는 독서 토론

1. 들어가는 말

비고츠키(Vygotsky)는 언어가 사고의 발달에 절대적인 영향을 끼친다는 점을 밝히고, 읽고 쓰고 토론하는 독서 토론 활동이 학생들에게 적극적인 언어 사용을 촉진시킨다는 것을 이론적으로 증명하였습니다. 다시 말해서 독서 토론 활동은 언어를 통한 사고 발달을 적극적으로 도우며, 함께 참여한 참석자들과의 교류를 통해 혼자 학습하는 것보다 더 확장된 학습 효과를 이룰 수 있으며, 얻어진 지식이나 정보를 자신의 것으로 내면화하는데 큰 역할을 한다는 것입니다. 따라서 이번 장에서는 독서 토론이 무엇인지에 대해 살펴보고 실제적으로 어떻게 독서 토론을 할 것인지에 대해 살펴보도록 하겠습니다.

2. 토론의 기원과 속성

앞장에서 이미 언급했듯이 토론은 "자기의 의견을 합리성과 정당성을 갖추어 상대에게 효과적으로 주장하는 설득 행위"입니다. 따라서 자기의 의견을 논리적으로 잘 정리하여 표현하는 것이 중요하며, 필요하다면 각종 관련 자료들을 가능한 한 많이 수집하여 활용해야 합니다.

오늘날 가장 합리적인 의사 결정 방법으로 주목받고 있는 토론의 기원은 고대 그리스의 아테네로 보는 견해가 많습니다. 소크라테스가 젊은이들과 문답법을 통해 자신의 앎의 한계를 깨우쳐 준 것도 바로 이곳이고, 플라톤도 이러한 소크라테스의 영향을 직접적으로 받아 자신의 철학을 완성했으며, 아리스토텔레스의 경우는 '소요학파'라 불릴 만큼 거닐며 대화를 통해 진리를 탐구한 것은 유명한 사실입니다. 이 같은 기원에서 토론은 싹트기 시작했는데 특히 토론은 긍정과 부정, 즉 정과 반의 대립을 전제로 하는 논쟁으로 이를 변증법이라고 해도 좋을 듯합니다. 변증법은 라틴어로 '다이알렉티카(dialectica)'인데, 이 말의 본래 의미는 '대화, 문답'입니다. 서구에서는 이런 변증법의 오랜 역사 속에서 토론이 성장해 온 것입니다. 따라서 토론은 변증법적 속성을 갖고 있다고 할 수 있습니다.

토론은 단지 어떤 의사 결정을 위한 논의의 한 방법이 아니라 토론은 나름대로의 속성을 갖고 있습니다. 첫째, 토론은 자기주장을 증명하는 활동입니다. 증명을 못하면 토론이라 할 수 없으며 토론에서 자기주장을 관철시킬 수 없습니다. 둘째, 증명을 위해서는 논리성을 갖추어야 합니다. 주먹구구식이 아닌 논리적 사고와 표현이 토론에서는 반드시 필요합니다. 셋째, 이를 위해서는 자신의 주장이 옳다고 하는 여러 자료와 사실, 정보 등을 확보해야 합니다. 또한 반대 입장의 잘못된 내용도 간파하고 준비하여야 합니다. 넷째, 토론은 감정싸움이 아닌 이성의 활약을 중심으로 하므로 깎아 내리기식 인신공격을 하는 언쟁과는 구별되어야 합니다. 자칫 토론으로 시작하다가 언쟁으로 끝날 수 있습니다. 다섯째, 토론은 민주주의적 열린 마음과 열린 사고를 바탕으로 행해지는 활동입니다. 독재나 봉건 시대에서는 진정한 토론은 있을 수 없습니다.

3. 토론의 형식과 독서 토론

토론에도 형식이 있습니다. 가장 보편적인 토론의 형식은 입론, 반대 신문, 최종 변론의 세부분으로 이루어집니다. 최종 변론 후에 심판에 의한 판정으로 토론의 논의가 끝납니다. 입론은 논제에 대한 긍정 측 또는 부정 측의 변론을 말합니다. 양측 모두 각자 어떻게 논제를 긍정 또는 부정하는가를 각종 자료를 기초로 하여 변론을 행합니다. 반대 신문은 긍정 측 또는 부정 측의 입론을 듣고, 상대측 주장의 모순이나 문제점 혹은 의문점 등을 지적하고 그에 대한 논의를 벌이는 것입니다. 최종 변론은 입론과 반대 신문이 모두 끝난 뒤 긍정 측과 부정 측이 자기측 입장의 정당성을 증명하기 위한 논리적 근거를 총괄적으로 설명하고 변론하는 것입니다. 이 같은 기본적인 토론 형식을 바탕으로 조금씩 변형된 형식들이 존재합니다. 하지만 엄격한 의미에서 기본 형식에서 크게 벗어나지는 않습니다.

교육 현장에서 가장 많이 혼돈하고 사용하는 것 중의 하나가 토론과 토의의 용어입니다. 영어에서도 분명 토론(debate)과 토의(discussion)를 구분하고 있습니다. 그렇다면 어떤 차이가 있을까요? 먼저 토의는 주어진 문제에 대한 의논을 통해 해답을 찾아내는데 의미가 있습니다. 반면 토론은 이미 해답이 나와 있으므로 그것을 설득하는데 중점을 둔다는데 의미를 둡니다. 다시 말해서 토의는 해결책을 찾는데 더 큰 의미를 두는 것이고, 토론은 이미 해결책이 나온 상태에서 자신의 해결책이 옳다는 것을 증명, 설득시키고자 하는 것을 의미합니다. 또한 토의는 서로 협력해 의논하면서 생각의 폭을 넓혀가는 것이지만 토론은 대립을 전제로 자신의 의견을 정면으로 주장합니다. 이와 더불어 토의는 특별한 규칙이나 형식이 필요없으나 토론은 정해진 규칙이나 형식에 으거해 진행된다는 점이 큰 차이점입니다.

독서 토론은 "책을 읽고, 서로의 의견을 나누는 언어활동"입니다. 즉, 독서 토론은 책으로부터 토의된 내용을 토론을 통해 판단하거나 받아들이는 활동을 의미합니다. 따라서 독서 토론은 어떤 책을 읽고 그 핵심 사항들에 관해 폭넓고 깊이 있게 이해하고 표현하는 활동으로서 참여자의 독해력과 사고력, 표현력과 청취력을 높여 주는 종합적 사고 활동입니다. 독서 토론을 통해 독서에 대한 토론의 준비 과정에서 책에 대한 이해를 깊게 할 수 있으며, 양서에 대한 정보를 서로 교환할 수 있고, 논리적인 사고력과 의사 표현의 순발력을 기를 수 있습니다. 더욱이 다른 사람의 의견을 들어봄으로써 자신의 생각의 옳고 그름을 판단할 수 있다는 장점이 있습니다.

4. 논술과 토론

논술은 글로서 자신의 주장을 여러 배경 지식과 근거들을 통해 논리적으로 설득시키는 것이라면, 토론은 글이 아닌 말로써 자신의 주장을 상대방에게 논리적으로 설득시켜 가는 과정이라고 할 수 있습니다. 토론을 잘하는 학생들이 논술을 잘 할 수 있는 있는 것은 어쩌면 당연한 것이라고 할 수 있습니다.

토론은 말 잘하는 것과 말을 많이 하는 것을 의미하지는 않습니다. 즉 토론은 수다와는 다릅니다. 토론은 근거를 갖고 논리적으로 자신의 의견이나 주장을 받아들일 수 있도록 해야 합니다. 반면 수다는 남을 설득시키려고 논리적일 필요는 없습니다. 듣는 사람이 받아들이든 말든 자신의 생각을 표현하는 것뿐입니다. 그것이 큰 차이입니다. 혹자는 웅변과 토론을 혼돈하는 경우도 있는데 이것도 전혀 다른 것입니다. 왜냐하면 웅변은 자신의 주장을 듣는 사람에게 감동을 주고 감정에 호소하여 받아들이는 것이라면 토론은 감정이 아닌 이성에 호소하는 것이기 때문입니다. 독서 감상문이나 생활문이 웅변에 가깝다면 논설문이나 논술은 토론에 가깝습니다.

5. 독서 토론의 종류

독서 토론에는 양서 탐구 토론, 대화식 독서 토론, 토의망식 토론 등이 있습니다.(한국독서학회, 2003)

1) 양서 탐구 토론 : 양서 탐구 토론은 미국양서협회(GBF)가 아동, 청소년, 성인 등의 독서를 촉진시키기 위해 제안한 방법으로서 작품의 의미에 대해 구체적으로 하는 질문이 탐구 토론의 핵심이며, 독자는 책을 읽고 해석하며 작가가 말하는 것이 무엇인지 이해하려고 애쓰는 해석적 과정이 양서 탐구 토론의 중심 활동입니다.

이 토론을 위해서는 토론 리더가 작품 속에서 탐구 및 이해를 위한 질문을 만들어 참가자들과 질문을 통한 토론을 벌이며, 질문에 대한 답이 작품의 내용과 관련이 있고 근거가 있는지를 확인해야 합니다. 이 토론을 위해서는 토론 리더뿐만 아니라 토론 참여자들의 읽기 능력이 잘 형성되어 있어야 하며, 그렇지 못한 경우 깊은 내용으로의 이해나 탐구는 어렵습니다.

2) 대화식 독서 토론 : 대화식 독서 토론은 야외 카페의 안락한 분위기에서 영화에 대해 자유로운 대화를 하듯이 읽은 책에 대해 대화를 나누는 토론(Tierney, Readence & Dishner, 1995)으로 모든 학생들의 참여를 우선적으로 강조하는 것이 특징입니다. 특별히 토론 리더가 토론용 질문을 준비할 필요는 없습니다. 읽은 책의 내용에 대해 편안한 마음으로 작품을 읽은 독자들 사이에서 공감과 자신의 생각을 공유하는 토론입니다. 자신의 느낀 점을 도두가 피력해 볼 수 있도록 하는 것이 이 토론의 매력입니다.

3) 토의망식 토론 : 토의망식 토론은 읽은 책에서 상반되는 내용이 부각되거나 의견이 불일치할 때 적절한 토론 방식으로 학교와 같이 다수의 학생이 참여할 때 가능한 토론입니다. 먼저 짝을 지어 자신의 생각에 대해 토론해 보고 다시 다른 짝을 지어 토론하면서 차이가 나는 견해의 이유나 근거를 찾아 의견의 차이를 좁혀 나가면서 다음으로는 네 명이 한 조가 되어 전체 토론 참가시 발표할 의견을 조율한 후 전체 토론으로 확장해 나갑니다. 가령 『레미제라블』을 읽고 시장이 되어 열심히 노력하며 살아가는 장발장이 어느 날 자신이라고 붙잡힌 누명을 쓴 사람의 기사를 보고 과연 내가 법정에 가서 사실대로 말할 것이냐 아니면 이대로 살면서 더 좋은 일을 계속해 갈 것이냐 하는 선택의 여부를 판가름하는 경우 학생들은 전자를 선택할 수 있고, 또 후자를 선택할 수도 있으므로 이같은 내용에 대해 이와 같은 토의망식 토론으로 보다 문학 작품을 분석적으로 이해하고 보다 넓고 깊게 해석할 수 있도록 도와줍니다.

이처럼 독서 토론은 참가 인원이나 목적 등을 잘 따져서 어떤 토론으로 할 것인가를 정한 후 시행하여야 합니다.

6. 독서 토론 시에 필요한 사항

1) 토론의 기본은 듣기와 말하기다

토론은 회의, 대화, 의논과 더불어 언어를 이용한 의사소통, 즉 '언어적 의사소통'의 대표적인 방법입니다. 언어를 통한 의사소통에서 가장 기본이 되는 것은 말하기와 듣기입니다. 말하기는 화자가 청자를 향해 자신의 개념, 감정, 의도 등을 이해시키기 위해 언어화하는 과정이라면, 듣기는 청자가 화자의 말을 통해서 그가 전달하고자 하는 개념, 감정, 의도 등을 재구성하는 과정입니다. 그러므로 말하기와 듣기의 과정에는 표현하고 이해해야 할 '내용' 과, 이를 처리하는

'방법'이 함께 관여하게 됩니다.

　토론을 잘하기 위해서는 '듣기'와 '말하기'의 기술에 대해 먼저 배우고 익혀야 합니다. 말하기와 듣기의 바람직한 습관과 태도를 들면 다음과 같습니다. 첫째, 일상생활에서 접하는 여러 상황에서 말하기와 듣기에 적극적으로 참여하는 태도가 필요합니다. 모든 의견을 수용하려는 개방적 자세와 문제를 합리적으로 처리하려는 적극적인 태도를 취할 때 우리는 능동적이고 창의적인 사고를 할 수 있게 됩니다. 둘째, 자기가 한 말에 책임지는 태도를 지녀야 합니다. 자기 언행에 책임을 지지 않는 사람은 어떤 말을 해도 신뢰를 받을 수 없으며, 신뢰감이 결여된 상태에서는 원만한 의사소통이 이루어질 수 없습니다. 셋째, 남의 말을 귀 기울여 듣되, 그 내용을 비판적으로 수용할 수 있어야 합니다. 말하는 내용이 주제에 합당한가, 논리적으로 타당한가, 진실성이 있는가, 실현 가능한 것인가, 그보다 더 좋은 의견은 없는가 등을 따져가며 들어야 한다는 것입니다. 마지막으로 상대의 입장과 의견을 존중하는 태도를 지녀야 합니다. 상대방을 배려하지 않는 토론은 토론의 본질과 벗어나는 것입니다.

　토론은 내 자신의 주장을 관철시키려는 목적보다는 가장 합리적인 해결 방안을 모색해 가는 협의 과정이기 때문에 자신의 주장과 다르다고 두시하거나 들으려 하지 않아서는 토론이 성립될 수 없습니다. 하나하나 토론 참가자들의 의견을 주의 깊게 듣고 그들의 의견에서 좋은 부분을 내 것으로 만들어 가는 자세가 토론할 수 있는 기본이 되는 것입니다. 만일 토론 중에 자신의 주장보다 상대방의 주장이 옳다고 인정되면 서슴없이 자신의 주장을 포기할 수 있어야 합니다.

2) 독서 토론 시의 적정 인원

　독서 토론은 반드시 참석자 모두가 듣고 말할 수 있도록 해야 언어를 통한 사고 발달을 가져올 수 있습니다. 따라서 혼자서 하게 되면 선생님과의 대화를 통해 토론이 이루어지므로 다른 친구들의 의견이나 생각을 청취할 수 있는 기회를 놓치게 되는 단점이 있습니다. 물론 혼자서 하는 것이 필요한 때도 있습니다. 그와 같은 경우는 첫째, 읽기 능력이 현격히 부족하여 토론 수업에 참여할 수 없는 아이를 대상으로 할 때 교사가 적극적으로 개입하여 그 수준을 올려 줄 필요가 있을 때입니다. 이런 경우 교사와 1대 1의 수업이 필요합니다. 둘째, 책에 대한 즐거움을 몰라 독서 습관이 형성되지 않은 아이를 대상으로 할 때 교사가 독서 습관 형성을 목적으로 한 1대 1 수업이 필요합니다. 셋째, 독서 치료가 필요한 경우입니다. 여러 환경 등의 요인으로 정서나 사고 등에 문제가 있을 경우 교사가 1대 1로 독서를 통한 치료 시 행해질 수 있습니다.

이 같은 상황을 제외한다면 가급적 독서 토론은 2명 이상 6명 이하의 정원으로 토론이 진행되는 것이 좋으며 특히 4~5명이 적정하다는 연구가 있습니다. 너무 많게 되면 자칫 교사의 일방적 강의 지도가 되기 쉬우며, 토론 발표를 하는 학생과 그렇지 못한 학생이 생기기 때문에 독서 토론의 효과적 측면에서도 많은 인원은 효율적이지 못합니다.

3) 즐거워야 한다

무엇을 하든 즐거워야 합니다. 목사의 설교 말씀이든, 대학 교수의 강의든, 학교 선생의 수업이든 즐거운 마음으로 참여해야 합니다. 독서 토론도 마찬가지 입니다. 그런데 자칫 즐겁지 않을 수도 있습니다. 가장 큰 이유로는 첫째, 흥미를 잃어서 즐겁지 않을 수 있습니다. 독서 습관이나 읽기 능력이 형성되지 않아 책읽기가 어렵거나 읽어도 이해를 못하는 경우 흥미를 잃게 됩니다. 책읽기의 즐거움부터 알게 해 주어야 합니다. 둘째, 다른 외부적 환경요인에 의해 즐겁지 않을 수 있습니다. 아이가 조금 못한다고 교사가 토론에서 제외시키거나 다른 아이들을 지나치게 칭찬하거나, 마음에 맞지 않은 친구들과 모둠이 형성되었거나, 가정 환경 등의 문제 등 여러 가지 요인이 있을 수 있습니다. 이럴 경우 즐거움은커녕 아이에게는 힘든 시간이 될 수도 있습니다. 셋째, 내용 이해나 배경 지식이 없어서 즐겁지 않을 수 있습니다. 앞서 언급한 것처럼 책 읽기 습관이나 책에 대한 관심이 적은 경우의 아이는 배경 지식이 많지 않으므로 책에 대한 내용 이해도 그만큼 뒤쳐지게 됩니다. 이럴 경우 아이가 좋아하는 쉬운 책부터 읽혀 나가는 것이 좋습니다. 교사나 부모의 역할도 필요합니다. 자신감의 의욕을 불어넣을 수 있도록 해야 즐거운 수업이 됩니다. 넷째, 토론을 재미있게 이끌어 가야 합니다. 읽기, 말하기, 듣기, 쓰기와 더불어 사고하기까지 연결될 수 있도록 게임이나 퀴즈 등 여러 가지 재미있는 활동들을 할 수 있도록 배려해야 합니다. 다섯째, 독서 토론을 통한 깊은 사고로의 발전을 아이들 스스로 느낄 수 있도록 해야 합니다. 토론을 통해 심화된 내용 이해와 자신의 사고 능력을 검증받으면서 느끼는 희열을 만끽하도록 해야 합니다. 그렇게 되면 보다 심도 있는 토론으로 그 깊이를 더해 가게 됩니다.

고양시 H초등학교 4학년인 창영이는 어떠한 수업 중에서도 독서 수업이 가장 재미있다고 하는 아이입니다. 왜 재미있냐고 하니까 책을 좋아하게 되었고, 읽은 책을 통해 자신의 생각을 키워 가는 즐거움이 너무나 좋다는 것이며, 자신감까지 갖게 되었다고 말합니다. 이럴 때 독서 수업을 맡는 선생님의 입장에서 그 보람과 즐거움은 더 말할 나위가 없을 것이겠지요. 창영이를 통해 독서 수업이 갖는 장점 중에서 수업에 대한 자신감과 즐거움이 지적 호기심을 더욱 자극해 보다 폭넓은 독서와 학습이 가능하다는 것이며, 이것이 나아가 리더십에도 영향을 미치게 되는 것입니다. 왜냐하면 수업 시 친구들과 토론할 때 의견을 이끌어가는 오피니언 리더 역할을 하는 것을 자주 목격하게 되기 때문입니다. 또 항상 얼굴에 웃음과 미소가 가득하고 언제나 자신 있게 자신의 의견을 표현하고 발표하는 모습에서 독서 수업의 중요성을 새삼 느끼게 됩니다.

4) 반드시 책을 읽고 와야 한다

독서 토론을 위해서는 반드시 책을 읽고 와야 합니다. 책을 읽지 않고서는 토론을 진행할 수 없습니다. 저학년의 경우, 선생님이나 토론 리더가 함께 참여자들과 읽고 시작할 수 있지만 고학년의 경우는 어렵기 때문에 읽고 오지 않은 아이는 반드시 읽고 오지 않으면 참여할 수 없다는 사실을 확실히 인식시켜야 합니다. 따라서 읽고 오지 않은 아이를 토론에 제외시키거나 돌려보내는 극단적인 처방도 내릴 수 있어야 합니다.

일부 학원에서 운영하는 토론 수업에 책을 읽지 않고 오는 아이들에게 교사가 줄거리만을 들려주고 토론에 참여시키는 경우가 종종 있는데 이것은 아이들에게도 좋지 않은 습관을 키워줄 수 있습니다. 즉 책을 안 읽고 가도 되는구나 하는 나쁜 습관이 형성될 수 있기 때문입니다. 토론은 책읽기를 전제로 한 독후활동이므로 책읽기가 선행되지 않은 토론은 무의미한 것입니다.

특히 토론을 하려고 하는 책은 아이들에게 세 번 이상 읽고 올 수 있도록 지도해야 합니다. 세 번 이상 읽도록 하는 이유는 한 번 읽어서는 들어오지 않는 세부적이고 구체적인 내용들을 꼼꼼히 자신의 것으로 만들어 둘 수 있기 때문입니다. 그렇게 한 경우 토론 내용이 더욱 깊어지고 보다 알찬 수업이 가능해집니다. 따라서 처음 1독 할 때는 천천히 정독하게 하고 가급적 중요하다고 생각되는 부분에 밑줄을 긋거나 간단히 메모해 두도록 하며, 2독시에는 주인공의 이름, 장소 등 구체적인 내용들을 살피며 읽게 하고, 3독시에는 밑줄 긋거나 메모했던 내용이나 중요한 사건을 위주로 하여 읽게 하면 좋습니다.

가끔 읽지 않고 읽었다고 하며 거짓말을 하는 경우도 있는데 책 속에서 바로 찾을 수 있는 질문을 해 보면 금방 알 수 있으므로 읽었는지의 여부를 잘 살펴보아야 합니다.

5) 토론은 자신만을 내세우는 장이 되어선 안 된다

토론은 참여자들 혹은 토론 상대자들과 함께 하는 집단 활동입니다. 부모님과 아이가 책을 읽고 대화하는 것도 토론일 수 있습니다. 토론은 어떻든 혼자만의 활동이 아닌 사회성이 강한 활동이므로 상대방의 생각이나 주장에 귀 기울여야 합니다. 가끔 토론 수업을 하다 보면 혼자만 말하려고 하는 아이들이 있는데 그런 아이들일수록 다른 아이의 이야기를 들으려고 하지 않습니다. 토론은 말하는 훈련뿐만 아니라 듣는 훈련도 함께 이루어지는 것이므로 자신만을 내세우는 토론이 되어서는 안 됩니다. 상대방을 배려하는 좋은 습관을 키워 나갈 수 있도록 이끌어 주어야 합니다.

6) 토론은 근거 찾기다

토론은 자신의 생각을 상대방에게 설득해 가는 매우 지적인 활동입니다. 그렇기 때문에 상대방에게 자신의 생각을 감정적이나 강압적으로 설득시키려고 해서는 안 됩니다. 설득을 시키기 위해서는 보다 냉정하고 이성적인 증거들이 필요한데 그것이 바로 근거입니다. 독서 토론은 책의 내용을 토론을 통해 이해하고 자신의 장기 기억으로 얻어진 지식을 확고히 저장, 인출하는데 유용하다면 근거 찾기를 통해 이것을 더욱 정교화 할 수 있기 때문입니다. 근거 없는 주장은 억지밖에 되지 않습니다. 누구도 자신의 의견을 뒤집을 수 없는 그러한 근거들을 책 속에서 찾아내야 합니다. 이것을 글로 나타낸 것이 논술이며, 이것에다 새로운 자신의 주장을 논한 것이 논문인 것입니다. 이들 모두 정확하고 분명한 근거들이 존재해야 가능한 것입니다. 토론은 말로 하는 논술인 것입니다.

파주시 C초등학교 3학년인 소정이는 질문이 원하는 내용과는 엉뚱한 근거를 대는 편이었던 아이였는데 근거 찾기와 주제 찾기 등의 독서 수업 활동을 통해 엉뚱하게 둘러대는 것이 많이 사라졌고, 특히 글쓰기의 양이 점차 늘어나 근거 있는 내용의 글쓰기로 점차 변해 갔습니다.

7. 독서 토론 리더의 역할

독서 토론 리더는 토론 참가자들의 사고를 촉진시켜 주는 역할을 하는 것이지 자신의 틀에 맞게 의견을 이끌거나 지식을 주입해서는 안 됩니다. 사실 이 역할은 매우 어렵습니다. 가장 객관적이고 토론을 풀어 나가는 조력자가 되어야 합니다. '가재는 게 편'이라는 속담도 있듯이 토론 리더가 자칫 공정성을 잃고 어느 한쪽을 편향되게 끌고 간다면 독서 토론의 의미는 사라지고 마는 것입니다.

또한 독서 토론 리더는 나올 수 있는 예상 답을 미리 정리하고 그 답이 아이들에게서 나오기를 바라서는 안 됩니다. 예상한 답뿐만 아니라 예상할 수 없는 답이 나오게 하는 것이 독서 토론의 참맛이기 때문입니다. 어떤 정해진 틀이나 답에 억지로 끌어다 맞추려는 방식은 오히려 토론을 하지 않는 것이 낫습니다. 그것은 사고 능력을 오히려 저하시키는 결과를 낳기 때문입니다.

또한 토론 리더는 독서 토론할 작품을 철저히 이해하고 있어야 합니다. 몇 번씩 읽어 보고 대주제, 소주제 등을 찾아보고, 주요 질문들을 만들어 보아야 합니다. 리더가 이해를 못하면 당연히 아이들도 헤매고 마는 것은 뻔한 일이기 때문입니다. 따라서 독서 토론 리더는 다음과 같은 유의점에 주의해야 합니다.

1) 토론 리더는 자신의 경험이나 지식보다는 학생들이나 토론 참가자들의 중재 역할과 촉진자 역할을 해야 한다.

토론 리더는 토론에 있어서 객관적인 입장에 있어야 합니다. 토론 리더가 어느 한쪽을 옳다는 식의 결정을 해 버리면 다른 충분한 사고를 제한하는 일이 벌어지기 때문입니다. 예를 들면 '토끼와 거북이의 경주'에서 거북이는 착하고 성실하며, 토끼는 꾀많고 자기꾀에 자기가 넘어가는 불성실한 동물이라고 이끌어가게 되면 '거북이는 왜 잠자고 있는 토끼를 깨우지 않았을까?'와 같은 새롭고 다양한 시각을 차단하게 되는 것이 된다는 것입니다.

'심청전'의 심청이도 반드시 자신의 목숨을 바치는 것이 효일까? 하는 다른 각도에서의 사고가 촉진되어야 참가자들의 사고 능력을 보다 향상시켜 나갈 수 있는 것입니다. 토론 리더의 자칫 틀에 박힌 독서 토론 수업은 하지 않는 것보다 나을 수 있다는 사실을 염두에 두어야 합니다.

2) 토론 리더는 토론에 대한 동기 유발을 시켜야 한다.

이것은 다른 말로 표현하면 지적 자극을 일으켜야 한다는 것입니다. 신선한 지적 자극을 통해 참가자들은 토론의 참여를 보다 적극적이고 자기 주도적으로 해 나가게 됩니다. 그것이 가능하게 하려면 토론 리더의 역할이 무엇보다도 중요합니다. 그러기 위해서는 적절한 질문을 통해 근거 있는 답을 만들게 하고 깊이 있는 사고에까지 미칠 수 있도록 해야 합니다. 초등학교 저학년의 경우는 경험적 질문이나 상상적, 사실적 질문 등으로 홍미를 유발하거나 쉽게 답을 하게 함으로써 자신감을 키워 줄 필요가 있습니다. 고학년이나 중학교 학생들의 경우에는 하나의 답보다는 가능한 한 여러 개의 답을 만들어 낼 수 있도록 분석적, 핵심적 질문을 해야 하며, 텍스트의 이해도와 다양한 근거를 찾는 사고력을 키워 줄 수 있도록 해야 합니다.

토론이 활성화되면 긴장감과 함께 지적 즐거움을 참가자들은 체험할 수 있습니다. 그 체험이 다시 토론에 참가하려고 하는 동기 유발이 된다는 사실을 잊지 말아야 합니다. "선생님, 수업 더 해요.", "독서 수업을 하루 종일했으면 좋겠어요."라고 하는 말이 아이들의 입에서 저절로 흘러 나오게 해야 하는 것입니다.

3) 토론 리더는 토론 참가자 모두에게 토론의 기회를 주어야 한다.

토론에 참가한 학생들은 모두가 공평한 기회를 갖고 있음을 토론 리더는 잊지 말아야 합니다. 사실 필자도 이 같은 사실을 종종 잊을 때가 있습니다. 그 이유는 토론 참가자들의 수준이 같을 수 없기 때문에 책에 대한 이해도가 높은 아이가 있는가 하면 그렇지 못한 아이, 발표를 잘하는 아이가 있는가 하면 발표를 못하는 아이도 있고, 선생님을 잘 따르는 아이가 있는가 하면 산만하거나 집중력이 약한 아이도 있습니다. 따라서 자칫 토론 리더는 잘하는 아이 위주로 토론 진행이 흘러갈 수 있다는 것입니다. 그렇게 되면 못하는 아이들은 토론에서 소외당하고 들러리 역할만 하게 되는데 그것이 토론 수업을 회피하게 되는 결정적 원인이 되기 때문에 토론 리더는 참가자 모두에게 발표할 수 있는 기회를 제공해야 하며, 만일 쉽게 답이 나오지 않아 발표가 늦거나 성격상 내성적이어서 쑥스러워 하는 경우에는 그 아이에게 맞는 쉬운 질문이나 사실적 질문 등을 통해 이끌어 나갈 수 있어야 합니다. 그런 노력을 통해 점차 변화되어 가는 것이 또한 독서 교육의 매력이기 때문입니다.

4) 토론 리더는 시간을 잘 할애해야 한다.

토론 리더는 수업안을 잘 만들어야 할 뿐만 아니라 그 수업 안에 맞는 시간 할애를 잘 해야 합니다. 수업 안에는 1차시 60분으로 만들어 놓고도 막상 수업에 들어가서는 그 시간을 지켜 내지 못해 너무 늦게 끝나는 경우가 있는데 물론 시간적 여유가 있는 경우에는 한 시간이든 두 시간이든 늘려서 수업을 할 수 있겠으나 이런 경우 그렇게 썩 바람직하지 못함을 지적해 둡니다. 그 이유는 교사나 부모만 흥분해서 시간을 질질 끌게 되면 아이들은 쉽게 지칠 수 있고, 그 지친 여파가 자칫 독서 수업에 대한 흥미를 잃게 할 수도 있기 때문입니다. 학부모들은 수업 시간이 길면 길수록 더 많은 것을 얻을 것이라는 잘못된 편견을 갖고 있습니다. 물론 안 하는 것보다야 낫겠지만 길게 한다고 해서 더 많이 얻는 것은 아니기 때문입니다. 중요한 것은 적절한 시간 안에 얼마나 많은 것을 자신의 것으로 만들어 가느냐가 중요한 것이지요. 어떤 아이는 한 시간 정도 시험 공부 했는데도 우수한 성적을 받는가 하면 또 어떤 아이는 10시간 이상 공부해도 좋지 않은 성적을 받는 것을 어렵지 않게 발견할 수 있습니다. 즉, 시간의 길이보다는 얼마만큼의 집중력이 중요한지를 알려 주는 예입니다. 따라서 독서 수업도 정해진 시간 내에 집중할 수 있도록 토론 리더는 이끌어 갈 필요가 있습니다.

5) 토론 리더는 참가자들의 상황을 관찰해야 한다.

토론 리더는 참가자들이 책을 읽고 왔는지, 얼마나 깊이 있게 이해하고 있는지, 현재의 기분이나 건강 상태는 어떤지 일일이 체크해야 합니다. 그러한 요인들이 토론에 있어서 많은 영향을 주기 때문입니다. 필자가 경험한 바에 따르면 책을 읽지도 않고 줄거리만 어디서 읽고 참가한 아이를 지도해 본 적이 있는데, 그 아이는 토론 시 분명히 제대로 된 답변이나 근거 있는 답변이 나올 리 없습니다. 책읽기가 안 된 아이가 깊이 있는 생각이 도출되기란 불가능하기 때문입니다. 이렇게 되면 잘 읽고 온 아이들과 토론 수업의 깊이가 달라지게 됩니다. 이럴 경우 토론 리더는 이런 일이 없도록 혹독한 처벌을 내려야 합니다. 그 아이 하나 때문에 선의의 피해를 입는 아이들을 보호하기 위해서이기도 하지만 그 아이 역시 제대로 된 습관을 길들이지 못하면 독서 교육이 주는 양분을 얻을 수 없기 때문입니다. 따라서 토론 리더는 참가자들의 일 거수 일 투족을 자세히 살펴보고 관찰해서 토론 수업을 진행해 나가야 합니다.

고양시 모초등학교 4학년인 재호는 이미 독서 수업을 받았던 아이인데, 부모가 걱정하는 것은 재호를 만나는 교사마다 대답이 없고 내성적이라고 수업하기가 곤란하며, 병원 상담까지 권유를 받았던 아이입니다. 하지만 재호를 만나 수업을 해본 결과, 재호는 남자 아이치고는 조용하고 내성적인 편이어서 처음 재호와 수업을 하는 교사라면 발표력과 표현력이 부족하다고 느껴질 정도의 아이이지만 사실 그 반대의 경우의 아이입니다. 책을 많이 읽어 읽기 능력과 사고 능력이 매우 발달되어 있는 상태이고, 쓰기도 자신의 생각을 잘 표현하는 경향을 보이고 있습니다. 문제는 재호가 끝까지 발표할 수 있도록 배려해 주지 못한 교사의 책임이지요. 아이들 하나하나의 상황과 상태를 꼼꼼히 살펴보아야 합니다. 그것이 교사의 책임이자 역할이기 때문입니다. 재호 어머니께 결코 문제가 있는 아이가 아니며, 오히려 다른 아이들보다 더 높은 기초 학습 능력을 갖고 있다고 하니까 눈물까지 흘릴 정도로 감격하는 모습을 본 적이 있습니다. 지금도 재호는 또래 아이들과 즐겁고 재미있는 독서 수업을 받고 있고, 먼저 손을 드는 아이로 성장하고 있습니다.

8. 독서 토론의 실제

교사가 준비한 자료를 갖고 조별로 실습합니다. 조장이나 혹은 리더가 되고 싶은 참여자를 리더로 뽑아 실제 독서 토론을 실습합니다.

1) 양서 탐구 토론의 실제

다음은 쉘 실버스타인의 『아낌없이 주는 나무』에서 토론용으로 만든 질문들입니다. 이것을 토대로 토론 리더와 토론 참여자가 토론을 진행해 봅니다. 토론 리더는 답변이 근거에 맞는지 유의해야 하며 사고력, 이해력을 도와주기 위해 추가적 질문을 필요시 던짐으로써 작품 속으로 이끌어 가도록 해야 합니다.

- 작품에서 바로 답을 찾을 수 있는 질문(사실적 질문)

1. 이 작품의 작가는 누구인가요?

2. 이 책에 등장하는 나무는 무슨 나무인가요?

3. 나무가 소년에게 해 준 것은 어떤 것들이었나요?

- 작품 내용과 독자 자신의 경험을 물을 수 있는 질문(경험적 질문)

1. 여러분은 누군가에게 아낌없이 준 적이 있나요?

2. 여러분은 주위에 남을 위해 희생하는 분을 본 적이 있나요?

- 작품 내용을 탐구하고 이해할 수 있는 분석적인 질문(분석적 질문)

1. 어린시절의 소년과 나무는 왜 행복했을 까요?

2. 나무는 왜 홀로 있을 때가 많아졌을까요?

3. 소년은 성장하면서 왜 나무에게 달라고만 했을까요?

4. 나무 밑동뿐인 나무는 왜 소년에게 미안하다고 했나요?

- 작품 내용의 주제를 도출할 수 있는 핵심적인 질문(핵심적 질문)

1. 나무는 왜 소년에게 아낌없이 주었을까요?

- 작품 내용의 가치관적 평가를 이끌 수 있는 판단적인 질문(평가적 질문)

1. 소년이 나무에게 한 행동은 옳은 것일까요? 옳지 않을까요?

2. 나무가 소년에게 행한 무조건적 퍼주기 식의 사랑은 과연 옳은 행동일까요? 아니면 옳지 않을까요?

- 작품 내용을 근거로 상상해 보거나 추론해 볼 수 있도록 한 질문(상상적 질문)

1. 나무는 모든 것을 소년에게 주었습니다. 밑동만 남은 나무는 그 뒤 어떻게 되었을까요?

2) 대화식 독서 토론의 실제

대화식 독서 토론은 특별히 만든 질문을 통해 토론하기 보다는 편안하게 느낀 점을 공유하거나 혹은 자신만이 느낀 독특한 점을 이해시키기 위한 독서 토론이므로 토론 리더는 특별히 탐구나 이해를 위해 리드하기 보다는 자연스러운 분위기에서 토론 참여자 자신이 느낀 점을 이야기하거나 발표할 수 있도록 돕습니다. 단 모든 참여자가 발표할 수 있도록 배려해야 합니다.

3) 토의망식 토론의 실제

다음에 주어진 토론 주제를 갖고 먼저 두 명씩 짝을 지어 자신이 옳다고 생각하는 주장에 대한 이유를 토론하고, 반대되는 주장이 옳지 않은 이유에 대해서도 토론하며, 다시 네 명씩 모둠으로 만들어 토론하고, 마지막으로 자신이 옳다고 한 주장과 반대의 주장으로 전체를 나누어 집단 토론으로 진행합니다. 이 토론의 경우 찬반으로 나눌 수 있는 토론 주제를 선정하는 것이 중요하며 토론 과정에서 자신의 주장이 바뀔 수도 있다는 사실을 공유해야 합니다.

- 토론 주제

사과 나무는 계속해서 받기만 하려는 소년을 위해 끝까지 희생을 해야 할까요? 하지 말아야 할까요?

제 4장
창조력을 키워 주는 독서 질문 만들기

1. 들어가는 말

2006학년도 부산 한국과학영재학교 입시에서 과학 분야 최우수 성적으로 합격한 노희수 군의 어머니가 어느 일간 신문과 인터뷰하면서 이런 말을 했습니다.

"아이에게 호기심을 갖도록 하고, 아이가 호기심을 스스로 찾아가도록 도와주는 게 중요한 것 같아요. 아이와 대화하면서 '한 번 네가 생각해 보렴' 이라는 말을 많이 했어요. 스스로 문제를 만들고, 찾아가도록 하는 거지요."

이처럼 호기심을 스스로 갖게 하고 스스로 문제를 만들고 그 답을 찾게 하는 활동이 바로 노희수 군이 한국과학영재학교를 최우수 성적으로 합격하게 된 가장 큰 원인이 아닐까 생각됩니다.

여기서 생각해 보아야 할 점이 스스로 문제를 만든다는 것입니다. 스스로 문제를 만든다는 것은 내용을 어느 정도 이해해야 가능합니다. 이것은 바꾸어 말하면 이해하지 못하면 스스로 문제조차 만들지 못한다는 것과 같습니다. 예를 들면 공부 잘하는 학생들은 수업 시간에 선생님의 수업 내용을 철저하게 이해하려 합니다. 그러나 간혹 이해하지 못하거나 모르는 부분이 있으면 바로 선생님께 질문을 하거나 수업 후 친구와 그 내용에 관해 토의합니다. 그렇게 해서 모르는 부분을 아는 것으로 바꾸어 나가게 되는데 전반적인 이해 없이는 무엇이 문제가 되고 무엇이 필요한 부분인지조차 모르게 되는 것입니다.

따라서 독서 수업에 있어서의 질문 만들기도 이러한 바탕 위에서 설명되어야 합니다. 즉 질문 만들기는 읽은 책의 내용을 어느 정도 이해가 되어야 질문이 가능합니다. 여기서 질문이란 내용 중에 정말 이해가 되지 않거나 이해는 되어도 짚고 넘어가야 할 것, 제대로 이해된 것인지의 여부를 알기 위해 행해지고, 결국 질문을 만들어 토론 중에서 그 해답을 찾아 자신의 것으로 만들어 가게 됩니다. 그래서 질문 만들기는 책의 내용을 이해 못한 아이들에게는 오히려 쉽지 않은 작업입니다.

2. 질문 만들기의 필요성

현재 독서 수업 중에 질문 만들기를 실시하고 있기에 이와 관련해서 겪은 경험 중에서 책을 제대로 읽고 오지 않거나 내용을 제대로 이해 못한 아이들은 질문 만들기를 엉뚱하게 하거나 핵심을 찾지 못하고 억지로 만들어 내는 경우를 보게 됩니다. 한 번은 아쿠타가와 류노스케의 『두자춘』이라는 책을 갖고 초등학교 4학년 3명으로 이루어진 모둠 수업을 하였는데 제대로 이해한 한 아이는 "왜 노인은 두자춘을 도와주었을까? 두자춘은 왜 인간들에게 정나미가 떨어졌을까? 왜 두자춘은 노인과의 약속을 어기고 소리를 질렀을까?"와 같은 깊이 있는 질문을 만들었지만 제대로 이해하지 못한 아이들은 내용 이해를 돕는 질문보다는 주로 어휘와 같은 용어나 사실 이해와 관련한 질문이 많았습니다.

이처럼 질문은 사고 능력과 매우 깊이 연관되어 있습니다. 겔라거와 언쉬네

(Gallagher & Aschner), 굿작(Guszak F. J), 블로서(Blosser)와 같은 연구자들은 질문과 사고 능력과의 연관성을 연구하였고, 특히 블로서는 사고에 따른 질문 만들기 유형을 제시하였는데 그는 크게 폐쇄적 질문과 개방적 질문으로 질문 유형을 나누었고, 다시 폐쇄적 질문에는 인지기억적 질문과 수렴적 질문이 포함되며 이들의 질문은 단순히 주어진 내용을 인지하고 기억하고 설명하기 위한 질문에 머무른다고 설명하고 있습니다. 개방적 질문에는 확산적 질문, 평가적 질문을 포함하는데 확산적 질문은 상당 수준의 사고를 요하도록 하는 질문으로서 아이들에게 상상적이고 창의적인 대답을 하게 하며, 평가적 질문은 사실 문제보다도 가치의 문제를 다루는데 주어진 사건이나 책의 내용을 평가하고 가치를 판단하고 나아가 비판할 수 있게 하는 것이 평가적 질문이라고 설명하고 있습니다.

이상에서 볼 때 자료의 이해나 확고한 인지의 측면에 있어서는 폐쇄적 질문의 역할이 크지만 아이들의 사고를 확장시키고 가치관에 영향을 줄 수 있는 개방적 질문이 사고 능력을 키우는데 있어서는 매우 중요함을 알 수 있습니다.

그렇다면 질문 만들기는 어떻게 훈련하면 좋을까요? 흔히 우리는 6하 원칙에 대해 알고 있습니다. "누가, 언제, 어디서, 무엇을, 어떻게, 왜"라고 하는 이 6하 원칙을 사용하면 질문을 만들 수 있습니다. 그렇지만 앞서 블로서의 설명과 같이 질문에도 폐쇄적 질문, 개방적 질문과 같이 사고력의 확장보다는 단지 기억력을 향상시키는 단답식 질문과 더불어 사고력을 키울 수 있는 질문이 있습니다. 예를 들면 『심청전』에서 '왜 심청이는 임당수에 몸을 던졌을까?' 와 같이 질문을 하면, '아빠의 눈을 뜨게 하려고', '아빠를 사랑해서', '효심이 깊어서', '아빠를 기쁘게 하려고', '희생 정신이 있어서', '이타적인 마음이 있어서' 등등의 여러 개의 답변이 도출될 수 있습니다. 그렇지만 '임당수에 빠진 사람의 이름은 무엇일까?' 라고 물었을 때 답변은 '심청이' 라고 밖에는 답변이 나오질 않습니다. 이렇듯 질문에도 종류가 있고 사고력을 증진시키기 위해서는 앞서 지적했듯이 복수의 답변을 유도할 수 있는 개방적 질문 만들기가 이루어져야 합니다.

질문 만들기는 이처럼 수동적 사고에서 능동적 사고로 바꾸어 주는 큰 역할을 합니다. 자기 스스로 질문하고 그 질문이 궁금하면 그것을 알기 위해 보다 적극적으로 사고하려는 것이 바로 능동적 사고이지요. 아이들이 책을 읽고 나서 특히 앞서와 같은 답변이 많이 도출될 수 있는 질문을 스스로 만들게 하거나 만든 질문을 갖고 여러 각도에서 답변할 수 있도록 하면 의미 있는 시간이 될 것입니다.

3. 질문 만들기는 언제하나요

질문 만들기는 독서 전, 독서 중, 독서 후 어느 때이건 이루어져야 합니다. 읽을 책을 고를 때부터 질문은 만들어지게 됩니다. '작가가 누굴까?', '제목은 왜 이렇게 지었을까?', '무슨 내용을 담고 있을까?', '표지의 의미는 무엇일까?' 와 같은 질문으로 시작해서 책이 선정되고, 읽어 가면서 지속적인 질문이 이어지고, 그 질문에 대한 답변을 책 속에서 찾으려 노력하며, 읽고 난 후, 작가의 의도나 주제, 교훈 등에 대해서 혹은 글속에 숨겨져 있는 보석들을 질문을 통해 내 것으로 만들어 가야 합니다. 선생님이나 부모님이 아이들과 수업을 하기 위해 질문을 만드는 것은 독서 후 질문 만들기에 해당합니다.

4. 질문의 종류

블로서가 언급한 질문의 유형을 토대로 필자는 나름대로 여러 질문을 분석해 본 결과 다음과 같은 질문의 종류를 제시하고자 합니다.

1) 사실적인 질문 : 책 속에 있는 사실 그대로를 도출하는 질문입니다. 단답식이며 교사나 부모는 이미 그 해답을 알고 있게 됩니다. 아이들의 인지 능력을 테스트하는데 유리합니다.

2) 평가적 질문 : 주인공이나 책 중 등장 인물의 행동이나 생각의 옳고 그름과 같이 어느 것이 옳은가를 판단하게 하여 그것에 대한 평가를 위한 질문입니다. 가치 판단을 도울 수 있는 질문이며 나아가 비판 능력도 만들어 주는 질문입니다.

3) 상상적 질문 : '그 주인공은 앞으로 어떻게 되었을까요?' 와 같이 책 속의 내용을 토대로 상상해 보게 하는 질문을 말합니다. 답이 정해져 있지 않고, 무한한 상상력을 시험해 보는데 좋은 질문입니다.

4) 분석적 질문 : 책의 내용을 보다 깊이 있게 사고할 수 있도록 하기 위한 중요한 질문의 하나이며, 답이 하나가 아닌 복수의 답을 요구하는 질문입니다. 이해와 더불어 유추 능력을 필요로 하는 고도의 지적 질문입니다.

5) 핵심적 질문 : 책의 주제나 작가의 의도에 접근할 수 있는 질문을 말하며, 반드시 독서 수업 시 제시되어 아이들과 함께 질문하고 답할 수 있도록 해야 하는 중요한 질문입니다. 학습 목표와도 관련이 있는 질문으로서 목표와는 다른 질문이 되면 의도하지 않은 방향으로 수업 내용이 진행되므로 주의해야 합니다.

6) 추가적 질문 : 앞서 행해진 여러 질문들에 이어서 할 수 있는 질문으로서

아이들의 이해 범위나 이해도를 추적하고, 다양한 시각을 만들어 주는 질문입니다. 독서 토론 리더들이 초기에 가장 어려워하는 질문으로서 토론을 이끌어 가는데 매우 중요합니다.

7) 경험적 질문 : 책 속에 있는 내용과 관련한 아이들의 경험이나 배경 지식을 물어볼 때 쓸 수 있는 질문입니다. 수업에 집중도를 높이고, 자신감을 불어넣을 수 있는 질문이 되어야 하며, 자연스럽게 책의 내용으로 연결시킬 수 있는 질문이 되어야 합니다.

5. 줄거리 요약을 활용하라

책을 읽고 줄거리를 요약하면 질문 만들기가 쉬워지고, 아이들의 이해를 돕는 질문이 만들어지게 됩니다. 앞서 예를 들은 『심청전』의 줄거리를 요약하면 "심봉사와 그의 아내가 잘 살다 심봉사의 자식 욕심으로 아기를 낳다가 심청이를 낳고 아내는 죽고, 젖먹이 심청이를 어렵게 키워 나간다. 심청이가 시집갈 나이가 되었을 즈음 심봉사는 스님을 만나고 공양미 삼백 석을 부처님께 바치면 눈을 뜰 수 있다는 말에 선뜻 그러마고 하지만 불가능한 일. 심려하는 아버지의 눈을 뜨게 하기 위해 뱃사람에게 공양미 삼백 석에 자신을 판 심청이는 바다에 뛰어들지만 심청이의 효에 감복한 하늘에서 그녀를 오히려 왕비가 되게 하고, 왕비가 된 심청은 나라 안의 모든 장님을 궁궐로 초대하여 연회를 베풀고 결국 심봉사가 심청을 만나 눈을 뜬다"는 내용입니다. 이것을 다시 요약하면 심봉사와 아내의 삶, 심청이의 출산과 아내의 죽음, 어려운 삶, 공양미 삼백 석과 심청의 고민, 심청이의 바다 투신과 하늘의 감복, 아버지와의 재회로서 나타낼 수 있습니다. 이것을 질문으로 바꾸면 '심봉사와 아내는 어떻게 살았나요?', '왜 심봉사는 자식을 원했나요?', '심봉사는 왜 선뜻 공양미 삼백 석을 바치겠다고 했나요?', '왜 심청이는 공양미 삼백 석과 자신의 목숨을 바꾸었나요?', '왜 심청이는 임당수에 몸을 던지게 되었나요?', '하늘은 왜 감복하였을까요?', '왜 왕비가 된 심청이는 모든 장님을 다 초청하였을까요?', '왜 심봉사의 눈을 떠지게 되었나요?'와 같은 여러 질문들을 도출할 수 있습니다.

이처럼 줄거리 요약을 통해 만들 수 있는 질문들은 중요한 줄거리를 따라 묻게 되므로 아이들의 이해 정도를 더욱 깊이 하는데 도움이 됩니다.

6. 주제가 나올 수 있는 질문(핵심적 질문)을 만들어라

작가가 주려는 메시지는 분명히 있게 마련입니다. 그 메시지가 그 책이 갖는 주제와 연관되는데 주제를 아우를 수 있는 질문을 만드는 것이 필요합니다. 이러한 질문이 바로 앞서 언급한 핵심적 질문이라 할 수 있습니다. 이런 질문은 책에 대한 이해나 주제에 대한 도출이 잘 이루어지지 않은 상태에서는 결코 만들어지지 않는 것이 특징입니다. 주제가 분명하면 할수록 핵심적 질문은 그리 어렵지 않게 만들어지지만 대주제와 다양한 소주제가 존재하면 자칫 핵심적 질문이 만들어지지 못하는 경우도 있습니다. 다시 말해서 소주제만 건드리고 끝나버릴 수 있다는 것입니다. 따라서 작가의 의도나 책이 주는 주제가 무엇인지 충분한 토론을 거치고 난 후 질문을 만들어 보는 것이 좋습니다.

7. 아이들이 스스로 질문을 만들 기회를 주어라

교사나 부모가 앞서 책에서 나올 만한 질문들을 미리 만들어 놓는 것이 대부분이지만 아이들이 스스로 만들어 보게 하는 것이 필요합니다. 독서 전, 독서 중, 독서 후 전 단계에서 질문 만들기는 유효한데 스스로 질문을 만들어 가는 것은 책을 이해하는데 대한 동기 부여, 읽기의 즐거움, 이해력 제고, 사고 능력 향상으로 이어집니다. 만들어진 질문에 대한 답에 익숙하다 보면 자칫 정답 찾기로 흐를 수 있기 때문에 스스로 만들어 볼 수 있도록 유도해야 합니다. 독서 교육에 있어서 교사와 부모는 단지 멘토의 역할, 조력자의 역할, 촉진자의 역할을 할 뿐 가능한 한 학생 스스로 모든 과정을 해결해 갈 수 있도록 이끌어야 합니다. 또한 아이들 스스로 만든 질문을 통해 답을 찾아갈 수 있도록 해야 합니다. 이것은 자기 해결 능력과도 연결되며, 나아가 스스로 학습으로 이어지게 됩니다.

필자가 직접 지도한 경우인데, 질문 만들기를 전혀 못하고 독서 수업에도 그다지 큰 관심이 없었던 초등학교 5학년 아이에게 질문 만들기 훈련을 시켰더니 읽은 책에서 무려 30개가 넘은 질문들을 만들기 시작하였고, 핵심적 질문을 만드는 횟수가 다른 아이들에 비해 매우 높았으며, 이와 더불어 독서 수업에 매우 큰 즐거움과 흥미를 갖고 수업에 임하는 자세나 태도 역시 매우 향상된 사례가 있었습니다.

8. 깊은 사고를 끄집어낼 수 있는 질문을 만들어라

고대 철학자 아리스토텔레스는 모든 사물에 대해 네 가지 질문을 가지고 있었습니다. 첫째, 무엇으로 만들어졌는가? 둘째, 그 형태와 구조는 어떠한가? 셋째, 이렇게 된 이유가 무엇인가? 넷째, 왜 만들어졌는가? 하는 것이었습니다. 그는 이와 같은 질문을 통해 철학적 진리를 향해 나아갔습니다. 그가 많은 정보를 모으고 분류하려고 했던 것은 이러한 질문에 답하기 위해서였습니다.

이렇게 질문은 철학뿐만 아니라 모든 학문의 기본이 됩니다. 진리를 탐구하는데 필요한 질문은 깊은 사고를 하기 위한 전제 조건이 됩니다. 어떤 질문을 할 것이냐에 따라 사고력이 길러지기도 하고 그렇지 못한 경우도 생깁니다. 뉴스나 방송에서 기자나 리포터가 인터뷰를 할 때 반드시 준비해야 하는 것이 적확한 질문인지를 몇 번이고 확인해야 합니다. 핵심을 꿰뚫는 질문이라야 좋은 대답을 기대할 수 있는 것입니다.

9. 반드시 단서나 근거가 있는 답변이 되게 하라

질문은 반드시 책에 있는 내용의 근거를 도출할 수 있도록 하여야 합니다. 책에 대한 이해도가 낮은 아이는 엉뚱하고 근거 없는 답변을 하는 경우를 종종 볼때가 있습니다. 질문에 대한 핵심도 모를 뿐만 아니라 책을 건성으로 읽었기 때문에 깊이 있는 사고를 끌어낼 수 없는 것입니다. 이럴 경우 아이가 책에서부터 근거 있는 답변을 끌어낼 수 있도록 도와야 합니다. 책 속의 근거 찾기는 매우 중요한데 이해도를 높여 주고, 논리성과 명확성을 길러줄 수 있습니다. 천방지축 자기 마음대로 떠들어 대는 것이 토론이 아니듯 정확하게 이것은 이렇기 때문에 답은 이렇다고 제시할 수 있어야 합니다. 이런 훈련은 결국 논술로 연결되게 되는데 논술은 자신의 주장을 증명할 수 있는 근거들을 찾아 적용하면서 자신의 주장이 옳다는 것을 입증시켜 가는 설득과 논리의 글쓰기이므로 앞서 질문을 통해 근거 있는 답변을 할 수 있도록 돕게 되면 아이들의 논리적 사고력은 보다 성장해 나갈 수 있게 됩니다.

10. 주제를 직접 묻는 질문이 아닌 우회적으로 돌려서 묻는 질문이 좋다

성경을 보면 예수님께서 말씀하실 때에 비유로써 말씀하시고자 하는 바를 설파하셨습니다. 그것은 그 비유를 통해 보다 그 의미를 쉽게 가슴깊이 새길 수 있도록 하시기 위한 것이었습니다. 마찬가지로 질문도 이것은 무어냐는 식으로 바로 물어보기보다는 왜 그랬을까? 하는 식으로 우회적으로 돌려서 질문하는 것이 좋습니다. 가령 "심청전"의 내용을 갖고 직접적인 질문을 만든다면 "왜 심청이는 효도했나요?"와 같이 주제를 질문 내용 중에 포함시켜 버리는 경우 사고 확장은 이루어지지 못합니다. 오히려 "왜 심청이는 임당수에 몸을 던졌나요?"로 우회적으로 돌려서 묻게 되면 주제인 "효"가 자연스럽게 답변으로 나올 수 있게 됩니다.

11. 소크라테스식 문답법을 활용하라

소크라테스는 제자들과 즐겨 대화를 했습니다. 그 대화는 일상적인 수다가 아니라 질문하고 답변을 하면서 스스로 자신이 무엇을 알고 무엇을 모르는지에 대해 깨닫게 하여 모르는 것에 대한 진리 탐구에 매진할 수 있도록 동기 부여를 시켜 나간 것입니다. 이렇듯 질문은 학문에 매진할 수 있는 촉진제 역할을 합니다. 학교에서 시험을 보는 것도 무엇을 알고 무엇을 모르는지 자신의 현 상황을 판단하게 하여 그것을 통해 자신의 모르는 부분을 채워 갈 수 있도록 하는 것이 시험의 중요한 역할이지요. 공부 잘한다는 소리를 듣는 아이들의 특징은 시험을 본 후 자신이 몰랐던 부분을 스스로 알아가려고 노력하는 것입니다. 이렇듯 질문하나가 자신을 알게 하는 것뿐만 아니라 동기 부여 할 수 있게 만드는 중요한 역할을 맡고 있습니다.

12. 사고를 자극하기 위해서는 아이들의 배경 지식이나 경험을 활용하라

누구든지 자신이 알고 있는 내용에 대해서는 자신감을 갖는 것이 특징입니다. 물론 반대로 모르는 것에 대해서는 용기가 없겠지요. 따라서 질문도 아이들의 배경 지식이나 갖고 있는 경험을 활용한다면 아이들은 자신감도 생기고 수업에 더욱 적극적이게 됩니다. 특히 산만하거나 집중력이 약한 아이들에게는 이와 같은 질문이 무엇보다도 필요합니다. 『꽃들에게 희망을』 텍스트를 갖고 질문을 만들어 보면 "여러분도 남들이 하는 대로 따라해 본 적이 있나요?"와 같은 경험이나 배경 지식을 물어보는 질문을 던지면 아이들은 어렵지 않게 자신의 생각을 표현할 수 있게 됩니다. 아이들의 답변이 끝나면 책 속의 내용과 자연스럽게 연결지어 본격적인 토론으로 나갈 수 있게 되는 역할도 하게 됩니다.

13. 고정 관념을 깰 수 있는 질문을 만들어라

살아가면서 자신도 모르게 편견을 갖거나 고정 관념을 갖게 됩니다. 이 같은 고정 관념은 자칫 사물을 바라보거나 균형 잡힌 사고를 이룰 수 없게 만드는 원인이 됩니다. 얼마 전 어느 유치원생이 "토끼와 거북이"라는 우화를 읽다가 이런 질문을 했다고 합니다. "거북이는 왜 자고 있는 토끼를 깨우지 않았지?" 지금까지 이 우화는 토끼에게 문제가 있고, 열심히 최선을 다한 거북이의 행동이 옳다고 판단한 우리의 고정 관념을 일거에 깨버리는 질문이 된 것입니다. 이처럼 책을 읽고 나서도 자칫 고정 관념으로 이미 형성되어 있는 사고의 틀을 과감히 깨뜨려야 합니다. 그것을 위해서는 다양한 시각의 질문 만들기가 필요합니다. 질문은 그래서 중요합니다.

14. 질문 만들기 실습

트리나 폴러스가 지은 "꽃들에게 희망을"이라는 텍스트를 갖고 질문 만들기 실습을 해 보도록 하겠습니다. 앞서 설명한 질문의 종류에 따라서 각각 만들어 보세요. 그리고 질문에 대한 답변도 스스로 적어 보세요.

1) 사실적인 질문 : 책 속에 있는 사실 그대로를 물어 보는 질문. 답변이 하나 인 질문.

예) 애벌레는 무슨 곤충으로 변했나요?

2) 평가적 질문 : 텍스트 내의 주인공이나 등장 인물이 한 행동이나 생각에 대 해 옳고 그름과 같이 어느 것이 옳은가를 판단하게 하여 그 것에 대한 평가를 위한 질문.

예) 호랑 애벌레를 쫓아가지 않은 노랑 애벌레의 행동은 옳은가요?

3) 상상적 질문 : 책 속의 내용을 토대로 상상해 보게 하는 질문을 말하며, 추 론, 유추 능력을 제고하는데 좋은 질문.

예) 나비가 된 노랑 애벌레와 호랑 애벌레는 어떻게 되었을까요?

4) 분석적 질문 : 책의 내용을 보다 깊이 있게 사고할 수 있도록 하기 위한 중
요한 질문의 하나이며, 답이 하나가 아닌 복수의 답을 요구
하는 질문.

예) 왜 노랑 애벌레는 호랑 애벌레를 쫓아가지 않았을까요?

5) **핵심적 질문** : 분석적 질문들을 통해 책의 주제나 작가의 의도에 접근할 수
있는 질문.

예) 왜 많은 애벌레들은 기둥에 오르려고 했나요?

6) **추가적 질문** : 앞서 행해진 여러 질문들에 대한 답변에 이어서 하는 후속
질문.

예) 노랑 애벌레가 호랑 애벌레를 쫓아가지 않은 이유가 무의미한 행동이기
때문이라고 답을 했는데 왜 무의미하다고 생각하나요?

7) **경험적 질문** : 책 속에 있는 내용과 관련한 아이들의 경험이나 배경 지식을
물어볼 때 쓸 수 있는 질문.

예) 여러분도 애벌레를 본 적이 있나요?

제 5장

논술문 작성 및 지도

1. 들어가는 말

다음은 서울대 법학과에 입학한 문승기 군에 대한 조선일보 기사(2006. 5. 21)입니다. 이 기사 내용을 통해 독서와 논술이 무엇이고 왜 중요한지를 알 수 있습니다.

문승기 군은 대학 신입생의 낭만을 한창 즐기고 있다. 예쁜 여학생이 없나 둘러보고, 선배들과 술도 마셔 보고, 동아리도 기웃거리고⋯. 당장 MT를 떠나도 될 듯한 차림의 승기 군에게 "책가방 좀 보자"고 했더니, 전공 서적 틈에서 10년 전 출판된, 퀴퀴한 냄새나는 경제·경영 전문서가 나온다. 인터뷰 장소까지 지하철 안에서 읽으며 왔단다. 노느라 피곤해도 승기 군은 손에서 책을 놓지 못한다. 어릴 때부터 하루에 얇은 책 두세 권 뚝딱, 한 달에 스무 권은 읽었다는 독서가다.

문승기 군은 작년 수능에서 471점을 받았다. 엇비슷한 수능과 내신 점수로 치열하게 경쟁하는 서울대 입시에서, 합격 평균보다 10점 가량 낮은 수능 점수로도 우수한 성적으로 합격한 비결은 바로 논술이었다.

올해 서울대 정시 논술 고사 문제는 '현실 사회의 경쟁의 양상'에 대한 것이었다. 문승기 군은 트리나폴러스의 명작 우화 『꽃들에게 희망을』에서 그린 애벌레의 치열한 상승 경쟁과 그 허무한 결말을 모티브로 답안을 작성했다고 한다. "고향인 부산에서 서울로 시험 치러 올라오면서 그 책과 생텍쥐페리의 『어린 왕자』를 들고 왔어요. 쉬운 동화이지만 읽을 때마다 새로운 맛이 나는, 제일 '쓸 만한' 책들이죠."

193

책상머리 교육을 넘어서

승기 군은 "어려운 고전도 읽어야 하지만, 논술 시험장에서 바로 활용하려면 자기 머리에 남아 있어야 한다"며 "한 권을 읽더라도 마음 깊이 새기고 많이 생각하는 게 좋다"고 말한다.

승기 군은 문학 · 인문 · 사회 · 과학 분야를 가리지 않는 방대한 양의 독서를 자랑한다. 어릴 때 창작 동화나 위인전은 2시간에 한 권씩 읽었단다. 인문계라도 경제 · 과학 · 수학 등 엄격한 과학적 논리가 필요한 분야도 섭렵하는 것이 사고(思考)를 단련하는 데 도움이 된다고 한다.

"자기 세계에만 빠지지 않으려면 오프라인으로 보는 게 좋아요. 서점에 가면 어떤 책이 나와 있는지 제목만 훑어봐도 요즘 이슈와 트렌드를 알 수 있죠. 신문도 인터넷으로 보면 흥미 위주 기사만 클릭하고 중요한 정치 · 사회 · 경제 기사는 놓치게 되잖아요."

문승기 군의 기사를 통해 독서와 논술의 개념, 관계성, 중요성 등을 잘 느낄 수 있습니다. 많은 책을 읽고 그것을 자신의 것으로 소화하여 주어진 논제에 대해 적절한 사례로 하여 자신의 주장을 피력하는 글쓰기가 바로 논술이기에 독서 없는 논술은 상상할 수 없는 것입니다. 그럼 논술에 대해 좀 더 자세히 살펴보도록 합니다.

2. 논술이란?

논술이란 글쓴이가 자신의 생각과 주장을 여러 가지 적절한 사례나 예시를 들어가며 논리적으로 설득하는 글입니다. 신문 사설이나 주장 글도 모두 논술의 범주에 들어갑니다. 앞으로 우리가 살아가면서 가장 많이 대해야 할 글이기도 합니다. 논술은 서론, 본론, 결론의 형식을 갖는 논설문과 크게 다르지 않습니다. 다만 논술과 논설문의 차이점은 논술은 평가를 받기 위한 글쓰기라는 사실입니다. 현재 대학 입학시험에 논술 시험, 구술시험이 있지요. 논설문은 글 쓰는 이가 자신이 쓰고 싶은 대상이나 관심을 갖는 주장을 마음대로 선택해서 글을 쓰는 것이므로 점수를 매기는 평가자의 입장에서는 평가하기가 쉽지 않습니다. 따라서 평가하기 위해 쓰는 논설문을 논술이라고 할 수 있는데 평가를 위해 쓰는 글이므로 평가자가 글거리(제시문)를 제공한다는 특징이 있지요. 글 쓰는 이가 만일 주어진 제시문을 이해 못하거나 자신의 주장과 관련시키는 능력이 부족하다면 논술로서의 평가는 매우 낮게 될 것입니다.

3. 논술의 특징

논술의 특징을 살펴보면 첫째 이치에 맞게 이유와 근거를 들어서 쓴 글입니다. 즉 논술은 이성적이고 논리성을 갖습니다. 둘째, 서론, 본론, 결론으로 글의 짜임새가 되어 있습니다. 셋째 분명하고 명확하게 쓰는 글입니다. 확실히 알고 주장해야 한다는 것과 같습니다. 따라서 "…인 것 같다", "…일지 모른다" 와 같은 말은 논술에서는 감점의 요인입니다. 넷째, 남의 말이나 문장을 빌려서 쓸 수 있습니다. 가령 '황금 보기를 돌같이 하라', '원수를 사랑하라' 등이겠죠. 다섯 번째로 글 쓰는 이의 주장이나 생각이 글의 중심을 이루는 주관성을 갖지만 사례나 근거를 통해 객관성을 바꾸어 가는 것이 논술의 특징입니다.

4. 논술 시험을 보는 이유

현재의 수능 시험을 통한 대학 입시의 경우 변별력에 큰 문제가 있게 됩니다. 각 대학에서는 우수한 인재를 선발하고자 하나 수능 1등급이 전체 수험생의 4%(2만에서 3만 명 추산)나 되므로 그들 중에서 인재를 가려 선발할 수 있는 방법은 대학 본고사를 금하고 있는 현 상황에서는 논술 시험이 변별할 수 있는 최선의 방법으로 여기기 때문입니다. 실제로 논술문은 작성한 글쓴이의 생각, 독서 경험, 장기 기억에 저장된 배경 지식, 독창성, 창의력, 논증을 위한 논리력 등의 여러 면을 체크할 수 있기 때문입니다. 학교의 입장에선 가능하면 좋은 인재를 가려 뽑아 양성해야 할 의무가 있으므로 논술의 중요성은 더욱 커져 가고 있는 것입니다.

5. 논술은 한 사람이 갖는 읽기, 사고, 쓰기 능력의 크기를 살필 수 있다

- 스스로 의식하지 못하는 행복이 가능한가?
- 법에 복종하지 않는 행동도 이성적인 행동일 수 있는가?
- 우리는 자기 자신에게 거짓말을 할 수 있는가?
- 철학자는 과학자에게 어떤 도움을 줄 수 있는가?

이상의 문제는 프랑스 바칼로레아 논술 문제들입니다. 이 논제를 보고 자신 있게 논술 답안을 작성하실 수 있다고 생각하신다면 대단한 배경 지식과 독서 경험이 있는 분입니다.

사지선다형이나 단답식의 시험은 당일치기와 같이 이해를 하지 못하더라도 외우거나 용케 잘 찍어서 좋은 점수를 맞을 수 있습니다. 즉 단기 기억에 있는 지식을 활용할 수 있습니다. 하지만 이는 진정한 학생의 평가가 이루어질 수 없습니다. 왜냐하면 학생이 갖고 있는 읽기 능력, 사고 능력, 쓰기 능력을 파악하기가 어렵기 때문입니다. 따라서 이를 파악할 수 있는 좋은 평가 수단이 논술인 것입니다. 논술은 단기 기억에 있는 지식과 정보만으로는 결코 쓸 수 없습니다.

오랫동안 갈고 닦은 장기 기억 속의 배경 지식과 여러 정보들을 잘 종합하고 정리하여 자신의 생각으로 다듬어 내놓는 과정이 무엇보다 필요하기 때문입니다. 그러므로 논술은 하루아침에 잘 할 수 있는 대상이 아니며, 논술은 학생의 읽기, 사고, 쓰기 능력을 종합적으로 파악할 수 있는 좋은 수단이 되는 것입니다.

6. 주관적인 자신의 생각을 객관화시켜라

논술은 앞서 말했듯이 자신의 주장을 설득시키는 특징을 갖습니다. 그런데 논술은 웅변과 같이 감정에 호소하는 것이 아니라 이성에 호소해야 하므로 객관적인 근거나 예시를 들어야합니다. 가령 "자연을 보호하자"라는 주제로 논술을 전개한다고 할 때 독자는 "왜 자연을 보호하자고 할까?"하고 그 이유에 대해 궁금해 하거나 묻게 됩니다. 그럴 경우 글을 쓰는 사람은 그 이유를 적절하게 제시해야 하는데 이것이 논술자의 독창적 생각입니다. 그렇지만 여기서 끝나서는 안 되겠지요. 왜냐하면 이것은 논술자의 아직 객관화된 증명이 이루어지지 않는 생각일 뿐이지요. 즉 여기까지는 논술자의 주관적 생각에 머무르게 됩니다. 따라서 논술자는 자신의 생각을 정당화하기 위해서 앞서 말씀드렸던 객관적인 근거나 예시를 통해 증명해야 합니다. 이것을 논술에서는 논거라고 하며, 논거를 통해 증명하는 것을 논증이라 합니다. 이렇게 논증을 거쳐야만 자신의 생각이 객관화되고 누구나가 수긍할 수 있겠지요. 앞서 예를 든 "자연을 보호하자"라는 주제로 논술을 한다고 하면 "자연을 보호하지 않으면 자연으로부터 큰 피해를 입기 때문이다"라는 논술자의 독창적인 생각을 끌어내었지만 여기서 끝내면 아무런 증명이 되지 못하므로 논술자는 이 생각을 객관화시키기 위해서는 논거를 가져와야 하는데 가령 최근에 발생한 쓰나미와 같은 시사성 근거나 프레온 가스의 남발로 인한 오존층 파괴를 통한 인간에 대한 직간접 피해 사실, 얼마 전 개봉한 "투모로우"와 같은 영화 체험, 『도도새와 카바리아 나무와 스모호추장』과 같은 독서 체험 등을 그 논거로서 끌어온다면 읽는 이로 하여금 보다 객관적 증명이 가능하게 되어 설득이 될 수 있게 됩니다.

이처럼 논술은 논거가 핵심이 되어야 합니다. 논거를 잘 끌어올 수 있으려면 많은 독서 경험과 더불어 시사에 대한 폭넓은 시각, 여러 매체를 통한 정보나 지식에 대한 이해, 그리고 탄탄한 배경 지식을 갖아야만 논술은 쉽게 풀어갈 수 있습니다.

7. 독서 경험을 무기로 삼아라

앞서 보았던 문승기 군의 예와 같이 자신의 독서 경험을 논거로 활용하면 보다 설득력을 높일 수 있고, 실제 평가에서 높은 점수를 받습니다. 앞에서도 논거는 논술의 핵심이라고 언급했지만 폭넓은 독서 경험은 보다 객관적이고 비판하기 어려운 증명이 가능해짐으로써 자신의 생각과 주장을 독자들에게 큰 설득력을 갖게 됩니다. 다음은 독서 경험을 잘 살려 쓴 글의 일부입니다.

기계의 발달로 인한 시장 체계의 성립은 대량 생산으로 인한 인류의 몰개성화를 야기했다. 그렇다면 결국 이러한 사회적 변화들은 인간의 본연성으로부터의 이탈, 즉 인간 소외를 의미한다고 볼 수 있다. 시장 자본주의에서 인간은 단지 한 단위의 노동 요소로 간주된다. 소설 '변신'에서 그레고르가 벌레로 변한 날만 결근했음에도 불구하고 전화를 걸어 그레고르를 몰염치하고 불성실한 무뢰한으로 몰아붙이는 회사의 태도를 보면 인간 소외 현상을 볼 수 있다. 일말의 인간애도 없이 결근의 대가로 해직을 선고하는 회사의 행동은 인간 자체보다 그 인간의 노동적 가치를 중시하는 사회의 모습을 그대로 보여 준다.(서울대 모

의고사 예시 답안 중에서 인용)

독서 경험이 들어가니 설득력도 더 높아지고 학생의 독서 수준도 살필 수 있습니다. 이런 경우 높은 점수를 받을 수 있게 되지요. 따라서 논술을 잘 하려면 독서 경험이 풍부해야 합니다.

8. 철학과 논술

철학은 인간의 사고(이성)를 도구로 하여 보이지 않는 것에 대한 의문점을 파헤쳐 가는 즐거운 지혜의 활동입니다. 따라서 인간이라면 누구나 철학을 해야 합니다. 오히려 철학을 하지 않는 것이 이상한 것입니다. 얼마 전 상영한 "아일랜드"라는 영화에서 복제된 인간이 자신의 정체성에 대해 하나하나 의문을 갖고 그것을 풀어가려고 하면서 이야기는 흥미진진하게 펼쳐집니다. 이처럼 인간은 무엇인가 궁금한 것을 알아가려고 하는 지적 호기심을 갖게 되는데 특히 과학으로 해결할 수 없는 문제들을 풀어 가는 학문이 철학인 것입니다.

가장 철학적 질문이 왕성한 시기는 아이가 말하기 시작할 때입니다. "엄마, 하늘은 왜 파랗지?", "사람은 어떻게 태어나?", "아기는 어떻게 밖으로 나와?", "왜 사람은 남자와 여자로 나뉘어져 있어?"와 같이 부모님을 당황하게 만드는 질문을 쏟아내기 시작할 때입니다. 아이들을 키우는 부모라면 이럴 때 답변이 궁해서 얼렁뚱땅 넘어간 경험들이 있을 것입니다. 또한 어른들은 그런 철학적 질문보다는 "남들도 그렇게 사는데 그냥 그런가보다 하며 살지 뭐"와 같은 체념과 게으름으로 철학하기를 거부하며 살아갑니다. 이런 모습들을 보며 아이들도 닮아가며 배워갑니다.

우리 아이들을 철학하는 아이들로 키우세요. 깊이 있는 사고력과 인문적 소양을 지닌 아이들이 우리나라의 기초가 되고 주춧돌이 될 것입니다. 주요 대학마다 논술 문제(논제)를 철학과 관련하여 출제하는 것도 그러한 이유일 것입니다. 다음은 2005년도 서울대학교 논술시험 문제입니다.

〈서울대 논술 고사 문제〉

[논제] 사물에 대한 올바른 인식에 어떻게 도달할 수 있는가를 논술하시오.

※ 아래의 내용을 반드시 논술문에 포함시킬 것.

1.【제시문 1】에 드러나 있는 사물의 인식 방법에 대하여 자신의 견해를 밝히고, 이에 근거하여【제시문 2】의 내용을 논할 것.

2. 다음 문장들을 논술에 활용하되, 그 가운데 한 문장을 반드시 직접 인용할 것.

① 큰 의심을 품지 않는 사람은 큰 깨달음이 없다. 의심나는 것을 쌓아놓고 모호하게 두는 것은 캐묻고 따지는 것만 못하다. (홍대용, 담헌집)

② 아는 것을 안다고 하고 알지 못하는 것을 알지 못한다고 하는 것, 이것이 바로 아는 것이다. (공자, 논어)

③ 사실인 것은 존재하지 않는다. 존재하는 것은 해석뿐이다.(F. W. 니체, 권력에의 의지)

④ 진리를 발견하는 것보다도 오류를 인식하는 편이 훨씬 쉽다. 오류는 표면에 나타나 있으므로 쉽게 정리할 수 있지만, 진리는 깊은 곳에 숨겨져 있으므로 그것을 탐구하는 일이 누구에게나 가능한 것은 아니다. (J. W. 괴테, 잠언과 성찰)

⑤ 어떠한 사람의 지식도 그 사람의 경험을 초월하는 것은 아니다.(J. 로크, 인간 오성론)

9. 독서와 논술

폭넓은 독서는 결국 튼튼하고 견고한 배경 지식을 형성하게 되고, 이는 자신의 주장을 마음껏 펼칠 수 있는 보고가 되는 것입니다. 독서 경험이 없는 학생이 고등학교에 올라가고 보습 학원을 전전하다가 수능 시험을 끝내고 논술 시험에 대비하려고 한다면 그 학생은 제대로 논술을 할 수 있을까요? 매우 어려울 것입니다. 왜냐하면 폭넓은 독서 경험이 없으므로 읽기 능력이 떨어져서 제대로 제시문을 이해하고 요약하는 것도 쉽지 않을 뿐만 아니라 자신의 생각을 주어진 논제에 맞게 전개하기도 쉽지 않기 때문이지요. 더욱이 독서를 통한 배경지식이 부족하기 때문에 주장과 이유에 맞는 논거들을 끌어오기 힘들게 되고, 결국 이 학생은 자신의 주장을 중언부언하다가 결국 이성이 아닌 감정에 호소하는 웅변식 글을 쓰거나 감상문과 같은 글을 쓰게 될 것이기 때문입니다. 그래서 대입 논술 학원에 비싼 돈을 주고 등록하게 되는데 이 같은 학원에서는 학생들에게 억지로 배경 지식을 암기하게 하고, 각 학교에 대응한 주제들을 뽑아 그 주제에 맞는 논거들을 몇 가지 뽑아 일률적으로 쓰게 하기 때문에 꼭 대학 논술 평가 교수가 아니더라도 학생들이 쓴 논술 답안을 보면 비슷비슷한 논거들이 많이 보이는 것을 쉽게 찾을 수 있는 것도 다 이 같은 이유입니다. 물론 이 같은 답안들은 높은 점수를 받지 못합니다. 논술은 학생의 사고력, 이해력, 독창성, 폭넓은 독서 경험, 비판적 시각, 탄탄한 배경 지식 등을 살펴볼 수 있는 매우 변별력 있는 쓰기 시험인데 이같이 규격화, 천편일률적 사고로 전락해 버리는 현상들이 등장하게 되는 것은 노력 없이 쉽게 대학에 들어가려는 안이한 발상에서 시작된 것입니다.

고양시 H중학교 3학년인 희은이는 독서 수업을 통해 논술 능력이 향상된 케

이스입니다. 국어 선생님이 소원인 희은이는 초기 수업 때에는 자신의 주장을 논리적으로 논거를 들어 설득하는 글쓰기인 논술문보다는 감정적이고 주관적인 글인 생활문이나 독서 감상문 위주의 글쓰기를 해왔지만 논술 수업을 통해 점차 논리성을 갖추게 되었고, 함께 수업하는 아이들이 "야 너무 잘 썼다"고 할 정도로 논술문 작성에 자신감을 갖게 된 경우입니다. 물론 생활문이나 독서 감상문도 중요한 글쓰기 장르이지만 자신의 생각을 객관적으로 오류 없이 설득해 가는 과정으로서의 글쓰기를 배우게 되면 사물을 주관적이 아닌 있는 그대로 바라보게 되고 나아가 잘못된 것을 지적하고 비판하는 능력도 배양되기 때문에 논술문 쓰기 훈련은 중요합니다. 이제 희은이는 논술문을 쓰는 것에 자신감을 갖고 어떤 논거를 들면서 논증할까 하는 즐거운 고민에 빠진 듯 보입니다.

10. 다양한 분야를 읽어라

논술의 제시문을 보면 참으로 다양한 분야에서 인용되고 있음을 알 수 있습니다. 문학, 철학, 과학, 역사, 사회, 문화, 경제, 시사 등 전 분야에서 골고루 출제됩니다. 따라서 아이들에게 한 분야만을 읽히게 할 것이 아니라 전 분야를 망라한 다양한 읽을거리를 대할 수 있게 하는 것이 중요합니다. 그렇지만 문학 분야를 제대로 읽어내지 못하는 아이 보고 철학이나 비평서와 같은 개념으로 뭉쳐진 글들을 읽어 내기란 쉽지 않을 것입니다. 따라서 초등학교 저학년부터 발달 단계에 따라 적절한 독서 활동이 이루어져야 합니다.

차츰 독서 능력이 성장하면 『독서의 기술』을 저술한 애들러 박사의 지적대로 신토피칼 독서(종합 독서) 단계에 이르게 되는데 이는 독자가 특정 주제를 설정하고 그것에 맞는 여러 책들을 선정하여 읽어 내는 단계를 말합니다. 이 정도의 단계에 있는 독자를 '능숙한 독자'라고 불릴 수 있습니다. 능숙한 독자들은 더

욱 깊이 있고 내용 있는 읽을거리들을 찾아 나서게 되고 자연스럽게 여러 전문
분야를 섭렵하게 되는 것입니다. 이런 독자들은 논술 작성에 있어 어려움 없이
자신의 생각과 다양한 배경 지식을 통한 논거들을 글로 표현할 수 있겠지요.

11. 교과서를 활용하라

2008학년도부터 논술 시험이 통합 논술의 성격을 띠게 됩니다. 통합 논술은
국어, 수학, 과학, 예술 등 전 분야를 통합해서 문제를 읽어낼 수 있는 능력, 비
교와 공통점 읽어 내기, 요약하기, 비판하고 판단하기 등의 능력을 살펴볼 수 있
도록 하는 논술 유형입니다. 따라서 교과서를 읽어내는 훈련이 무엇보다 필요
합니다. 왜냐하면 기본 개념이나 원리는 교과서와 밀접하게 관련이 되어 있기
때문입니다.

실제로 교과서에 실린 글들이 지문으로 많이 출제되기도 했고 통합 논술의
경우 더더욱 그럴 가능성이 높습니다. 또한 교과서의 내용을 잘 이해한다면 제
시문이 비록 교과서 밖에서 출제가 된다 하더라도 기본 원리와 개념은 같으므
로 논술 답안을 작성하기가 수월해진다는 것입니다. 결국 논술을 잘 하기 위해
서는 폭넓은 독서 속에 교과서도 반드시 포함시켜야 한다는 것을 의미합니다.

12. 신문을 통해 시사 문제를 바라보는 눈을 키워라

"신문 사설과 칼럼을 항상 봤는데, 필자들의 글맛을 느낄 수 있어 좋았다."
논술 대회에서 각종 상을 수상한 구정고 유동원 학생의 말입니다.
앞서 다양한 분야를 읽게 하는 것이 중요하다고 했는데 이를 위한 방법 중의
하나가 신문을 읽게 하는 것입니다. 신문은 그때그때 일어나는 여러 가지 시사

문제가 고스란히 담겨 있고 특히 정치, 경제, 사회, 문화 등 전 분야를 망라하고 있어 더욱 좋은 읽기 자료가 됩니다. 실제 논술 문제도 시사와 관련한 것을 내놓고 있는 대학이 많습니다.

13. 읽은 내용을 반드시 요약하라

논술 시험을 볼 때든 아니면 일반적인 독서를 할 때든 읽은 내용을 반드시 요약해 두는 습관을 갖는 것이 좋습니다. 첫 번째 이유는 요약을 하는 것은 이해 없이는 이루어지지 못하기 때문에 내용을 이해하는데 있어 더할 나위 없이 좋은 방법이기 때문입니다. 두 번째 이유는 시험을 볼 때 시간을 벌 수 있습니다. 긴 제시문을 간단히 요약해 놓으면 다시 읽지 않더라도 내용을 자신의 것으로 만들어 갈 수 있습니다. 셋째 이유로 요약하기는 독서 이력철이 됩니다. 자신이 어떤 책을 읽었고 어떤 내용이었는지를 쉽게 파악할 수 있습니다. 넷째, 요약하기는 논거로 활용할 수 있습니다. 논술의 핵심이 논거라고 말씀드렸듯이 자신의 주장이나 생각에 맞는 적절한 논거를 많이 확보해 놓으면 좋은 논술을 할 수 있습니다. 요약하기는 이러한 논거들을 자신의 것들로 저장해 두는 좋은 방법이 됩니다. 다섯째 이유로 최근 주요 대학에서는 다음과 같이 논술 시험에 요약 문제를 내는 경우가 많습니다. 요약하기는 자연스럽게 요약 문제를 준비하게 해 줍니다.

아래의 제시문 (가)와 (나)를 각각 요약하고(총 300자 이내), 제시문 (가)에 나타난 상반된 두 가지 중 하나의 입장에서 제시문 (나)에서 서술하고 있는 '공기업의 민영화 여부'에 대한 자신의 주장을 논술하시오.(경희대학교 2005 수시)

Ⅰ. 제시문 (A)의 밑줄 친 부분을 서술(직역)하시오(300자 이내).[40%]

II. 제시문 (A)의 전체내용을 요약하시오(400자 이내).[30%]

III. 제시문 (A)와 제시문 (B)의 내용을 토대로 본인의 견해를 논술하시오(500
자 이내). [30%](서강대학교 2005 수시)

I. 제시문 (1), (2), (3), (4)의 내용을 각각 요약하시오.

II. 4개의 제시문은 모두 하나의 공통된 주제와 관련된 글이다. 각 제시문의
관계를 밝히고, 공통 주제에 관한 자신의 생각을 논술하시오.(고려대학교
2005 수시)

14. 설계도 없는 건축물은 없다- 개요 짜기의 중요성

건축물을 지을 때 그냥 생각나는 대로 만들지는 않습니다. 건축하기 전에 설
계도를 그리고, 그 설계도에 맞게 재료를 사용하여 만들어 가는 것입니다. 글도
마찬가지입니다. 글도 건축물과 마찬가지로 설계도에 해당되는 '개요'가 있습
니다. 개요 없는 글은 제멋대로 만들어진 건축물과 같습니다. 다시 말해서 글을
쓸 때에는 먼저 개요를 만들어야 한다는 것입니다. 개요 없이 쓰여 진 글은 주먹
구구식이 되고, 처음에 주장하려던 내용이 엉뚱한 방향으로 흘러가게 되지요.
또한 논리적이지 못해 논술이 갖는 설득력이 떨어질 수밖에 없습니다. 따라서
논술은 잘 준비된 개요가 선행되어야 하는데 흔히 논술의 개요는 크게 서론, 본
론, 결론으로 이루어져 있습니다. 서론은 글쓴이가 주장하려는 내용 소개와 주
장하려는 동기를 밝히게 됩니다. 본론은 왜 그러한 주장을 하게 돼었는지의 이
유와 생각을 정리해서 쓰는데 이때 관련된 논거들을 적절하게 제시하면서 글쓴
이의 생각을 객관화시키고 논리적으로 설득시킵니다. 결론에는 주장하려는 내
용을 다시 확인시키고 이를 위한 방법 제시와 자신의 각오 등을 나타냅니다. 어

떻게 서론을 시작할 것인지, 또 어떻게 글을 끝맺을 것인지와 같은 의문은 개요를 자주 짜보고 그것에 맞는 글을 지속적으로 쓰다 보면 차츰 자신의 개성과 독창성을 갖는 글을 쓸 수 있게 됩니다.

그런데 개요를 짠다는 것이 쉽지만은 않습니다. 한순간에 개요가 만들어지는 것이 아니라 상당한 사고 능력이 동원되어야만 개요는 만들어지게 됩니다. 논술 제시문을 충분히 읽고 그것을 이해하고 자신의 생각을 만든 후, 다시 그것을 개요화 하는 작업이 논술을 하는데 있어 거의 전부라고 할 수 있기 때문입니다. 짜여진 개요를 글로 옮기는 것은 오히려 쉽습니다. 대학 논술 시험에서도 충분히 개요를 짤 수 있는 시간을 할애하는 것도 다 이와 같은 이유입니다. 성급하게 덤벼들면 오히려 낭패를 볼 수 있음을 잊지 말아야 합니다.

15. 논술은 하루아침에 이루어지지 않는다

논술은 한 사람의 장기 기억에 있는 내용을 총체적으로 평가할 수 있는 방법이기 때문에 단기 기억에 의존한 논술은 있을 수 없습니다. 이것은 다시 말해서 논술은 하루아침에 잘 쓸 수 없다는 말로 바꾸어 말할 수 있습니다. 학원에 가서 준비하면 되겠지 하는 생각은 큰 낭패를 보게 됩니다. 결코 어린 시절부터 이루어진 독서 경험을 통한 성숙한 읽기 능력과 사고 능력, 아울러 오랜 훈련을 통한 쓰기 능력 없이 단시일에 대비하는 논술은 있을 수 없기 때문입니다.

따라서 아이들에게 어릴 적부터 독서 습관을 만들어 주고 읽기, 사고하기, 쓰기의 능력을 성장시켜 간다면 논술은 자연스럽게 준비해 갈 수 있는 것입니다.

초등학교 시절에는 독서를 통한 토론 수업이 필요하며, 부모님이나 선생님과 대화를 나누며, 틈 날 때마다 글을 쓰는 것이 중요합니다. 저학년인 경우에는 자신의 생각을 글로 나타내는 연습을 통해 글쓰기에 친숙해질 필요가 있습니다.

이때에는 반드시 형식적인 것보다는 자유롭게 자신의 생각을 펼칠 수 있도록 일기나 생활문 위주로 쓸 수 있게 해 주면 좋습니다. 이때 많은 부모님들이 원고지 쓰기나 철자 위주의 글쓰기 훈련이 필요하다고 생각하는 분들이 많은데 이것은 틀린 생각입니다. 자신이 생각한 사고 내용을 형식보다는 내용 위주로 하여 표현할 수 있게 하는 것이 중요합니다. 자칫 글쓰기가 어렵고 힘들다는 생각을 심어 주게 되어 그나마 글 쓰려는 동기조차 사라지게 할 수 있게 하기 때문입니다.

중학년에 들어서면 자신이 생각한 것을 여러 가지 형태로 나타낼 수 있도록 하는 것이 중요합니다. 일기나 생활문을 토대로 설명문, 편지문, 독서 감상문, 기행문 등 여러 장르를 경험할 수 있도록 기회를 제공해야 합니다. 고학년에 올라서면 이와 병행하여 책을 읽고 책 속에서 주제를 뽑아내어 자신의 생각을 주장하는 독서 논술 훈련이 시작되어야 합니다.

중학교 때에는 보다 깊이 있는 독서 논술과 함께 신문을 자세히 읽으면서 논쟁거리를 찾고 그 속에서 다양한 의견을 접하는 것이 중요합니다. 시사에 대한 비판적인 시각과 관점이 성장하게 되는 중요한 시기이기 때문입니다. 이와 함께 깊이 있는 동서양의 문학 작품에도 관심을 기울일 시기가 바로 이때입니다.

고교 때에는 고전을 많이 읽고, 독서의 패턴이 자신이 좋아하는 소설이나 동화에 편중되지 않고 철학, 문학, 에세이 등 보다 다양하고 깊이 있는 책을 선정하여 읽고 이에 대한 자신의 생각을 논술로 마무리하는 훈련이 필요합니다. 중요한 사실은 초등학교 시절부터 준비한 아이들은 독서 습관, 깊이 있는 생각, 토론, 논술이 자연스럽게 성장, 발전하며 논술에 재미와 즐거움을 갖게 됩니다.

다음은 논술 대회에서 수상한 학생들의 신문 기사 원문입니다. 이를 통해 앞서 살펴본 내용에 대해 다시 생각해 볼 필요가 있겠습니다.

대원외고 박지영 양은 "어릴 때부터 독서를 즐겨 했고 고등학교 때까지 그 습관을 유지한 것이 제일 큰 요인"이라고 말했다. 그는 "신문을 여러 개 구독한 것도 도움이 됐다"고 덧붙였다.

그는 또 "중학생이라면 고교 때 시간이 부족한 것을 감안해 책을 많이 읽어야 하고, 고교생이라면 매일 신문을 정독하고 조금이라도 책을 읽으려고 노력하면 실력이 올라갈 것"이라고 조언한다.

청담고 김도연 양도 "논술을 쓰기 전에 어떻게 쓸 것인가에 대한 개요가 가장 중요하다"고 말한다. 초등학교 저학년 때는 그룹을 지어 독서와 토론을 했고, 고학년 때는 정해진 원고지 분량을 채워가며 독후감, 논설문, 생활문 등 다양한 글쓰기를 경험했으며, 중학교 때는 추천 도서 목록 중 읽고 싶은 책을 읽었고, 교내외 각종 글쓰기 대회에 참가했으며 일기 쓰기도 큰 도움이 됐다고 한다.

구정고 1학년 유동원 군은 논술 공부에 대해 많이 읽되, 생각하면서 읽어야 하고, 읽을 때나 사물을 접할 때 늘 생각하는 훈련을 해야 하며, 많이 써 보아야 한다고 강조한다.

"책을 읽을 때는 책 속의 주인공이 돼 작가가 의도하는 바를 이해하려고 했고, 중요한 문장이나 좋은 글귀는 항상 메모하는 습관을 가졌습니다."

유치원 다닐 때는 서점에 자주 가면서 자연스럽게 책과 친해졌고, 초등학교 때는 만화로 보는 우리 역사책을 비롯해 세계사, 가벼운 한국 문학, 세계 문학을 접했다. 일기도 꾸준히 썼는데, 어머니가 하루도 빠짐없이 일기에 답을 써줬다고 한다. 책을 읽은 후에 부모와 내용에 대해 이야기하고 토론했다. 중학교 때는 평전이나 인문, 과학, 문화, 예술 등 다양한 양서를 읽었는데, 읽은 후에도 반드시 간단하게라도 독후감이나 서평을 썼다. 그는 "신문 사설과 칼럼을 항상 봤는데, 필자들의 글맛을 느낄 수 있어 좋았다"고 했다. 최근 읽은 책은 서양 철학사를 쉽게 설명한 『소피의 세계』와 조지 오웰의 『1984』, 『대중문화의 겉과 속』 등이다. 초등학생에게는 『청소년을 위한 한국사』, 『세계 명작 시리즈』, 『이문열 삼국지』(10권), 『어린이 사서삼경』을, 중학생에게는 『허클베리 핀의 모험』(마크

트웨인), 『수레바퀴 아래서』(헤르만 헤세), 『오만과 편견』(오스틴), 『구운몽』(김만중), 『카인의 후예』(황순원), 『무영탑』(현진건), 『당신들의 대한민국』(박노자) 등을 추천했다. 그는 "독해력·사고력·문장력의 결합인 논술을 잘하려면 폭넓은 독서와 체험만큼 좋은 방법은 없다"고 했다.

16. 논술문의 짜임

논술문은 대개 아래와 같은 짜임새로 이루어집니다. 서론은 논제에 대해 포괄적으로 접근하면서 점점 핵심 논지(곧, 논제의 핵심적 질문)로 좁혀 나가는 것을 말하고. 본론은 주장과 논거를 결합시켜서 주장을 논리적으로 증명해 나가는 과정입니다. 결론은, 본론의 논증에 대한 요약과 정리를 바탕으로 논지를 점차 확대해 나가는 과정인 것입니다. 이것을 다음 표로 정리하였슽니다.

서론	논제에 대한 접근 -〉 문제 제기
본론	논증(주장과 논거의 결합)
결론	요약 · 정리, 문제의 확대(전망)

최근의 논술 시험에서는 보다 다양한 형태의 글쓰기를 요구하고 있습니다. 요약하기, 공통점 찾기, 서론을 생략하고 바로 논제 접근하기, 발전 방안이나 방법 제시 등 위와 같은 전통적 논술 형식을 벗어난 논제도 많이 등장하고 있는 것이 현실이지만 기본적으로 논술의 짜임을 기본적으로 습득하고 있어야 크게 당황하지 않고 자신의 주장과 생각을 논거에 맞게 풀어 나갈 수 있습니다. 기초가

잘 다져지면 여러 응용이 가능하다는 것을 잊지 말아야 합니다.

17. 독서 논술과 대학 입학 논술

독서 논술과 대학 입학 논술은 논술문이라는 것에서는 큰 차이가 없으나 독서 논술은 책을 읽고 그 책에서 제시하는 주제를 선정하여 그것에 합당한 자신의 생각과 논거를 찾아 결론에 이르게 하는 것이어서 독서 논술은 책의 이해가 선행되어야 합니다. 반면 대학 입학 논술은 시험의 성격을 띠고 있어 해당 대학에서 특정 제시문을 제공하고 그것에 대한 이해와 요약, 그리고 자신의 생각을 논리적으로 드러내고 있는 것을 보기 위한 논술문입니다. 따라서 칼럼과 사설이 다르듯이 독서 논술과 대학 입학 논술은 뿌리는 같지만 다른 점을 갖고 있습니다. 단 대학 입학 논술을 위해서는 꾸준히 독서 논술을 해 보는 것이 중요합니다.

*독서 논술의 특징

서론, 본론, 결론으로 이루어지는 짜임새는 모든 논술문이 취하고 있는 형태이다. 다만 독서논술은 독서를 통해 얻어진 자신의 주장을 읽는 이에게 설득시켜야 하므로 자신의 주장을 증명할 다양한 배경 지식이 필요하다.

*대학 입학 논술의 특징

서론, 본론, 결론으로 이루어지는 짜임새는 독서 논술과도 같다. 그러나 대학 입학 논술은 시험의 형태이므로 예상치 못한 지문을 제시해서 그 지문에 대한 읽기 능력, 사고 능력, 쓰기 능력을 고루 시험하는 형태로 나타난다. 따라서 "자신의 주장을 논술하시오"와 같은 논술문을 비롯하여 "제시된 지문을 요약하시오"와 같은 읽기, 이해 능력을 살펴보기도 한다. 자신이 선택할 학교의 시험 문제를 자주 대해 보고 모범 답안과 자신이 쓴 글을 비교해 보는 것이 좋다.

18. 퇴고와 평가와 첨삭

보통 글을 쓰고 나면 다했다는 느낌을 갖게 되지만 그것으로 끝나는 것이 아닙니다. 글을 쓰고 나서도 반드시 해야 할 일들이 줄줄이 남아 있는데 그것이 바로 퇴고와 평가와 첨삭입니다. 수학 문제를 풀고 나면 해야 하는 것이 바로 '검산' 이듯이 논술문을 쓰고 나서 잘 썼는지에 대해 생각해 보아야 하는 것이 '퇴고' 입니다. 논리가 바로 서 있고, 모순은 없는지, 용어를 잘 썼는지, 주어와 술어가 잘 대응되고 있는지, 목표로 했던 주제가 일관되게 주장되고 있는지, 예로 든 논거가 문제는 없는지와 같은 내용들을 하나하나 살펴보아야 합니다. 퇴고 과정을 끝내서야 비로소 글쓰기가 끝났다고 할 수 있습니다.

러시아의 대문호 톨스토이도 쓰고 난 작품을 몇 번이고 읽어 보그 고치는 퇴고의 과정을 거쳤다고 합니다. 훌륭한 작품이 태어나기 위해서는 이러한 여러 노력이 뒤따르지 않고는 이루어질 수 없습니다.

그런 다음 해야 할 것이 '평가' 입니다. 선생님이나 다른 친구들과 발표하고 함께 공유해야 합니다. 100% 완전한 글은 없습니다. 잘못된 점이나 고쳐야 할 부분을 인식하고 고쳐 나가려 노력할 때 좋은 글은 만들어지는 것입니다. 사실 자신이 쓴 글에 대해 단점을 지적받을 때 별로 기뻐할 수는 없습니다. 그러나 쓴 약이 몸에 좋듯 정확한 평가를 받아야 발전이 있고, 단점을 고쳐 나갈 수 있는 보약이 됩니다. 평가를 두려워 말고 그것을 통해 자신이 어떤 점이 문제인지를 잘 파악하고 글을 쓸 때 고쳐 나가야 합니다. 그리고 평가가 이루어진 부분에 대해서는 반드시 고쳐 써 보아야 합니다. 다음에 쓰겠다거나 그냥 머릿속에 넣어

211

져있으니 다음에 쓸 때 그렇게 쓰겠다고 하면 잘 고쳐지지 않습니다. 잘못된 부분을 스스로 고쳐 보는 훈련을 키워야 합니다.

'첨삭'의 영역은 학생이 아닌 교사나 부모의 역할입니다. 첨삭을 하기 위해선 학생의 글을 제대로 읽고 단점을 파악해 낼 수 있어야 합니다. 그러기 위해서는 교사나 학부모도 자주 책을 읽고 글을 써 보아야 합니다. 자신들은 쓰지 않고 남의 글을 논한다는 것은 어불성설입니다. 첨삭 시 주의 점은 학생이 쓴 글을 존중해 주어야 한다는 것을 기본 원칙으로 삼아야 합니다. 비록 잘못 쓴 부분이 있다 하더라도 아이들의 글에다 매정하리 만큼 빨간 펜으로 잘못을 지적해 주는 것, 특히 부모님의 멋들어진 글을 이렇게 고쳐 보라고 써 놓으면 부모님의 입장에서는 "나는 제대로 첨삭 지도를 하고 있군." 하고 느낄지는 모르지만 아이들의 마음에는 큰 상처를 주게 됩니다. 아이들도 자존심이 있기 때문이지요. 또한 자칫 글 쓰는 행위 자체를 두려워하게 될 지도 모릅니다. 더욱이 문제가 되는 것은 아이들이 남의 좋은 문장을 흉내 내려 하거나 거짓으로 글을 쓸 수 있기 때문입니다. 따라서 첨삭할 때에는 가급적 칭찬을 많이 해 주고 잘못된 부분에 대해서는 총평과 같이 별도로 작성해서 알려주는 것이 좋습니다.

19. 첨삭 지도와 실제

'첨삭' 이란 한자 뜻을 그대로 풀어 보면 쓰여진 글을 첨가하거나 삭제한다는 뜻을 갖고 있는데 한마디로 글에 대한 제 3자의 평가를 의미합니다. 누가 쓴 글이든 완벽한 글은 없으므로 제 3자가 읽어보고 나름대로의 기준과 원칙에 근거하여 평가를 내려 더 좋은 글을 쓰도록 권고해 주는 것을 첨삭 지도라 할 수 있습니다. 이러한 첨삭 지도를 통해 글쓴이는 무엇이 잘 썼고, 어떤 부분을 고쳐야 할 지를 인식하게 되고 나아가 좀 더 나은 방향으로 글을 쓸 수 있게 된다는 점에서 의미가 있습니다.

문제는 누군가가 쓴 글을 읽어 보고 이것을 어떻게 평가해야 할 지 하고 걱정하는 경우가 생각보다 많습니다. 사실 실제 아이들의 글을 첨삭을 할 때 독서 교사들이 어려움을 겪는 것을 자주 봅니다. 그럼 어떻게 해야 교사가 자신 있게 첨삭을 할 수 있을까요. 다음과 같은 사항을 참조하면 큰 도움이 될 것입니다.

1) 자주 글을 대하여야 합니다.

남의 글을 많이 읽어보는 독서 능력이 있어야 남의 글을 평가할 수 있게 됩니다. 갑자기 평가할 수 있는 능력이 생기지는 않습니다. 꾸준한 독서야말로 좋은 첨삭의 토대가 되는 것입니다.

2) 자주 써보아야 합니다.

교사 자신이 자주 써 보아야 흐름을 알 수 있고, 쓰면서 겪는 어려움이나 실수들을 체험할 수 있어서 남의 글을 평가할 때 큰 도움이 됩니다. 자신은 쓰지 않으면서 아이들에게 쓰라고 닦달하는 교사는 책 읽으라고 하면서 텔레비전 보는 부모와 별반 다르지 않습니다.

3) 글쓴이가 무엇을 쓰려고 했는지를 파악하는 것입니다.

서론이나 결론에 글쓴이의 주장이 들어가 있게 됩니다. 서론과 결론에서 앞뒤가 맞지 않은 다른 주장을 한다거나, 자기 주장뿐만 아니라 반대 주장도 옳다고 끝맺거나(양시론), 두 주장 모두 옳지 않다고 하는 식(양비론)은 아닌지 살펴보아야 합니다.

4) (사실)가 참신하며 주장이나 이유를 잘 증명하고 있는지의 관계를 살펴보아야 합니다.

자기주장과 이유는 있는데 그것을 객관화시켜 줄 논거가 없다면 설득력과 논리력이 떨어지므로 눈여겨보아야 합니다.

5) 형식에 너무 치우치지 말아야 합니다.

맞춤법이나 띄어쓰기 같은 기술적인 부분에 신경 쓰다 보면 글의 내용을 볼 수 없게 됩니다. 형식 보단 내용이라는 생각을 항상 염두에 두고 있으면 첨삭 시에 도움이 됩니다. 그렇다고 형식이 중요하지 않다는 것은 아니므로 글이 내용적인 부분이 충실해지면 형식적인 부분으로 이행해 가야 합니다.

6) 완벽한 첨삭을 요구하기 보다는 70% 정도의 첨삭을 하겠다는 마음 자세로 임해야 합니다.

너무 완벽한 것을 요구하다 보면 글쓴이는 자칫 자신감을 잃고 글을 쓰기 싫어하거나 두려움을 갖게 됩니다. 반면 꼭 평가하고 싶은 내용만 꼽아서 지적하게 되면 큰 어려움 없이 자신의 글을 고쳐 나가게 되고, 자신감을 잃거나 하는 우려를 없앨 수 있습니다.

7) 솔직한 칭찬이 우선입니다.

먼저 글을 읽어 보고 잘 된 부분을 솔직하게 칭찬하는 것이 중요합니다. 글쓴이에게는 자신감과 더불어 더욱 글을 열심히 써야겠다는 동기 부여가 되기도 하기 때문입니다. 그렇다고 잘못한 부분이 있는데도 칭찬만 하고 넘어가면 오히려 교만해지거나 상실감을 얻을 수 있기 때문에 너무 심한 칭찬보다는 잘한 내용을 중심으로 칭찬하는 것이 좋습니다.

8) 반드시 고쳐야 할 부분을 한두 곳으로 압축하여 첨삭하는 것이 좋습니다.

고쳐야 할 부분이 너무 많다고 모두 고치라고 지적하면 글쓴이도 어디서부터 고쳐야 될지 몰라 결국 글쓰기를 포기할 수도 있기 때문에 비록 첨삭해야 할 부분이 많다손 치더라도 꼭 고쳐야 할 부분 한두 곳을 선정하여 평가하면 글쓴이도 쉽게 자신이 고쳐야 할 부분을 인식하고 개선해 나갈 수 있게 됩니다.

9) 한 번에 다하려는 조급증을 버려야 합니다.

논술 실력은 하루아침에 이루어지지 않습니다. 글쓴이의 상태에 맞게 시간을 두고 계획을 세워 고쳐나갈 수 있도록 배려해야 합니다. 이를 위해서는 단계별로 반복적으로 첨삭 지도를 해 나가면 됩니다.

10) 제시문을 잘 이해했는지 살펴보세요.

기존의 논술 시험은 서론, 본론, 결론의 뼈대를 갖고 자신만의 창의적인 생각을 통해 썼는지를 평가하는 것이라면 앞으로 통합 논술에서는 좀 더 다양한 형태의 글을 요구하게 되므로 논제에 맞는 글을 썼는지를 확인해야 합니다. 특히 주어진 제시문을 제대로 이해하지 못하면 단추를 처음부터 잘못 끼운 것처럼 아무리 잘 된 논술문이라 하더라도 논제와는 엉뚱한 방향으로 가기 때문에 조심해야 합니다.

11) 주장과 이유가 오류나 잘못된 내용은 아닌지 살펴보아야 합니다.

얼마 전 중학교 독서 수업 시간에 한 학생이 쓴 글 중에서 '된장녀'를 옹호하는 주장을 하면서 '된장녀와 같은 사람들이 명품을 사서 쓰지 않으면 명품 회사는 모두 망하니까 된장녀는 존재해야 한다'와 같은 이유를 대었는데 이는 명백한 오류입니다. 이것은 마치 "담배를 열심히 피워 주어야 한다. 그 이유는 담배

회사를 망하지 않게 하려고."와 같은 논리가 되기 때문입니다. 명품 회사가 망할까 봐 그들을 불쌍히 여겨 소비하는 것은 아니므로 이는 잘못된 이유가 됩니다. 이럴 경우 아무리 좋은 논거를 제시해도 설득력은 떨어질 수밖에 없습니다.

12) 최선을 다해 자신의 생각을 정성껏 썼는지를 확인해야 합니다.

비록 주장이나 이유가 엉성하다 해도 열심히 최선을 다한 흔적이 있다면 칭찬해 주어야 합니다.

13) 깊이 있는 생각과 올바른 가치를 가진 내용인가를 살펴야 합니다.

자신이 속해 있는 집단에서는 용인될 수 있는 행동이나 생각이어도 전체적으로 이해되지 않는 생각이나 가치는 설득력을 잃게 됩니다. 따라서 글쓴이의 주장이나 이유가 일반적인 원리나 원칙에 근거하는지의 여부를 살펴보아야 합니다.

14) 논거에 대해서 얼마나 자세히 알고, 거짓되지는 않은지 살펴야 합니다.

어디서 들은 풍월로 제대로 알지 못하는 논거를 들이대면 자칫 잘못된 정보나 자료로 간주되어 자신의 주장이 아예 묵살되어 버리는 위험성을 갖게 되므로 논거는 자신이 정말 잘 알고 있고, 그것에 대한 해박한 지식을 갖고 있으며, 자세히 다루어야 객관적이고 설득력이 강해집니다. 통계 자료와 같은 논거를 드는 경우 정확한 숫자를 제시해야 합니다.

15) 첨삭의 글은 글쓴이의 글 위에 하지 않는 것이 좋습니다.

빨간 펜으로 뻘겋게 첨삭 지도를 받아 본 경험이 아마도 있을 것입니다. 그때 기분은 어떠했나요? 자신의 작품을 누군가 훼손한 느낌을 받지는 않았나요? 게다가 일기 검사일 경우에는 더한 느낌을 받았을 것입니다. 아이들은 자의든 타의든 글을 쓰고 나면 자신의 작품을 은근히 자랑하고 싶어 합니다. 왜냐하면 자신의 생각을 녹여 만든 자신만의 작품이기 때문이지요. 그런 글 위에 교사의 글을 덮어 씌워 자존심을 건드리거나 글쓰기의 동기 부여를 무참히 짓밟지 않도록 하는 것도 첨삭 시 주의할 사항 중에 하나입니다.

16) 맞춤법, 띄어쓰기 등과 같은 국어 문법 공부를 틈틈이 해 두어야 합니다.

자기가 모르는데 남을 어떻게 지도할까요. 특히 논술 시험은 맞춤법이나 띄어쓰기도 평가 대상에 들어간다는 것을 잊지 말아야 합니다.

17) 욕심이 과한 아이들은 거짓 글을 씁니다.

글을 잘 쓴다는 아이들이 자칫 저지르기 쉬운 것이 칭찬을 받아야겠다는 것과 각종 시상 대회에 참가해서 수상하겠다는 욕심으로 인해 거짓 글을 쓴다는 사실입니다. 어디선가 읽어 본 멋진 문장을 그대로 옮겨 자신의 것이라고 하든가 없는 경험을 있는 경험으로 만들어 억지논거를 만든다든가 하는 문제가 생긴다는 것이지요. 그렇게 되면 논술을 할 이유가 없어지는 것입니다. 왜냐하면 독서 교육은 올바른 가치관과 선한 인품을 만들어 가는 것이 교육 목적인데 아이들이 거짓으로 글을 쓰기 시작하면 이미 그 목적과는 반대 방향으로 가는 것이기 때문입니다. 첨삭은 이런 잘못을 고쳐 주어야 합니다.

다음은 첨삭 시 지켜야 할 구체적인 사항과 내용들에 대해 살펴보도록 하겠습니다.

1) 논술문의 구조를 잘 알고 있는가

서론, 본론, 결론이 내용적으로 긴밀하게 연결되지 않거나 그 구분이 애매모호하거나 주장이 결론에 가서 바뀌었거나 하는 것을 살펴야 합니다

2) 중언부언하고 있지는 않은가

배경 지식이 없거나 적절한 근거를 찾지 못할 경우 자신의 주장과 이유만을 열심히 중언부언하는 경우는 아닌지 살펴보아야 합니다. 학생들이 가장 많이 저지르는 부분이므로 첨삭 지도 시 반드시 짚어 주어야 합니다.

3) 문장은 복잡하게 이루어져 있지 않은가

문장은 단순하고 간결해야 합니다. 논술문은 주장하여 설득하는 글이므로 자신의 주장을 명확하게 제시해야 하는 것입니다. 따라서 문장이 길고 복잡하면 쓰는 사람이나 글을 읽는 사람이나 무슨 말인지 이해하기 어렵게 되므로 단순명료하게 쓰도록 지도해야 합니다.

4) 자신감을 잃고 있지는 않은가

주장을 설득시키려면 무엇보다 배짱이 두둑하고 누구도 인정할 수밖에 없는 논리적 근거들을 가져오면 좋습니다. 그러기 위해서는 자신감을 갖고 쓰도록 해야 합니다. "이것은 이렇다"와 같이 자신 있게 자신의 주장을 내세울 수 있어야 설득이 가능합니다. 그런데 자신의 주장에 자신이 없으면 "이럴지도 모른다", "이럴 것 같다"와 같이 자신 없게 얼버무리는 경우를 흔히 봅니다. 자신감을 잃어버린 논술은 이미 좋은 글이 되기 어렵습니다.

5) 감정적인 글은 아닌가

자신의 주장을 강조하다 보면 감정적으로 흐를 때가 많습니다. 논술은 이성에 호소하는 논리적인 글이므로 자칫 감상문이 되거나 웅변조의 글이 되기 쉽습니다. 따라서 느낌표나 물음표를 자주 사용하여 호통치거나 명령하는 듯한 글은 주의해야 합니다. 즉 평서문으로 쓰는 연습이 필요합니다. 또한 절대적인 감정 표현의 어휘인 '가장, 언제나, 꼭, 반드시, 매우' 같은 말은 되도록 쓰지 않는 것이 좋습니다.

6) 주관적인 글은 아닌가

논술은 논리적 근거를 가져와서 자신의 주장을 객관화시키는 글입니다. 즉 매우 객관성을 갖고 있다는 의미를 갖습니다. 객관성을 갖고 있으던 그 누구라도 이 글을 보고 글쓴이의 주장을 이성적으로 이해하고 판단하려 할 것입니다. 그런데 문제는 많은 학생들이 글을 쓰다 보면 주관적으로 쓰려는 경향이 많이 나타납니다. 가령 "나는 이렇게 생각한다"와 같이 1인칭 주어인 "나"를 빈번히 사용하는 경우가 매우 많습니다. 이것은 일기나 독서 감상문 정도의 글만을 자주 쓰는 버릇을 가진 학생들이 논술문을 자주 써 보지 않아서 일어나는 현상이므로 첨삭 지도를 통해 고쳐 나가도록 배려해 주어야 합니다.

7) 자연스럽지 못한 글은 아닌가

서론을 너무 거창하게 시작하거나 자신의 주장에 이르는데 너무 많은 시간을 들여 읽는 이로 하여금 지루하게 만들어서는 안 됩니다. 또한 너무 멋있게 쓰려거나 현학적인 문장을 구사하다가 오히려 부자연스럽게 만들 수 있습니다. 또한 '예쁜, 나쁜, 많은'과 같은 형용사의 남발은 전달 의미나 기준이 모호하고 달라질 수 있으므로 가급적 형용사류의 단어는 피하는 것이 좋습니다. 또한 명사구를 남발하는 경우가 많은데 가급적 서술적 표현으로 고쳐 주는 것이 자연스러운 글이 됩니다. 가령 '그것은 중요시되고 있다'와 같이 '중요시'를 '중요하다'로 고치면 보다 자연스러운 문장이 됩니다.

8) 주어를 잃어버리지는 않았는가

우리의 국어는 주어를 잘 생략하는 언어입니다. 가령 '나는 배가 고프다' 와 같은 문장도 흔히 '배고파' 로 주어를 생략해도 누가 배고픈지 미루어 짐작할 수 있습니다. 그런 습관 때문에 흔히 논술문을 쓸 때에 주어를 생략해서 자칫 주어와 서술어가 맞지 않는 경우가 생깁니다. 이럴 경우 문장을 간결하고 짧게 써 볼 수 있도록 해 주면 이런 비문법적인 문장을 쓰는 실수를 방지할 수 있습니다.

9) 은어나 속어는 아닌가

요즘 아이들끼리 쓰는 말은 어른이 옆에서 자세히 들어도 무슨 말인지 모를 때가 많습니다. 이것은 자기들만의 언어를 쓰기 때문입니다. 가끔 논술문에 이런 언어를 사용하는 것을 볼 수 있습니다. 상대방을 설득시켜야 하는 주장글인 논술에서 이런 이해 못하는 언어나 글은 치명적입니다. 첨삭 지도를 통해 이런 은어나 속어를 가급적 일상생활에서도 사용하지 않도록 습관을 만들어 주어야 합니다.

10) 불필요한 어휘는 없는가

문장에서 필요가 없는 어휘를 버릇처럼 쓰는 경우를 자주 봅니다. 그중에서도 첫째, 한자와 접미사 '-적(的)' 은 일본어식 표현을 모방한 것으로 보고서나 논문 등에 자주 사용되고 있습니다. 따라서 자신의 주장이나 지식을 높여 보이려고 할 때 이런 류의 표현을 쓰게 되므로 문장도 어색해질 수 있으므로 가급적 사용하지 않는 것이 좋습니다. 가령 '직접적, 간접적인 영향을 받는다.' 를 '직, 간접의 영향을 받는다.' 로 고쳐 보면 오히려 딱딱하지 않고 부드러운 문장이 됩니다.

둘째, 복수접미사 '들' 입니다. 글을 쓸 때 무심코 '들' 을 사용하는 경우가 많습니다. 가령 '흔히들, 자료들' 과 같이 불필요하게 남발되어 사용되므로 주의해야 합니다. 또한 '이, 그, 저' 와 같은 지시 대명사가 복수여도 복수 접미사 '들' 을 붙이지 말고 그 다음에 나오는 명사를 복수화 하는 것이 좋습니다. 가령 '이들 나라에서는' 을 '이 나라들에서는' 으로 바꾸어 표현하도록 하건 됩니다.

11) 띄어쓰기는 제대로 하는가

첫째, 의존 명사와 조사인지를 잘 구분해야 합니다. 가령 '만큼, 뿐, 대로' 의 경우 '-ㄴ, -는, -ㄹ' 어미 아래에 쓰는 의존 명사인지 아니면 명사, 대명사, 수사 뒤에 쓰는 조사인지 확인하고 조사는 붙여 쓰고, 의존 명사는 띄어 쓰게 해야 합니다. 가령 '먹을 만큼' 은 의존 명사이므로 띄어 쓴 것이고, '이만큼' 의 경우는 조사이므로 붙여야 합니다.

둘째, 의존 명사와 어미를 구분해야 합니다. '데' 와 '지' 가 대표적으로 '데' 가 '경우, 상황, 일' 의 의미를 갖는 의존 명사로서 쓰였는지 아니면 다음에 할 말을 끌어내기 위한 연결 어미로 쓰여 졌는지를 잘 살펴보아야 합니다. 연결 어미의 경우 붙여 쓰기 때문에 띄어 써서는 안 됩니다. '지' 도 시간의 의미를 갖고 있을 때는 의존 명사이므로 띄어 씁니다. 그러나 연결, 종결 어미로서 쓸 경우에는 붙여 쓴다는데 주의해야 합니다. 가령 '그가 잠을 잔 지 1시간이 흘렀다' (의존명사), '그가 잠을 자는지 궁금하다' (어미)와 같이 의존 명사와 어미로서의 쓰임에 따라 띄어쓰기가 달라집니다.

12) 결론 단락의 역할은 잘 하고 있는가

결론은 자기의 주장을 최종적으로 설득시키는 매우 중요한 단락입니다. 따라서 이 단락에서는 보다 뚜렷한 주장과 이에 대한 대안이 제시되어야 합니다. 본론의 내용을 반복해서 요약 정리하는 것으로 끝을 낸다거나 갑자기 새로운 의견을 내세운다거나 양비론이나 양시론으로 끝을 맺거나 일반적인 설교 형식으로 끝을 맺는 것은 다된 밥에 코 빠트리는 것과 같습니다. 자신의 주장이나 이유를 여러 논거를 통해 객관화시켜 논리적 증명이 이루어졌으면 이것을 결론을 통해 확증시켜야 하는 것입니다. 이를 위해서는 반드시 이 주장이 옳거나 행해 져야겠다는 믿음을 주어야 하며, 이를 위한 대안 제시는 필요합니다. 대안 제시에서 필자의 톡톡 튀는 창의력이 발휘되기 때문에 많은 생각과 공을 들여서 제시해야 합니다. 실천할 수 없거나 너무 비약적인 대안 제시는 감점의 요인이 되므로 주의해야 합니다.

20. 논술문 작성의 실제

그럼 본격적으로 글을 써 보도록 할까요? 지금 우리가 해 보는 것은 독서 논술입니다. 가장 먼저 해야 할 것이 주제를 정하는 일입니다. 이것은 보통 제목에 해당합니다. 주제가 정해졌으면 주제에 맞는 자신의 적정한 주장이나 이유를 생각해 보아야 합니다. 그런 다음 그와 관련한 자료를 모아야 하는데 이미 독서량이 많은 사람이나 경험이나 지식이 풍부한 사람은 머릿속에 들어 있겠죠. 그렇지만 사전이나 백과사전 정도는 미리 준비해 두는 것이 필요합니다. 자료가 모아졌으면 서론, 본론, 결론으로 글의 틀을 짭니다. 서론에는 이런 제목으로 글을 쓰게 된 까닭이나 이유, 문제점 쓰기, 글쓴이의 입장을 씁니다. 본론에서는 내세우는 중심 내용 쓰기, 주장을 펼치기, 왜 그런 주장을 쓰게 되었는지 밑받침 글을 써가며 쓰기(논거제시) 등입니다. 여기에 주제와 관련한 자신의 경험과 앞서 준비한 자료들을 적절하게 가미하면 훌륭한 글쓰기가 됩니다. 결론에서는 본론의 내용을 정리하며 마무리 주장을 하고, 나아가 그러한 주장을 이루기 위해서는 어떤 해결 방안이 있는지 제시하면 좋습니다. 물론 해결 방안은 구체적이며 독창적이고 실천 가능한 것이어야 합니다.

이상과 같은 내용으로 독서 논술을 해 보는 것은 논술의 기초를 다지는데 매우 좋은 활동임을 잊지 말아야 합니다. 따라서 기존의 독서 감상문 형태에서 독서 논술로 바꿔 써보는 것도 쓰기 능력을 높여 가는데 좋은 방법입니다.

"내 친구에게 생긴 일"을 읽고 논술문 작성하기

1) 주제 찾기

2) 주제에 대한 자신의 생각 찾기(이유)

3) 자신의 생각을 증명할 객관적 논거 찾기

4) 그 주제나 주장을 가능하게 하는 대안 찾기

5) 개요짜기

서론

본론

결론

6) 논술문 쓰기

제목 :

21. 실제 논술문 작품 모음

다음은 본 책자를 통한 필자의 "부모 독서 지도 과정" 강의를 받은 경기도 G 시의 부모들이 직접 작성한 실제 논술문 작품들입니다. 첨삭하지 않고 원문을 그대로 게재했음을 밝힙니다.

관심은 이웃사랑의 시작입니다.

미라로베 작 "내 친구에게 생긴 일"을 읽고

임지연

한 율법사가 예수님께 물었다.

"영원히 사는 비결은 무엇입니까?"

하나님과 이웃을 사랑하라는 말씀에 율법사는 재차 질문한다.

"이웃이 누굽니까?"

이에 예수님은 유명한 '착한 사마리아 사람의 비유(눅10:25-37)'를 시작하신다.

이번 독서 지도 과정 도서로 선정된 미라 로베 작 '내 친구에게 생긴 일'은 위의 비유를 떠올리게 하는 책이다. 주인공 율리아는 양부에게 구타를 당해 멍투성이인 급우 하인리히에게 지속적인 관심을 갖고 도울 방법을 여러 경로로 모색해 보다 결국 친구를 구해내는 데 성공한다. 관심이야말로 이웃 사랑의 시작인 셈이다.

그러면 이 책과 비유를 비교해보며 진정한 이웃이 누구인지, 이웃 사랑은 왜 해야 하는지를 살펴보겠다.

비유는 예루살렘에서 여리고로 내려가는 한 사람으로 시작되는데, 그는 길목에서 강도를 만나 벌거벗겨지고 거반 죽도록 맞고 길거리에 버려진다. 하인리히가 이 사람에 해당되는데, 어머니의 재혼식 날부터 시작된 매질은 연례행사처럼 하인리히 와 어머니에게 자행된다. 미래에 대한 꿈을 꾸며, 희망으로 그 꿈을 키워 나가야 할 초등학교 시절을 학대 속에서 공포와 불안에 떨며 절망 가운데 꿈도, 친구도 없이 살아가는 불행한 아이가 돼버렸다. 그런 하인리히가 공원 가로등에 돌을 던져 깨뜨 림으로 자신의 분노를 발산하고, 그런 영웅 심리로 친구들에게 우쭐해 한다.

문제는 아동 학대에 노출되었던 사람들이 그 고통을 사회에 투사해 범죄를 저지 를 때 그 파괴력이 크다는 점이다. 얼마 전 사람들을 경악시킨 유영철 씨는 부유층 노인과 출장 안마사 여인 등 21명을 살해한 혐의로 구속되었다. 이 사건은 한국에서 는 좀처럼 볼 수 없었던 '전형적인' 연쇄 살인 사건이다.

미국연방수사국(FBI)에서 20년간 연쇄 살인 사건을 전담해 온 로버트 레슬러 씨 는 "양들의 침묵", "카피캣", "레드 드레곤", "X파일" 같은 영화나 TV 시리즈의 모 델이기도 한데, 감옥에 수감된 많은 연쇄 살인범들을 만나고 『괴물을 ◎는 사람들』 이라는 책을 썼다. 책에 나오는 수많은 흉악범들의 공통점은 불우한 어린 시절과 지 속적인 학대를 받았다는 사실이다. 연쇄 살인범이라는 괴물은 태어나는 것이 아니 라 길러지는 것이며, 괴물을 키운 것은 바로 우리 사회이다. 영화 "양들의 침묵"에 나오는 버팔로 빌은 어린 시절 지속적인 학대를 받았다. 영화 "레드 드레곤"에 나오 는 이빨요괴로 별명 붙여진 연쇄 살인범도 어린 시절 할머니에게 학대를 받았다. 깨 어진 가정과 잘못된 양육에서 그러한 연쇄 살인범들이 길러지는 것을 볼 때 가정의 소중함과 중요성을 다시금 깨닫게 된다.

만약 이들이 어린 시절에 자신을 따뜻하게 품어 주며 관심과 사랑을 보이는 사람 들을 만났다면 그들의 인생은 분명 달라졌을 것이다. 어린 시절 부모를 잃고 실명까 지 한 채 의지할 곳이 없었던 강영우는 현재 미국 백악관의 '국가장애위원회'의 정 책차관보로 일하고 있고, '미국 저명 인사 사전'과 '세계 저명 인사 사전'에 소개되는 등 세상을 밝히는 촛불 같은 분이 되었다. 그가 실명의 고통과 장애인에 대한 온갖 편견을 이겨내고 오늘날 세계적인 인물로 널리 알려지게 된 것은 어려운 시기에 도움의 손길을 내밀어준 국립중앙 의료원의 이선희 선생이나 권순귀 선생, 의남매로 지냈던 석경숙, 그리고 미국인 양부모님의 도움이 절대적인 역할을 했음을 아무도 부인할 수 없다.

비유의 다음에 등장하는 인물들은 제사장과 레위 인이다. 그들은 한결같이 강도 만난 사람을 '보고 피하여 지나갔다.' 그들에게는 나름대로 이유가 있었다. 성직자들인 그들에게는 손에 피를 묻히는 것이 금기시되었기 때문이다. 그러나 하나님은 제사보다 자비를 원하신다. 율법의 본질을 보지 못한 유대의 율법 지도자들이 예수님께 외식하는 자라 책망 받은 것도 이 때문이다.

'내 친구에게 생긴 일'에 등장하는 학급 친구들은 자기들과 상관없는 일이라고 말한다.

"어차피 우리가 하인리히를 위해서 해 줄 수 있는 건 아무것도 없어. 그리고 그애는 우리랑 전혀 상관없는 애잖아. (p14, 3-5) "

율리아의 부모님은 평소에 어떤 사람에게 도움이 필요할 때는 모른 척하지 말고 도와주라고 가르쳐 왔음에도 불구하고, 그런 일은 어른들에게 맡길 것을 권한다.

"제발 그 일에 끼어들지 마라. 유야! 괜히 귀찮게만 될 뿐이고, 네게 이로울 게 전혀 없단다." (p.45, 3-4)

하인리히의 어머니는 아이에게는 아무런 애정도 없이 모든 책임을 회피하기만 했다.

"절대로 우리 아이를 보호 시설로 데려갈 수 없어요. 설사 그 애가 집에서 맞는다고 해도 말이에요." (p.62, 16-17)

교장 선생님은 이런 일에는 신중을 기해야 한다며, 자신의 교육자 인생에 흠집내기를 두려워했다.

"경찰? 보건소 의사? 사회복지기관? 내가 왜 그런 사람들을 우리 학교로 끌어들이는 일에 힘써야 하는 겁니까? 우리는 지금까지 흠잡을 데 없는 교육기관이었습니다." (p.66, 3-5)

교장 선생님의 권고 이후 침묵하게 된 담임 선생님은 하인리히의 일에서 달아나 버리려고 애쓴다.

"미안하구나, 율리아! 나도 하인리히를 걱정하고 있단다. 하지만 하인리히가 사실을 털어 놓지 않는 한 학교에서도 달리 도와 줄 방법이 없구나. 학교는 그런 일에 대해 신중을 기해야만 하고……." (p.69, 6-8, 15-16)

하인리히의 이웃에 사는 노부인은 남편이 하인리히의 집에서 벌어지는 일에 대해 율리아에게 말해 주는 걸 막는다.

"당신 또 뭘 떠벌리고 있는 거예요? 아휴, 이 주책 맞은 늙은이! 제발 좀 가만히 있으라고 수백 번 말했잖아요. 난 정말이지 복잡해지는 거 원치 않아요." (p.114, 15-17)

우리나라의 법 규정에서는 찾아 볼 수 없으나 미국과 서양 선진국의 법 규정에는 '착한 사마리아인의 법'이 있는데, 이 법은 타인이 위험에 처한 것을 알거나 본 경우, 자신이 크게 위험하지 않을 때 타인의 위험을 제거해 줄 의무가 있다는 것이다. 인간성을 위배한 행위를 단지 윤리적인 문제로만 남겨두지 말고 공권력에 의해 처벌해야 한다는 이 법의 제정은 세계 각국이 점점 채택하고 있는 경향이다. 세계의 수많은 나라에서 '착한 사마리아인의 조항'을 설치하는 이유는 무엇보다도 인간이라면 당연히 해야 할 본분을 저버리는 사람에 대하여 윤리적으로만 아무리 비난해 봐야 아무 소용이 없다는 사실에 대한 반성이요, 따라서 그러한 비인간적인 사람들이 팽배하여 현대 사회가 점점 냉혹하게 되고 흉폭해지고 있다는 자각이다. 현대 문명 사회라는 이름의 뒷면에는 대낮에 대로에서 강도를 당해도 수십 명의 사람들이 구경만 하지 구조해 주지도 않고 경찰에 (증인으로 소환당하기가 귀찮다고 하여)

신고조차 하지 않는 것이다.

불행에 처한 하인리히의 고통보다는 자신들의 안위를 먼저 생각하고 불이익 당하기를 두려워 한 이들 모두는 비유 속 제사장이나 레위 인처럼 '그를 보고 피하여 지나간' 사람들이다.

비유에서 마지막으로 등장하는 착한 사마리아인은 당시 유대 사회에서 천대받던 사람들이다. 그런 그가 당시 존경의 대상인 제사장이나 레위 인이 버려둔 강도 만난 사람을 '불쌍히 여겨 기름과 포도주를 상처에 붓고 싸매고 자기 짐승에 태워 주막에 데려다 보살피고 이튿날 데나리온 둘을 내어 주막 주인에게 주며, 추가 비용도 갚겠다고 약속한다.'

율리아는 연약한 초등학생에 불과하지만 탈의실에서 멍투성이 하인리히를 본 후 그 아이에게 관심을 두며 불쌍히 여기고 그의 아픔을 느껴 보기 위해 벨트를 휘둘러 자기 손을 때려보기도 한다. 하인리히에게 말을 걸어 보며, 관심을 노이고 여러 경로를 통해 도울 길을 찾아 보다 결국 경찰에 신고해 결정적 도움을 주게 된다. 그녀의 용기와 관심이 부모님과 선생님, 경찰과 이웃들의 관심을 불러일으키고, 도움의 손길을 끌어 들이는 중요한 역할을 하는 셈이다. 그 동안 침묵으로 일관했던 하인리히가 자기 얘기를 할 수 있었던 것도 율리아의 관심이 단순한 호기심이 아니라 진정으로 자신을 염려하는 우정임을 깨달았기 때문이고, 진정 하인리히가 필요로 했던 친구였던 것이다. 또 율리아가 경찰에 신고한 후 그간 문 뒤에 숨어 있던 이웃주민들이 뛰쳐 나와 함께 돕고, 율리아를 칭찬해 준다.

누구나 의로운 생각을 가지고 있지만 두려움이나 다른 생각들이 강하기 때문에 그 의로운 생각은 힘없이 밀려나고 만다. 생각의 감옥에 갇혀 의로운 일을 행동으로 옮기지 못했던 것이다.

어린 소녀의 작은 관심이 불행에 처한 친구를 구해내는 큰 사랑을 이뤄내는 이야기를 살펴보았다.

아동 학대에 노출된 아이들이 사회에 범죄인으로 자라날 가능성이 큼을 염두에 두고, 아동 학대에 대해 관찰하고 보호할 뿐 아니라, 마음의 상처 치유와 회복이 일어나는 성경적 상담 사역을 해 나가는 등 개인적 사회적으로 그들을 도울 방법들을 모색해 나가는 것이 꼭 필요하다.

그리고 '착한 사마리아인의 비유'를 단순히 성경 속 이야기로만 치부할 것이 아니라, 법률화하여 위험에 처한 사람을 방치한 구조 불이행자에 대해 법적 제재를 가하는 장치를 마련해 봄 직하다고 생각한다.

또한 진정한 이웃 사랑은 어려움에 처한 이웃에 관심을 두고 살펴서 그에게 필요한 것이 무엇인지 지혜를 발휘해 도울 수 있어야 진정한 도움이고 이웃 사랑이 되며, 우리가 영원한 생명을 얻는 비결이다. 그런 의미에서 율리아의 다음 대사가 인상 깊다.

"비네야, 날 좀 이해해 줘! 하인리히가 그렇게 맞는 걸 그냥 당연하게 받아들여서는 안 돼. 어떻게 변화시킬 수 있을지 곰곰이 생각해 봐야지. 넌 그렇게 생각지 않니?"

하인리히에게 이웃은 누구인가?

율리아라고 누구나 답할 것이다.

그렇다면 예수님의 비유의 마지막 말씀을 기억하는가?

"너희도 가서 그와 같이 하라."

관심과 사랑을 갖자

미라로베 작 "내 친구에게 생긴 일"을 읽고

강영매

"내가 아이를 키우고 가르치는 것은 나에게서 끝나는 것이 아니란다. 내가 한 모든 행동이 그 아이의 아이에게로 이어진단다."

40년간 미국과 일본에서 교수직을 역임하며 세 아이를 미국의 주류 사회를 움직이는 인재들로 성장시킨 장병혜 박사가 단란한 가정을 이루며 살아가는 자녀들에게 자녀 교육에 대해 한 말이다. 가정은 막막한 세상에서 힘들고 지칠 때 돌아갈 곳이며, 어딘가에 소속되어 아무런 조건 없이 안정감과 위로를 얻을 수 있는 유일한 곳이다. "내 친구에게 생긴 일"에서 하인리히가 꿈꾸었던 가정도 이런 가정이 아니었을까?

가울스도르프에 있는 할머니의 집에서 주말이면 선물을 사가지고 오서서 함께 놀고 한 침대에서 자기도 하며 빈으로 이사 가면 항상 엄마와 같이 살자고 했던 엄마의 말에 보고 싶어도 참고, 어느 주말인가부터 찾아오지 않는 엄마를 애타게 기다리며 끝내 오지 않은 그밤……. 엄마가 사준 강아지 인형을 붙들고 울던 밤도 하인리히는 엄마와 함께 행복하게 살게 될 그날을 기대하며 참고 지냈다. 그러나 하인리히에게 생긴 새로운 가정은 알코올 중독인 양아버지와 자신의 가정을 추스를 힘도 없는 무력하고 폭력의 첫 번째 희생자인 엄마, 양아버지와 엄마 사이어 태어난 이복 여동생으로 이 시대의 어느 사회에서나 쉽게 찾아볼 수 있는 어둡고 슬픈 한 가정의 모습을 보여 주고 있다. 이런 결손 가정에서 자라난 아이들의 삶은 고·연 어떤 모습으로 자라날 것인가에 오늘을 살아가는 우리들이 심각하게 고려해 볼 필요가 있다.

마땅히 받아야 할 부모의 사랑과 돌봄을 받고 자라지 못한 아이들은 결코 건강한 성인으로서의 삶을 살아갈 수 없다. 왜냐하면 아이들은 감정이 연약해서 고통스런 감정을 감당할 수 있는 이성이나 감정을 처리할 수 있는 능력이 아직 형성되어 있지 않다. 어린 시절의 해결되지 않은 감정이나, 왜곡된 사고는 성인이 되었을 때 자신의 행동과 감정을 지배하게 된다. 상담 이론 중에 "바라봄의 법칙"이라는 것이 있다. 겉으로는 자신에게 상처를 주고 아픔을 주었던 자를 미워하고 싫어하기 때문에 바라보지 않지만 그 사람 안에는 여전히 복수하고자 하는 마음이 있고 그래서 마음에서 떠나보내지 않고 계속해서 쥐고 있다가 결국 그렇게 싫고 미웠던 사람의 모습을 닮아 간다는 것이다.

성경에도 "나는 내 아버지에게서 본 것을 말하고 너희는 너희 아비에게서 들은 것을 행하느니라(요 8:38)." 이렇듯 자녀들은 자신의 가정에서 받은 영향력 아래 있게 되며 한 사람의 성인으로 성장해 가정을 꾸려갈 때 원하지 않지만 자신도 모르는 사이에 또다시 자신이 그렇게도 하고 싶지 않았던 행위들을 하며 살아가게 된다는 것이다. 건강하지 못하는 가정이 많을수록 우리 사회 또한 건강한 사회가 되지 못할 것이다.

그 예로, 외롭고 지친 어린 아이들을 안아 주지 못하고 더 이상 그들의 울타리가 되어 주지 못했던 가정들이 이제 그 아이들이 자라서 이뤄내고 있는 일본 사회 모습은 우리에게 시사하는 바가 크다.

일본에는 "가기코 세대(世代)"라 부리는 특수한 연령층이 있다고 한다. 가기코란 열쇠를 의미하는 "가기(鍵)"와 아이를 뜻한다는 접미사인 "코(子)"가 붙은 신조어인데 1980년대 우리나라가 급격한 성장을 이룬 것처럼, 일본 역시 '잘 살아 보자'며 너도 나도 직업 전선에 뛰어든 때가 있었다. 당시 아이들은 학교에서 돌아오면 목에 걸린 열쇠로 아파트 문을 열고 텅 빈 집안으로 들어서야 했고, 때마침 사회 전반에 불어 닥친 핵가족화로 인해 이들을 품어 줄 가정은 더 이상 존재하지 않았다.

가정의 포근함을 맛보지 못한 채 유년을 보내야 한 "가기코 세대". 이들에겐 소속감이나 안정감 따뜻한 가정이란 교과서에서나 접할 수 있는 단어였고, 으늘날 이들이 이뤄내고 있는 일본 사회는 퇴폐와 향락, 엽기적인 문화, 가식적으로 보이는 미소, 극심한 개인주의와 냉소는 어른이 된 지금 표출되고 있다. 아이들의 다픔과 상처와 분노 그리고 하루종일 아이들에게 일어난 소소한 사건들에 대해 들어 주고 공감해 주었어야하는 부모님의 부재로 인한 것이다.

이렇듯 마땅히 받아야 할 사랑과 관심을 받고 자라지 못한 한 사람의 삶이 개인과 한 가정, 더 나아가 사회에 미치는 영향력은 실로 엄청난 것이다.

그럼 왜 우리는 이웃에게 관심과 사랑을 가져야 하는 것일까? 부므에게 버려져 서울역과 남대문에서 거지 생활을 하던 한 소년에게 한 사람의 관심과 사랑이 거지 소년의 인생을 바뀌게 한 일이 있다. 신호범 미국의 상원의원의 얘기다.

미국에서 세 번이나 연임 상원의원으로 당선되었고, 아시아 경제 전문관이며, 고국인 한국에 중국과 미국, 일본 여러 열강들을 통한 무역의 가교 역할을 해 주었고, 무엇보다 전 세계에 한민족의 위상을 높여준 분이다.

오늘 이 분이 있게 된 것은 구걸하던 거지 소년에게 손을 내밀고, 뜯을 것을 주고, 목욕을 시켜 주었던 미국 군인과, 많은 외로움과 한에 못 이겨 뒷동산에서 엉엉 울고 있던 소년을 꼬옥 안아 주었던 미군이 있었기 때문이란다. 자신도 너 단한 아이가 세 명 있는데 네가 우니 그 아이들 생각이 나서 그냥 지나칠 수 없다며 왜 우는지 관심을 가져 주었던 미군 아저씨……

폴 신이란 이름으로 입양을 가, 그냥 그렇게 살다가 갈 인생일수도 있었지만 오늘 전 세계에 입양되어간 많은 한민족의 아이들에게 꿈과 희망의 증거가 되어 주고 있는 것이다.

뿐만 아니라 자신을 네 살 때 버렸던 아버지를 찾아가, 열악한 환경에서 오남매의 이복동생들과 힘겹게 살아가는 아버지를 용서하고 그 동생들에게 자신이 받은 사랑과 많은 관심을 쏟고 베풀어 지금은 모두 안정된 직업을 갖고 단란한 가정들을 만들어 가고 있다고 한다.

한 사람의 관심과 사랑에서 하나의 생명이 새롭게 태어나고 그 사랑을 먹고 자란 한 사람이 나누고 베푼 이야기는 꼭 신호범 상원의원의 얘기만은 아닐 것이다.

사람은 소중하고 보배롭고 존귀하며 사랑받기 위해 태어난 존재이다. 특히, 어린 아이들은 부모의 무제한 적인 사랑과 돌봄 속에서 진정한 내가 누구이며 어떻게 살아가야 하는지를 배우게 된다. 그 어떤 것으로도 채울 수 없는 것이 바로 부모님으로부터 받아야 할 사랑이다. 그래서 하나님은 우리에게 부모님과 가정을 허락하신 것이다. 요즘 같은 무한 경쟁 사회에서 남에게 관심을 갖고 산다는 것 자체가 배부른 자의 사치쯤으로 여기며 나눌 게 없다고 생각하는 사람들도 혹여 있을지 모른다. 그러나 미군의 작은 관심이 신호범 의원의 삶을 변화시켰듯이 우리 주위의 이웃들에게 배려하고 베푸는 것이 건강한 사회를 만들어 가는 가장 중요한 무기라 생각한다.

"내 아이가 잘 되기를 원한다면 내 아이의 친구에게 관심을 갖자." 라고 써진 어떤 학원의 안내문을 본적이 있다. 그렇다. 우린 나만을 생각할 것이 아니라 나에서 우리라는 더불어 살아가는 세상에 대해 깊이 생각하며 우리가 만나 교제하는 사람들 속에서 정다운 미소가 있는 얼굴로 사랑과 칭찬과 축복의 말을 건네며, 따뜻한 마음과 작은 정성을 나누고, 그 사람의 작은 일에도 공감해 주고 들어 준다면 작은 시작이 될 것이다.

작은 나의 사랑의 실천이 내 이웃을 기쁘게 하고 그 이웃의 가정이 행복해진다면 그 사랑은 계속 흐를 것이고, 사랑의 물결은 어둡고 그늘진 이 땅의 가정들에게 소리 없이 스며들어 막힌 담을 허물 것이다. 우리가 시작하면……

상처받은 영혼 사랑과 관심으로 치유하자

미라로베 작 "내 친구에게 생긴 일"을 읽고

박혜신

　요즘처럼 서로 경쟁하며 살아가는 이 사회에서 타인에게 관심을 갖는다는 것이 얼마나 어려운 일인가! 더군다나 남의 눈을 꺼리는 폭력 가정에서는 다른 사람이 도움의 손길을 주고 싶어도 여러 환경 상 도울 수 없는 것이 우리의 현실이다. 이러한 현실 속에서 소중한 생명 하나하나가 죽어간다면 과연 환경 상의 이유로 우리는 그냥 구경만 할 수 있을 것인가? 또한 이것을 과연 남의 일로만 치부하고 말 것인지 우리는 심각하게 생각해 봐야 할 것이다.

　이 책에 나오는 하인리히는 양부의 무섭고 잔인한 폭력으로 육체뿐 아니라 정신까지 멍들어 있는 아이다. 주위 사람들이 도움을 주고 싶어도 그냥 불쌍한 아이로 취급하며, 어느 누구도 적극적으로 나서는 사람들이 없을뿐더러, 어렸을 때 사랑으로 잘 키워 주신 외할머니마저 거칠게 변해 버린 하인리히를 거부한다. 나는 그때 끝까지 관심을 가져 준 친구 율리아를 보면서 한 가닥의 희망을 느낄 수가 있었다. 여기서, 율리아의 도덕적인 양심을 실천으로 옮긴 용기 있는 행동이 하인리히의 인생에 큰 전환점이 되었다고 생각된다. 얼마 전 뉴스에서 나온 수십 명을 살해한 살인범이 한 말이 떠오른다. "만일 누군가 나에게 조금이라도 인간적 대우를 해 주며 다가왔더라면, 과연 내가 여기까지 왔을까"라는 고백이 관심과 사랑이 얼마나 중요한지를 일깨워준다.

　하루하루 바쁜 일상 속에서 자칫 우리는 개인주의에 빠지기 쉽다. 이러한 개인주의는 우리 주변에 있는 소외된 하인리히 같은 아이들을 만나도 그저 정부의 몫으로 밖에 생각하지 않고 지나쳐버린다. 더 이상 우리는 주변의 소외되고 도움이 필요한 이웃을 방치해서는 안 될 것이다. 다행히 요즘 우리 사회에서 조금씩 일어나고 있는 가정 회복 사역의 하나인 "아버지 학교"와 같은 기독교적 가정 회복 운동을 보면 많은 아버지들이 사랑과 관심으로 다시 회복되어지는 놀라운 일들을 간증을 통해 접하게 된다. 또한 TV에서 나오는 아동 학대 프로그램을 보면 여러 전문가들이 나와 한 가정을 도와주며 치유되는 과정 속에서도 이미 상처받은 아이가 평범한 아이로 돌아오기까지 얼마나 많은 사랑과 관심이 필요한지를 보면서 많은 생각을 하게 되었다. 나는 이러한 일들이 아이들과 가장 밀접한 학교에서 일어나야 한다고 생각한다. 학교 내에서 신앙심이 깊은 상담 교사의 확대와 내적 치유와 같은 프로그램을 통해, 학우 간에 서로의 맘을 전할 수 있는 편지 쓰기를 통해 서로의 아픔을 같이 나누고 치유할 수 있는 장을 마련하는 것이 중요하다고 생각된다.

상처받은 영혼을 외면하지 않고 희생하신 예수님의 사랑을 생각하면 우리 모두는 너무나도 소중한 인격체임을 명심해야 할 것이다. 올 한해도 이제 저물어 간다. 점점 쌀쌀해져 가는 날씨에 어디선가 가정이 무서워 배회하고 있을 우리 주변의 하인리히를 위해 좀 더 적극적인 사랑의 실천으로 그들에게 진정한 회복이 일어날 수 있게 도와주어야 할 것이다.

가정 폭력의 피해

미라로베 작 "내 친구에게 생긴 일"을 읽고
박세진

부모와 가족들의 축복과 사랑 속에서 건강하게 자라야 할 아이들이 방치와 학대, 폭력을 당하는 비인간적이고 잔혹한 일들이 세상 가운데 일어나고 있다. 역기능 가정에서 일어나는 가정 폭력은 아이의 인성을 망가뜨리며 이 아이의 청소년기와 성인기에서 또 다른 폭력으로 이어지고 있다.

1. 인성을 망가지게 한다.

태아기와 영유아기의 아이들은 부모의 사랑과 공감, 친밀감을 통해 인성이 형성되게 된다. 부모의 사랑으로 채워져야 하는 이 시기에 학대와 심한 폭력을 경험하게 되면 아이의 영혼육은 심한 상처를 입게 되고 건강하지 못한 인격으로 자라가게 된다.

"내 친구에게 생긴 일"에서 알코올 중독인 무서운 양아버지에게 주기적으로 심한 폭력을 당하는 하인리히를 만나게 된다. 매 맞는 엄마를 도우려다 주먹과 허리띠, 지팡이, 맥주병 등 닥치는 대로 얻어맞아 온 몸에 매자국과 피멍자국이 얼룩지고, 머리카락이 한웅큼이나 뜯어져 나간 모습이 4학년 같은 반 친구 돌리아를 통해 드러나고 있다.

하인리히는 반에서 선생님과 친구들에게 거의 아무 말도 하지 않으며 관계 형성이 어려운 아이로 놀림을 당한다. 가정 폭력은 하인리히를 두려움과 외로움의 정서를 통해 엄마와 세상을 미워하게 만들고 죽고 싶은 생각을 하게 만들어 갔다.

2. 또 다른 폭력으로 이어진다

가정 폭력을 당하고 자란 아이들은 내면에 뿌리내린 상처로 인해 청소년 시기에 걷잡을 수 없는 분노로 폭발되기도 하며, 권위와 사회에 대한 닫힌 태도를 갖게 하며, 심각한 정신적 장애를 겪기도 한다. 하인리히도 잔혹한 가정 폭력으로 세상에 대해 마음의 문을 걸어 잠그게 되고 공원 가로등을 깨는 폭력으로 억압된 감정이 드러난다.

"내 친구에게 생긴 일"의 하인리히를 통해 부모의 사랑이 아닌 무섭고 잔인한 가정 폭력이 아이의 인성을 두려움과 미움으로 구부러지게 하고, 사랑의 굶주림은 폭력적 행동으로 드러나는 것을 보았다.

가정 폭력은 그 가정에서 스스로 해결할 수 없는 심각한 문제이다. 쉽지는 않지만 이웃과 사회에서 사랑과 관심을 가지고 함께 보듬어 가야 한다. 이 책의 전문에 쓰여진 '세상 어딘가에서 누군가 모르는 이들에게 가해질 부당함을 마음 속 깊이 함께 느끼게 되길 바란다.'는 글처럼 세상에서 일어나고 있는 가정 폭력에 대하여 우리의 눈과 마음과 사랑을 열어가야겠다.

제 6장

독서 수업안 만들기

1. 들어가는 말

"구슬도 꿰어야 보배"라는 말이 있듯이 무턱대고 아이들과 수업을 진행할 수는 없습니다. 보배로 만들기 위해서는 먼저 읽은 책의 독서 수업안을 만들어 진행해야 합니다.

독서 수업안이 필요한 이유는 수업안 작성을 통해 독서 수업을 보다 효율적이고 교육의 효과를 배가할 수 있기 위해서입니다. 또한 진행하는 리더가 수업안에 맞게 진행할 수 있고, 시간의 안배를 통해 적정한 수업 시간의 진행을 위해서도 필요합니다.

2. 독서 수업안에 필요한 내용들

읽은 책에 대한 이해와 주제 도출, 사고력 확장 등 독서 수업을 통해 얻을 수 있는 모든 것을 최대한 얻기 위해서는 독서 수업안이 잘 짜여져야 하는데 가장 중요한 기준은 읽기, 말하기, 듣기, 쓰기가 잘 조화되고 활용될 수 있도록 해야 한다는 것입니다. 즉 책을 제대로 읽게 해야 하고, 토론을 통해 상대방의 의견을 경청하고, 아울러 자신의 생각을 근거 있게 논리적으로 제시해야 하며, 나아가 정리된 생각을 글로써 정리할 수 있도록 도와야 한다는 것입니다. 이와 함께 독서 교육은 무조건 한다고 해서 아이들이 모두 소화한다는 원인과 결과만을 따지는 행동주의적 교육 방식에서 탈피하여 독서 수업은 과정적인 측면에 충실하여야 합니다. 따라서 아이들이 어떻게 이해하고 어떻게 사고하며, 참여한 아이들의 의견에 어떻게 반응하는지를 세세히 관찰할 필요가 있고, 정리된 자신의 사고를 말과 글로써 표현할 수 있도록 도와야 합니다.

3. 독서 수업안에 고려해야 할 사항

앞서 언급했듯이 독서 수업안에는 읽기, 말하기, 듣기, 쓰기의 네 가지 기준이 모두 망라되어야 합니다. 초등학교 저학년의 경우 함께 교재를 읽는 것도 좋은 방법입니다. 그러나 고학년의 경우 수업 중에 분량 문제 등으로 인해 읽기 활동을 하는 것이 사실상 어렵기 때문에 집에서 충분히 반복해서 읽고 올 수 있도록 유도해야 합니다. 충분히 읽었는지의 여부는 교사가 파악할 수 있는 여러 장치들을 활용하면 되는데 가령, 1분간 줄거리 요약 발표하기, 간단한 내용 이해를 위한 질문하기, 주인공이나 주요 사건에 대한 퀴즈 등과 같은 활동을 해봄으로써 내용 이해 여부를 파악할 수 있습니다. 일단 참여한 아이들 모두 읽기가 마쳐진 상태라면 말하기 듣기가 이루어질 수 있도록 준비된 질문에 대한 토론 수업이 진행되어야 합니다. 앞서 질문 만들기 수업에서 충분히 다루어 보았으므로 자세한 것은 생략키로 합니다.

토론을 통해 사고가 확장되고 활성화되었다면 그것을 글로써 마무리할 수 있도록 해야 합니다. 자신의 생각을 글로 나타내게 되면 그 생각이나 지식은 장기 기억에 저장하고 인출하기가 보다 수월하기 때문입니다.

4. 독서 수업안 만들기

1) 독서 수업안은 어떤 정해진 폼이나 양식이 있는 것은 아닙니다.

현재 출시되고 있는 독서 토론 논술 교재들을 살펴보면 어휘나 배경 지식과 같이 읽기 전 지도에 중점을 두고 있는 교재와, 토론을 중심으로 짜여져 있는 교재, 글쓰기에 치중하고 있는 교재 등 어디에 더 중점을 두고 있는가에 따라 차이가 있습니다. 또 1차시에 끝나는 경우, 2, 3차시까지 한 텍스트로 수업하는 경우도 있고, 매주 1권을 소화하는 교재도 있습니다. 이렇듯 다양한 독서 수업안이 존재하지만 공통적으로 반드시 다루어야 할 콘텐츠는 있습니다. 즉, 독서 수업안은 가급적 앞서 지적한 읽기, 말하기, 듣기, 쓰기의 기준을 토대로 하여 독서 수업안 작성자가 교재의 특성을 파악하여 수업 안에 적용해야 합니다.

2) 독서 수업안을 만들기 위해서는 수업을 이끌 교사가 텍스트의 내용을 숙지하고 있어야 합니다.

수업을 이끌 교사는 텍스트를 여러 번 읽고, 핵심 주제를 찾고, 필요한 질문을 만들고, 텍스트가 아이들에게 어떤 영향을 미치는가에 대한 충분한 고려가 있어야 합니다. 간혹 교사가 준비가 안 되어 수업에 참여하는 경우가 있는데 제대로 된 수업이 이루어지지 못한다는 것은 불 보듯 뻔한 일입니다. 그럼에도 불구하고 이런 황당한 일을 저지르는 교사들이 있다는 사실이지요. 독서 교육을 포함한 모든 교육에서 교사의 역할은 중요합니다. 매너리즘에 빠진 교사, 실력 없는 교사, 연구하지 않는 교사, 책 읽지 않는 교사, 준비 없는 교사, 사랑을 나누지 못하는 교사, 가치관을 형성시키지 못하는 교사, 획일적 주입식에 물든 교사 등 이런 교사들은 아이들의 성장과 미래에 엄청난 악영향을 미친다는 사실을 인식해야 합니다.

3) 교사는 아이들의 발달 단계와 수준에 맞춘 적정한 텍스트를 선정해야 합니다.

텍스트 선정은 앞 장에서 충분히 다루었던 도서 선정의 원리를 따라야 합니다. 요약해서 다시 살펴보면, 첫째, 고전적 가치가 있는 책, 둘째, 재미있되 그 수준을 향상시키는 책, 셋째, 분열?증오?투쟁을 넘어 통합?화해?만남을 지향하는 책, 넷째, 일면적 단순성을 극복할 수 있는 지침이 되는 책, 다섯째, 창조적 상상력을 불러 일으키는 책, 여섯째, 편집 기술. 글쓰기수준. 종이의 질 등이 우수한 책, 일곱째, 감정 이입을 통해 카타르시스를 불러 일으키는 책, 여덟째, 훌륭한 작가와 대화할 수 있는 책, 아홉째, 보물을 한 아름 갖고 있는 책이라야 합니다.

4) 텍스트가 선정되었으면 계획서를 작성해 봅니다.

다음 장에 제시된 수업 계획안 양식을 참고로 하여 먼저 활동 목표를 고려해야 합니다. 활동 목표는 선정된 텍스트의 내용이나 특성을 잘 고려해서 정해야 합니다. "나비를 잡는 아버지"의 경우 등장 인물의 성격을 분석하기, 아버지의 사랑을 이해하기, 빈부 차이 이해 등으로 목표를 잡을 수 있습니다. 목표가 설정되면 세부적인 수업안을 만들기가 보다 쉬워집니다.

5) 수업 시간을 설정하고, 각 활동에 맞는 시간을 분배합니다.

가령 60분 수업 1차시로 마무리한다고 하면 60분 내에 '들어가기', '마음 열기' 등과 같은 수업 활동 시간을 각각 분배해야 합니다. 시간을 분배하지 않으면 정해진 수업 시간을 지키기가 어려울 뿐만 아니라 도입 부분에서 시간을 많이 소비하면 본 활동 부분에서는 시간이 없어 제대로 수업을 진행할 수 없기 때문입니다. 독서 수업을 전문으로 하는 교사뿐만 아니라 아이를 직접 지도하는 학부모도 역시 주어진 시간을 지켜야 합니다. 시간을 너무 초과하면 아이들이 지루해질 수 있고, 이것이 독서 수업에 대한 잘못된 인식을 심어 줄 수 있기 때문이며, 효율적 시간 활용에 있어서도 가급적 적정한 수업 시간을 갖는 것이 좋습니다. 실제적 경험에 비추어서 독서 수업은 아이들이 아쉬워할 정도로 수업을 진행하는 것이 좋습니다.

6) 도입 부분은 독서 수업에 대한 즐거움과 동기 부여를 제공해야 합니다.

우선 독서 수업에 아이들이 흥미를 느끼고 집중할 수 있도록 앞부분에서는 독서 교재와 관련한 흥밋거리를 제공할 필요가 있습니다. 가령 읽은 책의 내용을 쉽게 맞출 만한 질문이나 퀴즈를 준비하여 자신감을 북돋거나 스케치북을 준비하여 관련 내용을 그림으로 나타내게 하거나 핵심 주제가 담겨있는 대사를 선정하여 역할극이나 흉내를 낼 수 있도록 하는 것 등입니다.

7) 수업 시간에 책읽기는 유아나 초등학교 저학년의 경우 교사와 함께 읽어 보는 시간을 갖는 것도 좋습니다.

저학년의 경우 수업 시간 내에 교사나 리더가 책을 같이 읽으면 잘못된 읽기 방법이나 습관을 교정할 수 있는 중요한 부분이 됩니다. 또한 교사나 리더의 능숙한 읽기를 배우게 되고 나아가 좋은 읽기 습관을 형성하게 됩니다. 또한 끊어 읽기나 의미 읽기와 같은 읽기 훈련이 자연스럽게 행해질 수 있습니다. 더욱이 모르는 어휘나 단어는 질문하여 물어볼 수 있으므로 어휘력 발달에 도움이 됩니다. 특히 집에서 부모가 읽어 주는 것도 매우 좋은 방법입니다.

교사나 부모가 읽어 줄 때에 사실감 있게 동화 구연식으로 읽는 것도 흥미를 불러 일으키는 좋은 방법이 됩니다. 또한 읽기 습관이나 능력이 아직 형성되어 있지 않은 경우 주인공을 맡아 대화문을 읽게 하거나 한 페이지씩 분담하여 읽는 것도 좋은 방법입니다.

그러나 책읽기는 시간을 많이 요하므로 수업 시간이 길어진다는 단점이 있습니다. 특히 고학년의 경우는 수업 시간에 책을 읽을 수 있는 분량이 아니므로 반드시 집에서 읽고 올 수 있도록 해야 하며, 2번 이상 반복해서 읽고 올 수 있도록 배려해야 합니다.

8) 책을 읽고 오지 않은 아이가 있는 경우 반드시 책을 읽고 시작합니다.

독서 수업은 모둠 수업인 경우가 많기 때문에 책을 읽고 오지 않은 아이가 있을 수 있습니다. 이런 경우 반드시 책을 읽고 수업을 진행해야 합니다. 읽지 않은 상태에서 진행하면 읽지 않은 아이는 내용 이해가 안 되므로 진지한 수업이 이루어질 수 없고, 다른 아이들에게도 지장을 줍니다. 독서 수업은 읽기가 전제가 되어야 가능한 것이므로 그러한 사항을 항상 아이들에게 숙지시켜야 합니다.

9) 경험을 나누게 하세요.

일단 아이들이 즐겁게 수업에 참여하면 독서와 관련한 자신의 경험을 발표할 수 있게 하는 것이 좋습니다. 이미 자신과 관련하여 경험한 것이므로 자신 있게 발표할 수 있으며 자연스럽게 독서 내용으로 빠져들 수 있게 하는 효과가 있기 때문입니다.

따라서 교사나 리더는 경험적 질문을 충분히 고려하여 준비해 두어야 합니다. 이 경험 나누기를 통해 아이들은 자신감도 얻을 뿐만 아니라 자신이 갖는 정신적 고통이나 스트레스를 해결할 수 있으며, 더 나아가서는 치료의 역할도 가능하게 되기 때문입니다. 이때 교사나 리더는 아이의 상황을 잘 관찰하고 파악할 필요가 있습니다. 수업에 참여하는 아이들의 상황을 잘 알고 있다면 수업 내용도 더욱 깊이가 있게 됩니다. 간혹 아이들 중 부모님이 이혼한 상태에 있거나 부모 중 한 분을 사별한 경우 등 여러 상황에서 자칫 독서 수업을 진행하다 아이들의 마음에 상처를 줄 수도 있기 때문에 가급적 교사나 리더는 아이들의 상황을 이와 같은 경험 나누기를 통해 파악해 둘 필요가 있습니다.

10) 경험 나누기를 통해 텍스트와 아이와의 연결이 이루어졌다고 판단되면 책의 내용 속으로 빠지게 해야 합니다.

교사는 이를 위해 독서 내용과 관련한 질문(사실적인 질문, 평가적 질문, 상상적 질문, 분석적 질문, 핵심적 질문 등)을 만들고, 이를 통해 자연스럽게 아이들과 토론할 수 있도록 진행해야 합니다. 질문에 대한 여러 생각들을 나누게 하고, 교사는 추가적 질문을 통해 깊이 있는 사고가 될 수 있도록 합니다. 아이들의 입에서 핵심 주제나 활동 목표와 관련한 내용이 오르내리면 정리할 수 있도록 배려해야 합니다. 단, 주제나 교재의 핵심에 접근하지 못했다고 해서 교사가 억지로 이끌어 가거나 의도적으로 주제를 가르치려고 해서는 독서 수업의 의미를 잃어버리게 되므로 주의해야 합니다.

11) 읽기 전, 읽기 중에 궁금했던 질문을 스스로 만들어 보게 합니다.

책을 자신이 썼다면 질문거리가 없겠지요. 이미 다 이해하며 쓴 것이니까요. 그러나 자신이 쓴 책이 아닌 경우 다른 작가의 생각과 주제가 포함되어 있으므로 이해되지 않거나 궁금한 것이 있게 마련입니다. 읽기 전에 제목이나 표지를 보면서 질문하게 하고, 읽으면서 궁금한 것을 스스로 질문하게 하여야 합니다. 질문은 이해와 큰 관련이 있기 때문입니다. 자신이 책을 읽다가 궁금했던 것과 토론하다가 궁금한 것들을 질문으로 정리할 수 있게 하고 다시 이것을 토론하면서 스스로 문제를 해결할 수 있도록 하여야 합니다. 아이들의 질문 만들기는 가급적 사고를 확산시킬 수 있는 질문, 가령 분석적, 핵심적 질문이 나올 수 있도록 배려하세요.

12) 핵심 주제를 찾아보게 해야 합니다.

텍스트의 저자가 전해 주려고 하는 핵심 주제를 찾아보게 해야 합니다. 혹자는 천편일률적인 주제 찾기가 자칫 아이들의 사고를 틀에 박히게 만든다고 주장하기도 하지만 작가가 전하고자 하는 메시지를 찾는 것은 매우 중요합니다. 이것은 책의 이해와 관련되어 있고, 잘못된 편견을 가질 수 있으며, 핵심을 찾아가는 안목을 길러 주게 됩니다. 또한 아이들에게 요약 능력을 키워 주며, 책을 선정할 때에도 큰 도움이 됩니다. 다만 텍스트와 관련된 핵심주제, 소주제가 충분히 도출될 수 있도록 교사는 아이들에게 기회를 제공해야 합니다.

13) 충분한 토론 과정을 거치도록 배려해야 합니다.

토론이 빠진 독서 수업은 속없는 만두와 같다고 해도 과언이 아닙니다. 토론은 듣기, 말하기, 사고하기가 잘 버무려진 매우 중요한 활동이기 때문입니다. 간혹 독서 수업에서 토론을 무시하고 바로 글쓰기로 가는 경우가 있는데 아이들은 이럴 경우 쉽지 않은 글쓰기를 할 수밖에 없게 됩니다. 그 이유는 토론은 생각의 반죽과 같은 활동이기 때문이지요. 반죽이 잘 된 음식이 맛이 나듯 토론을 통해 잘 반죽된 생각이 글쓰기에서 멋진 작품으로 만들어지게 되는 것입니다. 교사나 리더는 아이들에게 충분히 토론의 기회를 주어야 합니다.

14) 토론에서 정리된 사고를 글로서 정리하도록 배려해야 합니다.

글에는 독서 감상문, 일기문, 편지문 등 여러 갈래별 글쓰기가 있는데 교재의 특성을 잘 파악하여 어떤 글로 정리할 것인가를 정해야 합니다. 또한 저학년, 중학년, 고학년으로 나누어 가급적 저학년은 쉽게 정리하고 표현할 수 있도록 일기문이나 생활문, 편지문 형식이 좋습니다. 중학년은 저학년 글쓰기와 더불어 논설문, 설명문 등의 확장이 필요하며, 고학년은 근거를 찾아 정리하는 논술 형식으로 쓰도록 하면 좋습니다. 주의할 점은 고학년이니까 편지 형식이나 생활문 형식은 쓰게 하지 않고 논술 위주로만 쓰게 하려는 것은 안 됩니다. 비록 고학년이어도 텍스트에서 얻을 수 있는 부분이 편지문을 통해 정리될 수 있다면 편지문도 상관없기 때문입니다. 논술도 글쓰기의 한 장르일 뿐이므로 논술 시험 걱정 때문에 고학년 이상은 무조건 논술 위주로 나가는 글쓰기는 조심해야 합니다.

15) 이해와 기억을 키워 주는 활동을 해야 합니다.

쓰기로서 자신의 생각을 정리하였다면 여러 활동을 통해 얻어진 자신의 생각을 내면화, 정교화 하는 시간을 갖는 것이 필요합니다. 마인드맵, 역할극 하기, 만화로 줄거리 만들기, 텍스트 중에 나온 단어 기억하기, 퍼즐 맞추기 등 다양하고 재미있는 활동을 통해 자신의 것으로 만들어 갑니다. 특히 이와 같은 활동은 독서 수업의 즐거움을 배가하고, 다음 수업을 기다리게 하는 효과도 있으므로 즐거운 마음으로 할 수 있도록 배려하면 좋습니다.

16) 수업 계획안이 마무리되었으면 아이들과 함께 활동할 수 있는 워크시트를 만듭니다.

워크시트는 실제 수업 시 아이들이 읽고, 쓸 수 있는 활동 교재가 됩니다. 각 활동 제목을 수업 계획안을 토대로 하여 만들면 좋습니다. 워크시트는 활동 후에 파일링을 해 놓도록 하면 나중에 어떤 내용으로 수업했는지 살펴보는 재미와 독서 내용과 더불어 어떤 생각들과 답변들을 했는지 기록되어 있으므로 좋은 자료가 되며, 논술 시험 시에 좋은 논거들로 활용할 수 있으므로 버리지 않고 파일링하는 습관을 붙여 주도록 하면 좋습니다.

5. 독서 수업안 만들기의 실제

현덕의 "나비를 잡는 아버지" 텍스트를 갖고 별첨 양식을 통해 직접 독서 수업안을 만들어보도록 합니다.

먼저 수업 계획안을 작성합니다. 독서 수업을 이끌기 위해서는 어떻게 수업을 할 것인가 하는 플랜이 앞서 준비되어야 합니다. 다음의 수업 계획안을 참고해서 작성해 봅시다.

6. 수업 계획안 양식

수업대상	(도서 내용에 맞는 수업 대상을 선정합니다.)	도서명	(수업할 도서 이름 기재)
활동목표	(도서 내용에 맞는 수업 대상을 선정합니다.)	준비물	(활동과 관련한 준비물 니역 기재)
수업주요 활동단계	주요 활동	시간(분)	비고
들어가기	독서전 중활동 독서 내용과 관련한 그림 그리기, 노래 부르기, 역할극 하기, 흉내 내기 등		
마음열기	독서 내용과 자신의 경험 연결하기 -책 내용과 아이의 경험과 관련한 내용의 질문을 기재		
토론을 통한 생각열기	질문 만들기를 통한 독서 토론 아이들의 질문 만들기 활동과 토론 주제 찾기와 토론		
쓰기를 통한 생각정리	독서 감상문, 일기문, 편지문, 논설문 등 책 내용에 따라 적절한 형식의 글쓰기 활동		
관련활동	게임, 퀴즈, 마인드맵, 만화 만들기, 동시 짓기 등의 기억을 높일 수 있는 관련 활동		
평가	학습 목표에 맞게 활동했는지 아이들의 상황을 평가		

그럼 실제적으로 다음의 양식에 '나비를 잡는 아버지'의 수업 계획을 작성해 봅시다.

7. '나비를 잡는 아버지' 수업계획안 작성 예

수업대상	초등학교 4학년	도서명	나비를 잡는 아버지
활동목표	*아버지의 사랑을 알 수 있도록 한다. *친구간의 배려심을 키워 준다. *당시 시대 상황과 배경을 알 수 있도록 한다.	준비물	워크시트, 스케치북, 색연필, 나비 사진 등
수업주요 활동단계	주요 활동	시간(분)	비고
들어가기	-나비를 잡는 아버지를 보며 울음을 참는 바우의 모습을 흉내내보게 해서 바우의 마음을 느끼게 한다. -나비를 잡는아버지를 보며 언덕아래 메밀밭을 향해 "아버지. 아버지. 아버지." 하고 소리치는 바우의 모스을 흉내내어보게 해서 아버지에 대한 바우의 마음이 어떠했을지를 느껴보게 한다.	5	텍스트
마음열기	1. 바우처럼 부모님을 곤란을 겪게 한 경험을 물어본다. 2. 질투 때문에 친구들과 싸워 본 경험을 물어본다.	5	질문준비
토론을 통한 생각열기	-교사가 미리 준비한 질문을 통해 독서토론을 실시한다. 1. 바우는 왜 경환이가 못마땅했을까요? 2. 바우와 경환이는 왜 참외밭에서 싸움을 벌였을까요? 2. 바우아버지는 왜 경환이 아버지에게 불려갔을까요? -아이들 스스로 질문을 만들어보게 한다. -핵심적 질문을 통해 주제에 대해 생각해본다. 1. 바우아버지는 왜 나비를 잡고 있었나요? -작가가 전하려고 하는 주제에 대해 정리해본다.	25	워크시트
쓰기를 통한 생각정리	-뒷이야기를 상상해서 쓰기를 통해 아버지와 바우의 행동과 마음을 생각하게 한다.	15	워크시트
관련활동	-좋아하는 나비를 그려보게 하고 나비에는 어떤 종류가 있는지 알아보게 함으로써 사고의 확장을 유도한다.	5	스케치북, 나비 사진 등 관련 자료 준비
평가	-학습목표에 맞게 활동이 되었는지 평가한다.	5	

수업 계획안이 완성되면 그것만으로 수업을 진행할 수는 없습니다. 그림 수업을 하기 위해서는 스케치북이나 색종이가 필요하듯 독서 수업도 마찬가지로 활동할 수 있는 워크시트가 필요합니다. 워크시트는 수업 계획안의 순서에 맞게 A4 용지나 스케치북 등을 활용하면 좋습니다. 활동 내용은 수기로 작성해도 무방하지만 컴퓨터 워드프로세서를 활용하여 프린트하면 좀 더 깔끔하고 아이들도 진지하게 받아들이는 장점이 있으므로 가급적이면 프린트해서 사용하는 것이 편리하며 특히 한 번만 수업하고 마칠 것이 아니므로 기존의 양식에 새로운 책의 내용으로 바꾸어 사용하면 편리합니다.

수업 계획안의 활동 내용의 제목은 정해진 것이 아니므로 임의로 적절한 이름으로 만들어 사용해도 좋습니다. 이 책에서는 다음의 워크시트의 예에서처럼 활동 제목을 '펼치기, 나의 경험, 책 속에 빠지기, 생각 만들기' 등으로 이름 붙여 보았습니다. 반드시 이대로 하라는 뜻이 아니므로 지도하는 부모나 교사의 아이디어를 발휘해서 만들어 보는 것도 재미있고 보람 있지 않을까 생각됩니다. 다음은 '나비를 잡는 아버지'의 워크시트의 예로서 비어 있는 공란을 여러분이 직접 채워 넣어 보시고 그 다음 장에는 활동 제목과 내용을 잘 생각해 보고 아이디어를 발휘해서 직접 만들어 보세요.

8. '나비를 잡는 아버지' 워크시트 예(1)

나비를 잡는 아버지

[펼치기]

1. 나비를 잡는 아버지를 보며 울음을 참는 바우의 모습을 흉내 내 보세요.

2. 나비를 잡는 아버지를 보며 언덕 아래 메밀밭을 향해 "아버지. 아버지. 아버지." 하고 소리치는 바우의 모습을 흉내 내어 보고 어떤 마음이었을지를 말해 보세요.

[나의 경험]

1. 바우처럼 여러분 때문에 여러분의 부모님이 곤란을 겪으신 적이 있나요?

2. 질투 때문에 친구들과 싸워 본 적이 있나요?

1. 바우는 왜 경환이가 못마땅했을까요?

2. 바우와 경환이는 왜 참외밭에서 싸움을 벌였을까요?

3. 바우 아버지는 왜 경환이 아버지에게 불려 갔을까요?

[질문 만들기]

[생각 만들기]

1. 바우 아버지는 왜 나비를 잡고 있었나요?

[주제 뽑기]

[글 마무리하기]

1. 여러분이 작가가 되어 뒷이야기를 상상해서 써 보세요.

[신나게 활동하기]

1. 여러분이 좋아하는 나비를 그려보고 나비에는 어떤 종류가 있는지 알아보
   세요.

9. '나비를 잡는 아버지' 워크시트 예(2)

여러분 자신이 만든 수업 계획안에 의거하여 활동 제목과 만든 토론용 질문, 활동 내용 등을 다음의 워크시트에 직접 만들어 보세요.

나비를 잡는 아버지

〈　　　〉

1.

2.

〈　　　〉

1.

2.

〈　　　〉

1.

2.

3.

〈   〉

〈   〉

1.

〈   〉

〈   〉

1.

〈   〉

1.

제 3부

독서 수업의 두원칙

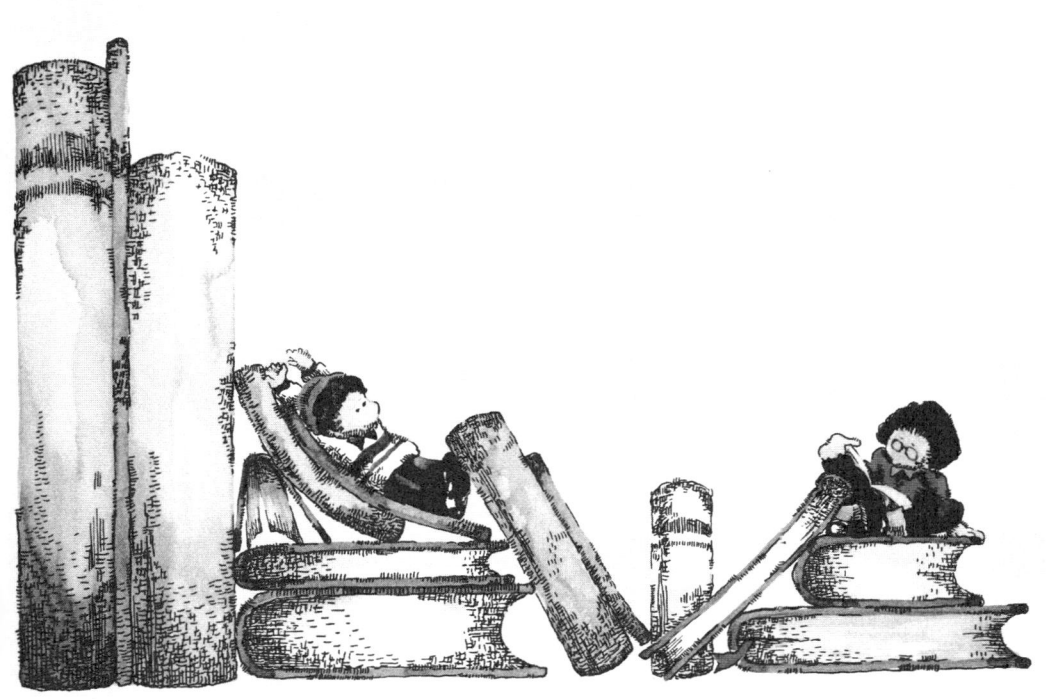

독서 수업의 5원칙

이제는 학생들, 자녀들과 직접 수업을 해 보는 것만이 남았습니다. '구슬이 서 말이라도 꿰어야 보배' 라는 속담도 있듯이 지금까지 공부하고 깨달은 내용을 이제는 아이들에게 적용시켜야 하는 차례입니다. 긴장되고 어떻게 해야 할지 모를 때 필요한 독서 수업의 다섯 가지 원칙을 살펴봅니다.

제 1원칙 : 아이들을 이해하고 파악하라

앞장에서도 언급한 바와 같이 "독서 수업을 받을 때가 가장 행복해요'라고 한 어린이의 말처럼 독서 수업은 지루하고 힘든 수업이 아닌 참가한 아이들이 직접 참여하여 학습 목표에 맞게 잘 짜여진 커리큘럼을 통해 제공하는 모든 활동들을 즐겁고 행복한 마음으로 자신의 것으로 만들어 가게 하는 것이 중요합니다. 그러기 위해서는 먼저 참여한 아이들을 잘 이해하고 파악해야 합니다. 만일 그러지 못한 경우 최악의 상황까지 갈 수 있습니다.

제가 초창기 독서 수업을 진행하다가 저지른 잘못 중의 하나가 바로 아이의 상황을 제대로 파악하지 못한 문제였습니다. 제가 맡은 아이 중 한 명이 아버지를 여의고 엄마와 단둘이 살고 있는 상황에서 그 사실을 모른 저는 수업 내용 중에 아버지와 관련된 활동에서 그만 아이의 아픈 상처를 건드렸던 적이 있었습니다. 그 수업 이후로 그 아이는 다른 아이들과 잘 어울리지 못하였고, 점차 자신감을 잃어가는 것이 눈에 보였습니다. 물론 이 아이는 엄마와의 상담과 상처 회복을 위한 노력을 통해 독서 수업에 다시 흥미를 갖게 하고 다른 아이들과 잘 어울려 수업을 하고 있지만 초보 독서 교사로서는 반드시 겪게 될 사항이니 먼저 아이들의 성격이나 주변 상황을 잘 파악하여 수업을 진행해 나갈 필요가 있습니다.

아이들을 이해하는데 도움이 되는 TiP

- 교사의 경우 부모와 자주 상담하라. 전화를 하든 부모를 오게 하든, 특강을 하든 자주 접할 기회를 만들어라.
- 수업 중에 가능하면 간접적으로 물어본다. 직접 물어보면 상처를 줄 수 있기 때문.
- 경험 나누기를 통해 아이 자신의 입으로 말할 수 있도록 해라. 자신이 이야기하면 상처를 받기 보단 상처를 오히려 치유 받는 경우가 많다. 독서 치료에서 많이 사용한다.
- 글로서 정리하게 한다. 일기나 독서 감상문 등의 글쓰기는 아이들을 이해하는데 좋은 자료가 됨을 잊지 마라.

제 2원칙 : 준비를 철저히 하라

여기서 말하는 준비란 책을 여러 번 읽어 자신이 세운 학습 목표에 맞게 수업안을 작성하고, 워크시트를 만드는 것만을 지칭하는 것이 아니라 오늘 수업을 어떻게 이끌어가고 어떤 즐거움과 재미를 제공할까 하는 그림을 그려보는 것을 말합니다. 초보 교사들은 수업을 기다리기보다는 긴장하거나 두려워할 때가 많습니다. 특히 사교육에서 독서 교육을 진행하는 교사들은 월요일 첫 수업을 가장 힘들어한다고 합니다. 왜 그럴까요? 저도 경험을 통해 얻은 것이지만 월요일 첫 수업에서는 교사가 준비한 보따리를 풀 때 능숙치 않은 것이 사실입니다. 하룻밤을 보낸 자동차 엔진이 워밍업이 필요하듯 교사들도 워밍업 하는 그 시기가 첫 수업인 것입니다. 몸이 덜 풀린 상태에서의 수업은 힘들 수밖에 없겠지요.

반대로 금요일이나 토요일 저녁 수업은 순풍에 돛단 듯 술술 풀어갑니다. 이미 충분한 워밍업이 이루어졌고, 수업을 거듭하면서 나름대로 노하우를 갖추게 되기 때문입니다. 그렇다고 월요일 첫 수업을 늘 힘들게 생각하고 그런가보다 하고 넘어가서는 안 됩니다. 왜냐하면 그 첫 수업을 받는 아이들은 자칫 워밍업의 희생양이 될 수도 있기 때문입니다. 이 같은 문제를 극복하려면 미리 연습해 보고 무엇을 어떻게 진행할지를 예상해 보는 준비 훈련이 필요합니다. 한 번은 초등학교 3학년 수업에서 "폭죽 소리"라는 텍스트로 수업을 진행하고자 할 때, "그래 오늘은 책 속에서 주인공이 제기를 잘 찼으니까 제기를 준비해서 아이들과 즐겁게 게임을 해 보자" 하고 생각했더니 오히려 빨리 수업 시간이 오기를 기다려지는 것이었습니다. 어떻게 하면 재미있고 즐거운 수업을 할까를 연구하는 것이 독서 교사의 즐거움이자 특권임을 잊지 말아야 합니다.

준비를 위한 TIP

- 수업 내용에 어떤 활동을 할지 미리 파악하라. 만일 '폭죽 소리'와 같이 제기 차는 장면이 나오면 제기를 준비하거나 '행복한 청소부'에서 동전 게임이 나오면 동전을 준비하면 된다.

- 스케치북이나 워크시트는 충분히 여유 있게 준비하라. 특히 스케치북은 미리 선물하면 좋다.

- 메모를 철저히 하라. 부족한 것, 필요한 것, 스케줄, 아이들의 특기 사항, 평가 등 메모해 두면 이것만큼 준비를 도와주는 것이 없다.

제 3원칙 : 교안은 직접 짜라

독서 교육의 중요성이 확산되는 가운데 독서 교육에 뛰어드는 교육 기관들이 늘어가고 있는 것이 현실입니다. 특히 논술이 대입에 큰 영향을 미친다는 사실이 학부모들의 독서 교육 열풍을 부채질하고 있는 것도 사실입니다. 논술은 독서 교육에 있어서 작은 가지에 불과한데도 마치 논술을 잘하기 위해 독서 교육을 시키려는 잘못된 편견을 갖고 아이들을 독서 수업을 내모는 부모들도 많은 것이 사실입니다. 그러다 보니 진정한 독서 교육을 위한 수업을 진행하기보다는 특별한 기술만을 지도하는 변형된 논술 학원들도 우후죽순 생겨나고 있는 것 또한 사실입니다. 어쨌든 얼마 전만 해도 독서 교육을 시키려는 부모들도 별로 없었고, 독서 교육을 시키고 싶어도 마땅히 보낼 만한 교육 기관이 없어 흔히 말하는 글짓기 학원에 보내었던 것입니다. 그것에 비하면 지금은 독서 교육을 하고 있는 기관은 셀 수 없을 만큼 많습니다. 그러다 보니 독서 교사들이나 부모는 이미 만들어 놓은 양복과 같이 이미 만들어진 수업 계획안과 워크시트를 갖고 수업을 진행하는 경우가 많습니다. 하지만 이런 경우 수업을 진행해 보면 무언가 어색하고 자신이 뜻하였던 방향으로 수업을 진행하기가 어렵다는 것을 느끼게 됩니다. 심한 경우에는 만들어진 교안이 무엇을 지도하려고 했는지 의심스러울 때도 있었습니다. 따라서 텍스트를 선정하는 것에서부터 교안을 짜는 것 모든 과정을 교사나 부모가 직접 해 보는 것이 좋다는 것입니다. 이럴 경우 장점은 텍스트를 보다 이해하기 쉽고, 자신의 뜻대로 수업을 진행하는 것이 수월하고, 시간이 흐르면 흐를수록 책을 선정하는 기준이나 질문 만들기, 관련 독서 활동의 깊이가 심화되어 갈 수 있습니다.

반면 다른 사람이 만들어 놓은 교안을 갖고 수업을 진행하면 교사나 부모가 갖는 학습 목표와 다를 경우 수업이 원만히 진행되기 어려우며 아이들도 힘들어하게 되거나 텍스트의 이해조차도 어려워질 수 있습니다. 제 경우는 이런 활동을 지속해서 얻은 결과가 첫째, 책을 고르는 안목이 달라졌습니다. 제목과 지은이, 대략적 훑어 읽기를 통해 독서 수업에 적당한지, 악서는 아닌지와 같은 것을 볼 수 있는 안목이 생겼습니다. 둘째, 책에 대한 이해가 무엇보다도 빨라지고 정확해졌습니다. 내가 이해 못하는 것을 아이들에게 지도할 수는 없겠지요. 지도하기 위해서는 이해가 앞서야 하므로 교사 자신이 먼저 책의 분석력이나 주제 찾기가 수월해져야 합니다. 셋째, 좋은 습관을 형성합니다. 책을 읽으면서 자연스럽게 질문을 만들게 되고, 책의 내용과 관련한 놀이나 활동을 생각하게 되고, 또 이것을 간단히 요약하거나 정리하는 습관이 생기게 됩니다. 넷째, 다른 교안을 분석, 비판할 수 있는 능력이 생깁니다. 학습 목표에 따라 교안이 만들어지므로 누가 만들었든 똑같은 교안은 있을 수 없습니다. 따라서 같은 텍스트라도 전혀 다른 교안이 존재할 수 있습니다. 자기의 것만 옳다고 다른 교안을 우습게보아서는 안 됩니다. 오히려 좋은 점은 공유할 수 있는 것이 좋겠지요.

교사나 부모가 원하는 목표대로 진행되고 이를 통해 아이들이 교육되어질 때 성공한 수업이며, 좋은 교안이라 할 수 있겠지요. 저도 몇 년 전에 만든 교안을 계속해서 수정 보완해 나가고 있습니다. 이것은 직접 교안을 만드는 사람들한테는 특혜이자 즐거움일 수 있습니다. 이미 제작된 교안을 바꾸기란 좀처럼 쉽지 않습니다. 그 이유는 많은 수의 워크시트지를 인쇄해서 다시 폐기 처분하고 만들어 내는 것은 이익과 관련한 측면에서 아무래도 모험이겠지요. 그러므로 가급적이면 교안을 만들어 보려고 시도해 보세요. 그 교안은 여러분의 창작품일 뿐만 아니라 멋진 자료가 될 수 있다는 것을 잊지 마십시오.

교안 만들기 TIP

- 책을 읽을 때 토론용 질문을 만들라.
- 연필을 쥐고 읽어라. 그래야 반짝이는 아이디어를 놓치지 않는다. 메모는 가급적 포스트잇이나 책의 빈 여백을 활용하라.
- 책의 세부 내용과 연결할 수 있는 놀이를 찾아라.
- 주제를 빨리 파악하라. 그래야 학습 목표를 잡을 수 있다.
- 아이들과 어떻게 재미있게 수업할지를 그려보면서 읽어라.

- 자신만의 뼈대를 만들어라. 자신의 개성이 담겨야 자신감도 생긴다.
- 여러 교안을 참조해서 자신의 것을 창조하라. 자칫 자신의 것만 옳다고 생각하는 아집이 생기는 것을 방지할 수 있다.
- 동료 교사나 배우자와 의논하는 것도 좋은 방법이다.

제 4원칙 : 재미를 부여하라

재미없는 수업은 어른 아이를 불문하고 졸립고 따분하게 느껴져서 수업이 주는 교육적 역할도 제대로 발휘될 수 없습니다. 주일날 목사님 설교 말씀도 중간 중간 이야기나 에피소드도 집어넣고 울리기도 하고 웃기기도 해야 성도들도 졸지 않고 하나님의 말씀을 가슴속에 쉽게 담고 돌아오게 되듯이 독서 수업도 재미있고 즐거워야 합니다. 필자가 대학 시절 연극 개론을 들으면서 기억나는 내용이 연극의 요소 중에 재미가 포함되어 있다는 것입니다. 이것은 연극도 재미가 없으면 연극을 보러 오지 않는다는 것인 만큼 재미는 문학이든 예술이든 없어서는 안 되는 조미료이자 감초인 셈입니다.

그렇다면 독서수업도 이 같은 원리에서 예외일 수는 없습니다. "선생님 벌써 끝날 때가 되었나요? 한 시간만 더해요.", "다른 수업은 시간이 안 가는데 왜 독서 수업은 시간이 빨리 가나요? 하루 종일 했으면 좋겠어요.", "독서 수업을 마치고 오는 우리 아이가 행복해 하는 모습이 너무 좋아요." 이와 같은 말들은 꾸며낸 것이 아니라 필자가 수업을 통해 직접 들은 것을 그대로 옮겨 적은 것입니다. 재미를 부여하세요. 그러면 아이도 교사도 부모도 즐겁고 행복한 시간이 될 것입니다.

재미를 부여하는 TIP

- 점수제를 도입하라. 아이들은 운동회에서 청백전을 통해 경쟁을 시키면 더욱 열심히 하듯 경쟁심을 부여하면서도 몰입하게 하는 재미가 있다. 가장 먼저 손드는 사람이라든가, 태도가 좋은 사람이라든가, 글을 가장 예쁘게 쓰는 사람

이라든가, 독서 노트를 써 온 사람이라든가 하는 항목을 만들어 점수를 주어 가장 높은 점수를 얻은 아이에게는 칭찬이나 가벼운 학용품 선물을 지공하라. 여러분의 독서 수업이 바로 달라질 것이다.

- 가위바위보를 적극 활용하라. 고전적 방법이 생각보다 큰 재미를 줄 수 있다.
- 나쁜 어린이 표를 활용하지 말고 착한 어린이 표나 적극적인 칭찬을 하라. 아이들은 칭찬에 약하다.
- 퀴즈를 적극 활용하라. 이해를 요구하거나 암기할 필요가 있는 텍스트일 경우 중간중간 퀴즈를 내어 재미를 주어라. 너무 어렵지 않고 책을 읽었으면 답할 수 있는 정도의 사실적 질문이 좋다. 가령, "고구려는 느가 세웠나요?", "단군 신화에 등장하는 동물은 각각 무엇인가요?", "6.25는 몇 년도에 일어났나요?", "심청이는 어느 곳에서 몸을 던졌나요?"와 같이 텍스트 내용에서 물어보면 아이들은 쉽게 대답하면서 자신감과 즐거움을 얻게 된다.
- 만화, 그림을 적극 이용하라. 아이들은 그림 그리는 것을 좋아하기 때문이다.

제 5원칙 : 부모나 교사도 아이들과 함께 즐겨라

부모나 교사는 리더의 역할이므로 자칫 빠지기 쉬운 편견 중의 하나가 '나는 가르치는 사람이고 너희는 학생이다' 라는 것입니다. 이럴 경우 부모나 교사는 독서 수업 활동에 아웃사이더로 남게 될 가능성이 높고 아이들도 어려워하거나 눈치를 볼 수밖에 없습니다. 아빠가 오랜만에 주말에 시간이 나서 아들에게 야구 배트와 글러브를 사 주고 네 마음대로 해 봐라 하고 그냥 지켜보기만 한다면 아들은 그 야구놀이를 즐거워할까요?

독서 수업은 함께 하는 과정 수업입니다. 이끌어가는 사람이나 이끌려가는 사람이나 하나가 되어 즐겁고 재미있는 수업이 되어야 독서 교육이 제대로 이루어지는 것입니다. 제 경우 독서 수업 시 아이들과 함께 깔깔대고, 노래도 같이 부르고, 같이 흉내 내고, 같이 그려서 돌려 보기도 하고, 글도 같은 시간에 같이 써서 아이들의 평가도 받습니다. 그렇게 하면 아이들은 동질감을 느껴서 보다 수업이 수월하게 진행되고 딱딱한 느낌도 사라집니다. 또 이럴 경우 부모나 교사의 행동을 모델로 자신의 잘못된 점이나 편견을 수정하기도 하고, 좋은 점을 배울 수 있는 좋은 기회가 됩니다.

어느 사교육 기관의 독서 수업 현장을 참관할 기회가 있었습니다. 그때 독서 수업의 리더를 맡은 교사는 경험이 없는 초보 교사였습니다. 준비해 온 워크시트를 돌아가면서 읽게 하고 자신은 교사용 지침서에 나온 질문에 대한 답변만을 주시하면서 경직되고 어렵게 수업을 이끌어가는 모습을 본 적이 있습니다. 문제는 교사만 힘든 것이 아닙니다. 아이들도 그런 딱딱한 수업을 받고 싶어 하지 않는다는 데 있습니다.

긴장을 풀고 나도 함께 놀겠다는 마음으로 임하십시오. 그러면 아이들뿐만 아니라 교사 자신도 즐거운 시간이 될 것입니다.

교사가 수업의 긴장을 풀 수 있게 하는 TIP

- 나는 가르치려는 교사가 아니라 아이들과 함께 놀려고 온 사람이라고 생각한다.
- 자신의 배경 지식을 십분 활용하라. 아이들이 모르는 단어나 지식에 대해 미리 대비하여 알고 있으면 자신감이 생긴다.
- 아이들이 물어 보는 질문에 일일이 답해 주려 하지 마라. 오히려 그 질문을 아이에게 물어보라. 가령 "선생님, 왜 헨젤과 그레텔은 자기를 버린 부모님한테 돌아갔나요?" 하고 물으면 "○○이는 왜 그랬을 거라고 생각하니?" 하고 되물어주면 아이들이 스스로 답을 이야기할 수 있고, 교사도 질문의 답을 말해 주려고 온갖 고생을 하지 않아도 되기 때문이다.
- 토론용 질문에 대해 부모나 교사가 먼저 답변을 생각해 보라. 교사용 지침서나 남이 준비한 내용에 의존해선 안 된다.
- 모둠에 따라 혹은 아이들마다 개성과 특성이 있다. 그것을 빨리 파악해서 무기로 삼아라. 그러기 위해서 평가 시간에 메모하는 습관을 들이는 것이 좋다.

266

부 록

부록 1. 실제 강의 지도를 받은 학생들의 작품

부록 2. 독서 수업을 위한 학년별 권장 도서 목록
(서강독서토론논술연구소)

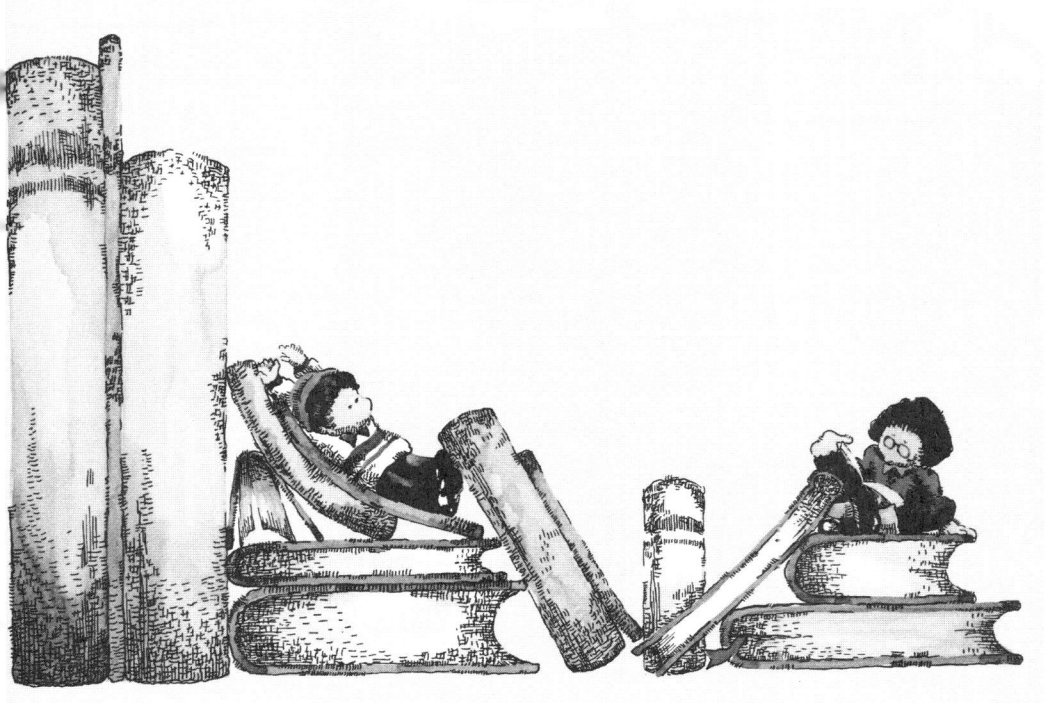

부록 1. 실제 강의 지도를 받은 학생들의 작품

다음은 본 책자를 통한 필자의 "부모 · 교사 독서 지도 프로그램 과정" 강의를 받은 경기도 G시의 부모 · 교사들이 직접 작성한 실제 워크시트 작품들입니다. 첨삭하지 않고 원문을 그대로 게재했음을 밝힙니다.

몽실 언니

임지연

[펼치기]

1. 다음 퀴즈를 맞춰 보세요.

(1) 몽실 언니를 쓴 작가는 누구인가요?

(2) 시대 배경은 언제인가요?

(3) 몽실의 동생들 이름은 무엇인가요?

(4) 몽실의 새어머니는 어떻게 불렸나요?

(5) 몽실이 갓난 난남에게 먹인 것은 무엇인가요?

(6) 몽실이네 태극기를 태운 사람은 누구인가요?

(7) 식모살이하던 몽실이가 읍네에서 급히 안고 도망친 것은 무엇인가요?

(8) 몽실이가 왜 영득이와 영숙이를 더 이상 찾아가지 않았나요?

(9) 몽실이가 아버지를 모시고 부산에는 왜 갔나요?

(10) 30년 후 몽실은 어떻게 되었나요?

2. 다음 대화로 역할극을 해 보세요.(p.123-124)

몽 실: 국군하고 인민군하고 누가 더 나쁜 거여요? 그리고 누가 더 착한 거여요?

인민군 여자: ....

몽 실 : 왜 인민군은 국군을 죽이고, 국군은 인민군을 죽이는 거여요?

인민군 여자: 몽실아, 정말은 다 나쁘고 다 착하다.

몽 실 : 그런 대답이 어디 있어요?

인민군 여자: 국군 중에도 나쁜 국군이 있고 착한 국군이 있지. 그리고 역시
      인민군도 나쁜 사람이 있고 착한 사람이 있어.

몽 실: 그래요, 아까 낮에 태극기를 불태워 준 인민군 아저씨는 착한 분이셨
      어요.

인민군 여자: 그런 거야, 몽실아. 사람은 누구나 처음 본 사람도 사람으로 만
       났을 땐 다 착하게 사귈 수 있어. 그러나 너에겐 좀 어려운 말이
       지만, 신분이나 지위나 이득을 생각해서 만나면 나쁘게 된단
       다. 국군이나 인민군이 서로 만나면 적이기 때문에 죽이려 하
       지만 사람으로 만나면 죽일 수 없단다. 알아듣겠니?

몽 실 : 조금밖에 모르겠어요.

인민군 여자: 그럴 거야.

[나의 경험]

1. 언니나 동생이 있나요? 사이가 좋은가요?

2. 주변에 아는 장애우가 있나요?

3. 전쟁에 관한 영화나 책을 읽어 본 적이 있나요?

[책 속에 빠지기]

1. 몽실의 어머니 밀양댁은 왜 아버지를 버렸나요?

2. 몽실이가 다리를 절뚝거리게 된 이유는 무엇인가요?

3. 왜 몽실은 난남이가 자기를 닮지 않아 서운했을까요?

4. 몽실의 어머니가 아버지를 버리고 새 남편을 만난 것은 옳은가요?

5. 앵두나무 집 할아버지가 공비인 아들에게 음식을 준 것은 옳은가요?

[질문 만들기]

[생각 만들기]

1. 왜 몽실은 어머니를 탓하지 않았나요?

2. 왜 몽실은 영순이와 영득이도 자기 동생이라고 했나요?

3. 몽실이는 왜 난남이를 고아원에 보내지 않았나요?

4. 왜 제목이 몽실 언니일까요?

[주제 뽑기]

[글 마무리하기]

1. 만일 몽실의 새 아버지가 착한 사람이어서 몽실에게 잘 대해 줬다면 이야
   기가 어떻게 바뀌었을까요? 상상해서 써 보세요.

[활동하기]

1. 선생님이 들려 주는 단어들을 잘 듣고, 기억해 써 보세요.

2. 몽실 언니로 4행시를 지어보세요.

0

0

0

0

0

0
0

책을 먹는 도깨비 깨보

유정운

[펼치기]

1. 아이들을 괴롭히는 깨보의 심술궂은 표정을 상상해서 흉내 내어 보세요.

2. 여러분이 상상하는(생각하는) 도깨비의 방망이를 그려보고 방망이를 두드리면 무엇이 나왔으면 좋겠는지 이야기해 보세요.

3. 동요 "도깨비 나라" 노래를 불러 보세요.

[나의 경험]

1. 친하게 지내고 싶은 친구가 여러분과 놀아주지 않는다고 친구를 괴롭힌 적이 있나요?

2. 시간 가는 줄 모르고 재미있게 책을 읽었던 적이 있었나요? 있었다면 제목은 무엇인가요?

1. 깨보는 아이들에게 왜 심술궂게 행동했을까요?

2. 아이들의 어떤 모습 때문에 깨보는 사람이 되고 싶어했나요?

3. 훈장님은 책을 읽지 않으면 사람이 어떻게 된다고 했나요?

4. 깨보는 이집 저집 돌아다니면서 왜 닥치는 대로 책을 먹어댔을까요?

5. 훈장님은 책을 먹고 배가 아프다는 깨보의 머리를 왜 때렸을까요?

6. 깨보는 왜 원님에게 찾아가 책을 빌렸을까요?

7. 책을 많이 읽었던 깨보의 모습은 어떻게 변해갔나요?

[질문 만들기]

273

[생각 만들기]

1. 많은 책을 읽은 깨보의 눈에 세상은 어떻게 보이기 시작했을까요?

[주제 뽑기]

[글 마무리하기]

1. 사람으로 변한 깨보에게 여러분이 해 주고 싶은 말이 있다면 적어 보세요.

2. 여러분은 책을 왜 읽어야 한다고 생각하나요?

가방 들어 주는 아이

임지연

[펼치기]

1. 가방 두 개를 메고 가며 낑낑대는 모습을 흉내 내어 보세요.

2. 석우의 우는 모습을 그려보세요.

[나의 경험]

1. 학교에서 맡았던 당번 중 기억에 남는 일은 무엇인가요?

2. 전에 만났거나 알아온 장애우가 있나요?

[책 속에 빠지기]

1. 2학년 첫날 석우가 담임 선생님으로부터 받은 임무는 무엇이고, 그 일을 맡았을 때 석우는 기분이 어땠나요?

2. 왜 석우는 어른들이 착하다고 돈도 주고 사탕을 주니까 기분이 이상했나요?

3. 지나가던 할머니들이 목발을 짚고 가는 영택을 보며 한 마디씩 할 때 석우는
   왜 화가 치밀었나요?

4. 영택의 생일 초대를 받은 석우와 반 아이들의 고민은 어떻게 달랐나요?

5. 왜 영택이는 석우에게 오리털 파카를 선물로 주었나요?

6. 3학년 새 학기 등교 첫날 왜 석우는 영택이네 집 앞에서 망설였나요?

[질문 만들기]

[생각 만들기]

1. 왜 석우는 교장 선생님이 주시는 모범상을 받고 주저앉아 울었나요?

[주제 뽑기]

1. 방송국에서 모범어린이로 화제가 된 석우를 인터뷰하러 왔어요. 기자의
   질문에 대답해 보세요.

   MBC 기자: 문석우 어린이는 지난 1년간 장애우의 가방을 대신 들어 주었
   는데, 힘든 일은 무엇이었나요?
   석 우 :

   MBC 기자: 그렇다면, 가장 보람을 느낀 적은 언제입니까?
   석 우:

2. 영택의 입장이 되어 석우에게 편지를 써 보세요.

[신나게 활동하기]

1. 친구나 가족에게 칭찬해 주고 싶은 일을 상장으로 만들어 전해 보세요.

상   장

이름:

위 사람은

하여 이 상장을 주어 칭찬합니다.

년   월   일

비나리 달이네집

은지연

1. 1분간 줄거리 요약해서 말해 보세요.

2. 다음 대화로 역할극을 해보세요. (p.37-41)

달이 : 아빠, 아빠, 하느님 많이 무서워?

신부 : 아냐, 하느님은 안 무서워.

달이 : 그런데, 사람들은 미사 때 무서워서 조마조마해하던데.......

신부 : ....

달이 : 아빠, 사람들이 예수님 나무에 달아 놓고 잡아먹었어?

신부 : ....

달이 : 아빠, 난 성당 안에 들어가면 자꾸 무서워.

신부 : 뭐가 무섭더냐?

달이 : 천장도 무섭고, 제대도 무섭고, 촛불도 무섭고, 그리고.....

신부 : 그리고 또 뭐야?

달이 : ....그리고 아빠도 무서워.

신부 : ....

달이 : 사람들이 예수님 잡아먹었다고 하느님이 무섭게 겁주는 거지?

신부 : ....

달이 : 우리 성당 문 잠가 놓고 하느님 가둬 버리고 우리끼리만 살면 안 돼?

신부 : ....

279

달이 : 아빠, 저기 집이 있다!

신부 : 참 예쁜 집이구나.

달이 : 아빠, 우리도 저런 집에 살면 안 돼?

신부 : …….

달이 : 하느님도 성당 안에만 있지 말고 이런 데 나와서 살면 좋을 텐데…..

신부 : 그래, 그렇겠구나!

[나의 경험]

1. 애완동물을 키워보았나요? 그 애완동물이 병들거나 다친 적이 있나요?

2. 꽃이나 나무 등 식물을 가꿔 본 적이 있나요?

[책 속에 빠지기]

1. 달이가 다른 개들과 다른 점은 무엇인가요?

2. 왜 달이는 다리를 다쳤을까?

3. 달이가 사고 후 달라진 점은 무엇이었나?

4. 왜 달이는 아저씨에게 성당을 떠나자고 했을까요?

5. 달이의 이름은 왜 달이일까요?

1. 책을 읽고 난 후 궁금했던 것이 있었을 거예요. 궁금한 것을 간단히 써 보세요.

[생각 만들기]

1. 왜 달이는 자기가 괴물이나 도깨비가 아니라고 했을까요?

2. 왜 신부님은 성당을 떠났나요?

3. 아저씨는 농사꾼이 되어 행복했을까요?

4. 왜 아저씨는 달이를 절집 스님, 훌륭한 도사, 예수님같다고 했을까요?

[주제 뽑기]

281

[글 마무리하기]

1. 앞서 읽었던 '몽실 언니'의 몽실 언니와 달이의 닮은 점을 생각해 보고 써 보세요.

[활동하기]

1. 선생님이 불러 주는 단어들을 빈 칸에 자유로이 받아 적고 빙고 게임을 해 보세요. 가로나 세로 대각선으로 3줄이 맞으면 빙고를 외치세요.

2. 아래 그림대로 종이를 접어 나만의 책을 만들어요. 비나리 달이네 집의 표 지를 새롭게 꾸미고, 기억에 남는 대사나 장면을 써 넣어 보아요.

아홉 살 인생

[펼치기]

1. 여민이가 사는 산동네를 그려보고 색으로 표현해 보세요

2. 산동네에 사는 사람들을 소개해 주세요.

[나의 경험]

1. 여러분의 아홉 살 때는 어떠했나요?

2. 초등학교 때 생각나는 담임 선생님이 있나요?

[책 속에 빠지기]

1. 여민이 엄마는 왜 눈을 다치게 되었나요?

2. 골방 철학자는 왜 자살을 했을까요?

3. 담임 선생님은 왜 아이들을 심하게 때렸을까요?

4. 기종이는 여민이에게 왜 "노란 네모"라 불렀을까요?

5. 검은 제비는 왜 일을 해야만 했을까요?

6. 동네 사람들은 풍뎅이 영감한테 왜 꼼짝 못했을까요?

7. 기종이가 말하는 우리나라 와 다른 나라는 무엇일까요?

[질문 만들기]

[생각 만들기]

1. "아홉살"의 의미는 무엇일까요?

[주제 뽑기]

[글 마무리하기]

1. 내가 장우림이 되어서 여민이에게 고백의 편지를 써 보아요.

[신나게 놀아요]

1. 산동네 이야기로 작은 신문을 만들어 보아요!!

홀레 아주머니

박세진

[펼치기]

홀레 아주머니의 웃고 있는 얼굴을 그려보세요.

[나의 경험]

1. 여러분은 집을 떠나서 지내본 적이 있나요?

2. 여러분은 다른 사람을 도와주거나 부지런하여 칭찬을 받은 적이 있나요?

[책 속에 빠지기]

1. 홀어머니는 두 딸 중에서 왜 못생기고 게으른 딸을 훨씬 더 사랑했을까요?

2. 부지런한 딸은 홀레 아주머니의 집에서 지내다가 왜 슬퍼졌나요?

3. 신기한 숲 속에서 부지런한 딸은 왜 빵과 사과나무의 부탁을 들어주었나요?

4. 홀레 아주머니는 왜 부지런한 딸에게 황금비를 내려 주고 실꾸리도 돌려주었나요?

5. 홀레 아주머니는 게으른 딸에게는 왜 검댕을 뒤집어쓰게 했을까요?

[질문 만들기]

[생각 만들기]

1. 게으름뱅이 딸은 홀레 아주머니가 왜 자기에게도 황금비를 내려 줄 거라고 생각하며 좋아했을까요?

[주제 뽑기]

[글 마무리하기]

홀어머니와 두 소녀는 이후에 어떻게 지냈을까요? 뒷이야기를 상상해서 적어
보세요.

[신나게 놀아요]

1. 실뜨개 놀이를 둘이서 짝을 지어 재미있게 해 보아요.

2. 수탉을 그려 보아요.

※실꾸리: 둥글게 감아 놓은 실몽당이

행복한 청소부

김윤정

[펼치기]

1. 다음 대화로 역할극을 해 보세요.(p18)

아이 : 엄마, 저것 좀 보세요! 글루크 거리래요!
(아저씨가 막 닦아 놓은 표지판을 가리키며 외친다.)
아이 : 저 아저씨가 글자의 선을 지워 버렸어요!
엄마 : 어디 말이니?
아이 : 저기요. 글뤼크 거리라고 해야 하잖아요?
엄마 : 그렇지 않아. 글루크가 맞단다. 글루크는 작곡가 이름이야.
　　　그 이름을 따서 거리 이름을 붙인 거란다.

2. 두 사람의 대화를 듣고 있는 청소부 아저씨의 표정을 그려보세요.

[나의 경험]

1. 살아오며 가장 힘들게 청소했던 곳은 어디었나요?

289

2. 사람의 이름이 있는 거리를 가 본 적이 있나요?

3. 알고 싶은 것이 있어 스스로 계획하고 했던 공부가 있었나요?

[책 속에 빠지기]

1. 표지판에 쓰인 거리의 이름으로 어떤 것들이 있었나요?

2. 청소부 아저씨가 청소한 표지판을 본 사람들의 반응은 어떠했나요?

3. 청소부 아저씨는 한 엄마와 아이의 대화를 들은 날, 근무 시간이 끝나길 기다리기가 왜 힘들었을까요?

4. 청소부 아저씨는 음악가와 작가를 알기 위해 어떻게 하였나요?

5. 청소부 아저씨는 공부하며 어떻게 변해갔나요?

6. 청소부 아저씨는 왜 유명해졌을까요?

7. 청소부 아저씨는 왜 네 군데 대학에서의 강연 부탁을 거절하였을까요?

[질문 만들기]

[생각 만들기]

1. 한 엄마와 아이의 대화를 들은 청소부 아저씨는 어떤 생각을 하였나요?

[주제 뽑기]

[글 마무리하기]

1. 청소부 아저씨의 강연을 들을 수 있도록 부탁의 편지를 써보아요.

[신나게 놀아요]

1. 새롭게 공부하고 싶은 분야가 있는지 그리고 어떤 (새해)계획이 있는지 적어
   보아요.

2. 가장 행복한 모습의 청소부 아저씨를 그려 보아요.

부록 2.

독서 수업을 위한 학년별 권장 도서 목록 베스트 20

(서강독서토론논술연구소)

1학년

송아지가 뚫어준 울타리 구멍/손춘익/웅진씽크빅

엄마 없는 날/이원수/웅진씽크빅

토통 여우/이마에 요시토모/사계절

세상이 생겨난 이야기/김장성/사계절

또야너구리가 기운바지를 입었어요/권정생/우리교육

학교에 간 개돌이/김옥/창비

떼굴떼굴떡먹기/서정오/보리

책을 먹는 도깨비 깨보/김승태/예영커뮤니케이션

작은 집 이야기/버지니아 리 버튼/시공주니어

산타할아버지/레이먼드 브리그/비룡소

손 큰 할머니와 만두 만들기/채인선/재미마주

똥벼락/조혜란, 김회경/사계절

지각대장 존/존 버닝햄/비룡소

솔이의 추석 이야기/이억배/길벗어린이

우리 할아버지/릴리스 노만/미래M&B

돼지 책/앤서니 브라운/웅진씽크빅

칠판 앞에 나가기 싫어/다니엘 포세트/비룡소

강아지 똥/권정생/길벗어린이

당나귀 실베스터와 요술조약돌/윌리엄 스타이그/다산기획

오른발 왼발/토미 드 파올라/비룡소

2학년

도망자 고대국/김영주/우리교육

노래노래 부르며/이원수/길벗어린이

이 소리 들리니?/정하섭/길벗어린이

욕심 많은 거인/오스카와일드/길벗어린이

햄뭐라나 하는 쥐/이금이/푸른책들

아씨방 일곱 동무/이영경/비룡소

아르키메데스의 목욕/파멜라 엘렌/풀빛

미리 쓰는 방학 일기/박상률/사계절출판사

거인사냥꾼을 조심하세요/콜린맥노튼/시공주니어

홀레아주머니/그림형제/보림

맥도널드 아저씨의 아파트 농장/쥬디바레트/미래M&B

통일의 싹이 자라는 숲/전영재/마루벌

꼬불꼬불 우리 몸속 여행을 떠나요/최혜영/영교

바닷가 친구들/시모다도모미/바다출판사

주인 없는 구둣가게/송재찬/세상모든책

원숭이 꽃신/권정생 외/여우오줌

벼락을 훔친 벤저민 프랭클린/로절린 샌저/해피북스

전쟁/아나이스 보즐라드/비룡소

어머니의 감자밭/아니타 로베/비룡소

단추스프/오브리 데이비스/국민서관

3학년

구렁덩덩 신선비/김중철/웅진

짜장 짬뽕 탕수육/김영주/재미마주

벌렁코 하영이/조성자/사계절

행복한 청소부/모니카 페트/풀빛

거미줄/아쿠타가와 류노스케/미래M&B

메아리/이주홍/길벗어린이

폭죽소리/리혜선/길벗어린이

황소와 도깨비 /이상/다림

비나리 달이네집/권정생/낮은산

내 짝꿍 최영대/채인선/재미마주

애벌레가 애벌레를 먹어요/이상권/웅진닷컴

가방 들어주는 아이/고정욱/사계절

까마귀 소년/야시마 타로/비룡소

나쁜 어린이표/황선미/웅진

조커, 학교가기 싫을 때 쓰는 카드/수지 모건스턴/문학과 지성사

아빠가 내게 남긴 것/캐럴 캐릭/베틀북

매듭을 묶으며/존 아캠볼트/사계절

그림도둑 준모/오승희/낮은산

괜찮아/고정욱/낮은산

이원수 선생님이 들려주는 김구/이원수/산하

4학년

도도새와 카바리아나무와 스모호 추장/손춘익/다림

루이브라이/마가렛 데이비슨/다산기획

조선의 여걸 박씨 부인/정출헌/한겨레아이들

아낌없이 주는 나무/셸 실버스타인/시공주니어

행복한 왕자/오스카와일드/시공주니어

자전거 도둑/박완서/다림

복실이네 가족사진/노경실/산하

나무가 되고 싶은 화가 박수근/김현숙/나무숲

나비를 잡는 아버지/현덕/길벗어린이

평화를 꿈꾼 대한국인 안중근/편집부/어린이중앙

어떤 솔거의 죽음/조정래/다림

작별 인사/구드룬 멥스/시공주니어

밤티마을 큰돌이네 집/이금이/푸른 책들

안네의 일기/안네 프랑크/삼성출판사

붉은 가슴 울새/셀마 라게를뢰프/위즈덤북

10원으로 배우는 경제 이야기/나탈리 토르지만/영교

아주 특별한 형/고정욱/대교출판

양파의 왕따 일기/문선이/파랑새어린이

내 이름은 삐삐 롱스타킹/아스트리드 린드그렌/시공주니어

휠체어를 타는 친구/졸프리드 뢱/보리

5학년

큰바위 얼굴/나다니엘 호손/보물창고

만년샤쓰/방정환/길벗어린이

루카루카/구드룬 맵스/풀빛

야 그림속으로 들어가 보자/김기정/다림

3번지에 새로 온 아이/레나테 아렌스 크라머/크레용하우스

너도 하늘말나리야/이금이/푸른 책들

쌀뱅이를 아시나요?/김향이/파랑새어린이

정글북/루드야드 키플링/두산동아

내 친구에게 생긴 일/미라로베/크레용하우스

잘가라 내동생/빌리 슈에즈만/크레용하우스

땅에선 무슨 일이 일어나고 있을까요/기상청/파란자전거

창가의 토토/구로야나기 데츠코/프로메테우스

여름이 준 선물/유모토 카즈미/푸른 숲

다섯 시 반에 멈춘 시계/강정규/문원

화랑 바도루/강숙인/푸른 책들

시튼 동물기(늑대왕 로보)/시튼/논장

트리갭의 샘물/나탈리 배비트/대교

문제아/박기범/창비

꽃들에게 희망을/트리나 포올러스/시공주니어

마지막 왕자/강숙인/푸른 책들

6학년

마당을 나온 암탉/황선미/사계절

몽실 언니/권정생/창비

상계동 아이들/노경실/시공주니어

영모가 사라졌다/공지희/비룡소

부숭이는 힘이 세다/박완서/계림북스쿨

조선 시대 그림 여행/열린 교육/대교

무던이/이미륵/계수나무

심청전/장철문/창비

강물소리가 들리니 엘린/구드룬 파우제방/일과 놀이

소나기/황순원/다림

압록강은 흐른다(상,하)/이미륵/다림

마사코의 질문/손연자/푸른 책들

바보 이반/톨스토이/푸른 숲

달님은 알지요/김향이/비룡소

그때 나는 열한 살이었다/현길언/계수나무

톰 아저씨의 오두막집/헤리엇비처 스토/지경사

어린 왕자/셍텍쥐페리/비룡소

샬롯의 거미줄/화이트/시공주니어

동물 농장/조지 오웰/민음사

후박나무 우리 집/고은명/창비

중학교

사자 왕 형제의 모험/아스트리드 린드그렌/창비

사람은 무엇으로 사는가/톨스토이/두레

아버지의 눈물/박신식/푸른 나무

우리 동네에는 아파트가 없다/김중미/도깨비

울지마 별이 뜨잖니/신상웅/웅진닷컴

잃어버린 겨울 방학/이소완/소년한길

한밤중 톰의 정원에서/필리파 피어스/시공주니어

핵전쟁 뒤의 최후의 아이들/구드룬 파우제방/유진

화성에 간 내 동생/사소 요코/웅진닷컴

진달래가 된 소년/김미미/창비

호리병박에서 나온 아가씨/중국 민화/창비

마틴 루터 킹/권태선/창비

밥힘으로 살아온 우리 민족/김아리/아이세움

신채호/김서정/산하

여자는 힘이 세다/유영소/교학사

괭이부리말 아이들 1-2/김중미/창비

5월의 노래/이원수/창비

크리스마스 캐럴/찰스 디킨스/시공주니어

모랫말 아이들/황석영/문학동네

꼭 같은 것보다 다 다른 것이 좋아/윤구병/보리

참고 문헌

고정욱 (2002). 가방 들어주는 아이. 서울 : 사계절

공병호 (2004). 핵심만 골라 읽는 실용 독서의 기술. 경기 : (주)북이십일

권정생 (1984). 몽실 언니. 서울 : 창비.

권정생 (2001). 비나리 달이네 집. 서울 : 낮은산

그림형제 (1996). 홀레 아주머니. 서울 : 보림

김동인 (1993). 감자. 서울 : 문학사상사.

김동환 (2002). 다니엘 학습법. 서울 : 규장

김봉군 (2005). 독서와 가치관읽기. 서울 : 박이정

김승태 (1999). 책을 먹는 도깨비 깨보. 서울 : 예영커뮤니케이션

남미영 (2004). 공부 잘하는 아이로 만드는 독서 기술. 서울 : 아울북

노명환 (2005). 독서, 그 개념, 지도, 그리고 평가. 고려대학교문식성연구회

모니카 페트 (2000). 행복한 청소부. 서울 : 풀빛

모티머 애들러 외, 민병덕 역 (1986). 독서의 기술. 서울 : 범우사

미라 로베 (2001). 내 친구에게 생긴 일. 서울 : 크레용하우스

박권생 역 (2003). 인지심리학. 서울 : 시그마프레스

박수자 (2001). 읽기 지도의 이해. 서울 : 서울대학교 출판부

박완서 (2000). 자전거 도둑. 서울 : 다림.

박원희 (2004). 공부 9단 오기 10단. 서울 : 김영사

박해용 (2002). 청소년을 위한 서양 철학사. 서울 : 두리미디어.

서혁 (2005). 교과 학습과 독해 전략 지도. 고려대학교문식성연구회

신병철 (2005). 논술의 법칙. 서울 : 살림

신헌재 외 (2002). 독서 교육의 이론과 실제. 서울 : 박이정

아우구스티누스 (2000). 고백록. 서울 : 범우사.

아쿠타가와 류노스케 (2001). 거미줄. 서울 : 현대문학북스.

위기철 (2001). 아홉 살 인생. 서울 : 청년사

이오덕 (1993). 신나는 글쓰기. 서울 : 지식산업사

이은희 (2002). 하리하라의 생물학카페. 서울 : 궁리출판

전정재 (2001). 독서의 이해. 서울 : 한국방송출판

전혜성 (2006). 섬기는 부모가 자녀를 큰사람으로 키운다. 서울 : 랜덤하우스
중앙

정옥년 역 (2003). 독서 전략을 활용한 교과 학습 지도. 서울 : 가톨릭문화원

정옥년?김순덕 역 (2001). 독서력 발달 지도. 서울 : 가톨릭문화원

정지영 (2001). 피자보다 맛있는 이야기 철학. 서울 : 영교.

조지 오웰 (1998). 동물 농장. 서울 : 민음사

트리나 폴러스 (1999). 꽃들에게 희망을. 서울 : 시공주니어

하유선 (2005). 전래 동요를 활용한 표현 활동이 유아의 정서 지능에 미치는
영향.

　　　　석사학위 논문, 성균관대학교.

한국독서학회 (2003). 21세기 사회와 독서 지도. 서울 : 박이정

한기채 (2001). 삶을 변혁시키는 책읽기. 서울 : 두란노

현덕 (2001). 나비를 잡는 아버지. 서울 : 길벗어린이

메 모 장